KB214956

365
Daily Bread
하늘 숨

365 Daily Bread 하늘 숨

초판 1쇄 발행 | 2021년 12월 12일

지 은 이 | 김의신
펴 낸 이 | 이한민
펴 낸 곳 | 아르카

등록번호 | 제307-2017-18호
등록일자 | 2017년 3월 22일
주   소 | 서울 성북구 숭인로2길 61 길음동부센트레빌 106-1805
전   화 | 010-9510-7383
이 메 일 | arca_pub@naver.com
블 로 그 | blog.naver.com/arca_pub
페이스북 | fb.me/ARCApulishing

책   값 | 뒤표지에 있습니다
I S B N | 979-11-89393-29-8 03230

아르카ARCA는 기독출판사이며 방주ARK의 라틴어입니다(창 6:15).
네가 만들 방주는 이러하니 … 새가 그 종류대로, 가축이 그 종류대로,
땅에 기는 모든 것이 그 종류대로 각기 둘씩 네게로 나아오리니 그 생명을 보존하게 하라 _창 6:15,20

아르카는 (사)한국기독출판협회 회원 출판사입니다.

365
Daily Bread

—

하늘 숨

김의신 지음

 아르카

365 Daily Bread '하늘 숨'

하나님의 말씀과 짧은 묵상이 담긴 묵상집입니다.

반갑지 않은 손님 코로나 바이러스로 우리의 일상이 무너지고

모든 것이 불안할 때,

그 흔들리고 비어 있는 공간을 채워주신 하나님의 말씀을 담았습니다.

삶이 벅차 숨찰 때,

삶이 버거워 숨막힐 때,

하늘 숨결 같은 주님의 말씀은 늘 살아낼 힘을 주셨습니다.

하루하루 선물처럼 주신 고마운 말씀과 말씀 일기를 책으로 엮었습니다.

365 Daily Bread '하늘 숨'

하나님의 말씀은 살았고 생명력이 있습니다.

그 말씀이 우리 가슴에 파고 들어 우리의 삶에 차오를 때

우리의 영은 살고 우리의 삶은 온전히 회복되겠지요.

그 마음을 〈365 Daily Bread 하늘 숨〉에 담았습니다.

정성껏 마련한 소박한 식탁입니다.

갈릴리 호숫가, 예수님이 준비해주신 위로의 식탁이면 좋겠고,

엠마오 먼 길에 두 제자와 함께 나눈 회복의 식탁이면 더욱 좋겠습니다.

365 Daily Bread '하늘 숨'

이렇게 책으로 엮을 수 있도록 도움을 주신 분들께 고마운 마음을 드립니다.

저의 이름으로 책을 펴내지만, 교우들과 함께 만들어낸 말씀 묵상과

삶의 고백들입니다.

책 속의 사진은 광주다일교회 김성식 장로의 작품입니다.

하나님의 세계를 담아 오셔서 말씀과 함께 주일 묵상이 되었습니다.

특별히 하나님 안에서 한 가족이 되어 믿음의 여정을 가는

광주다일교회 교우들에게 감사를 드립니다.

빈 구석 많은 저에게 목회의 기쁨을 느끼게 해준 분들입니다.

기쁜 마음으로 추천의 글을 써주신 세 분의 목사님과

함께 말씀의 식탁을 나누는 아내 성미,

그리고 한솔 한별에게도 고마움을 전합니다.

"주의 말씀은 내 발의 등불이요 내 길에 빛이 됩니다" _시편 119:105

고마운 마음 담아…

김의신 목사 드림

담백하고 건강한 통밀빵과 같은 빵으로 아침식사를 합니다.

30년 넘게 특별한 경우를 빼고 아침에 빵을 먹습니다. 매일 아침에 먹는 빵은 단팥이나 크림이 들어 있는 빵이 아닙니다. 이런 빵은 금방 물립니다. 주식으로 먹는 빵은 단맛이 없고 자극적이지 않은 심심한 빵입니다. 밀가루에 물과 소금과 효모로만 만든 빵입니다. 맛은 밋밋하지만 씹을수록 밀이나 호밀의 독특한 맛이 올라옵니다. 터키의 에크멕, 인도의 난, 독일의 바이첸미슈브로트, 프랑스의 바게트 등, 이런 빵 모두 그 나라 사람들이 매일 먹는 담백한 빵입니다.

오랫동안 빵기계를 사용해서 빵을 구웠습니다. 자기 전에 빵기계에 밀가루와 물과 소금과 효모를 넣고 시간을 예약합니다. 아침에 일어나면, 막 구워진 빵 냄새가 집을 가득 채웠습니다. 방금 나온 따뜻한 빵으로 하루를 시작하는 것은 큰 즐거움입니다. 빵기계가 고장 난 후로 거친 통밀빵을 주문해 냉동실에서 꺼내 데워 먹습니다. 막 구워낸 빵과 그 냄새가 그립습니다.

그런데 저는 막 구워낸 또 다른 빵을 매일 대합니다. '데일리 브레드'입니다. 광주다일교회 교우들과 매일 함께 먹는 빵입니다. 아침마다 온라인으로 '데일리 브레드'가 배달됩니다. 김의신 목사가 반죽하고 구운 '데일리 브레드'는 매일 먹을 수 있는 질리지 않는 빵입니다. 제과점의 단팥빵이나 크림빵이 아니며, 특별한 날을 위해 화려하게 장식한 케이크도 아닙니다. '데일리 브레드'는 말씀과 기도만으로 만든 담백한 빵입니다. 일체 향료나 첨가물을 넣지 않아서 자극적이거나 과하지 않은 건강한 '데일리 브레드'입니다.

아침마다 온라인을 타고 오는 '데일리 브레드'는 막 구운 빵처럼 독특한 향을 풍깁니다. '데일리 브레드'를 반죽하고 숙성시켜 밤새 구운 것은 김의신 목사이지만, 막 구운 빵 냄새를 함께 배달하는 사람은 광주다일교회 교우들입니다. 어떤 날은 이제 막 한글을 뗀 어린 아이의 목소리로, 어떤 날은 은퇴하신 어르신의 목소리로 '데일리 브레드'가 배달됩니다. 매일 아침의 '데일리 브레드'는 광주다일교회 목사와 교우들이 동행하면서 구워낸 일용할 양식입니다.

이제 그 '데일리 브레드'가 언제든지 맛볼 수 있도록 한 권의 책 〈365 Daily Bread 하늘 숨〉으로 나왔습니다. 매일의 양식이 오롯이 말씀과 묵상과 기도로만 구성되어 있습니다. 소박한 통밀빵처럼 천천히 꼭꼭 씹을수록 원재료의 은은한 단맛이 올라옵니다. 눈으로 읽고 마음에 담는 '데일리 브레드'는 우리를 일깨워 하루를 살아가게 하는 새 힘입니다. 깊고 긴 호흡으로 하루를 살아가고자 하는 여러분에게 〈365 Daily Bread 하늘 숨〉을 적극 권합니다.

_신재식 교수, 호남신학대학교 조직신학

'공동체적 성경 읽기', 언젠가 꼭 해보고 싶었는데 엄두를 내지 못했던 일을 저희의 형님 교회인 광주다일교회가 해주셨습니다. 형님답습니다. 가신 길 저희도 따라가 보겠습니다.

좀 과장하여 찬사를 보내볼까요? 이 책은 성서 해석의 민주화를 이룬 쾌거입니다. 성서로 돌아가자는 구호는 무성하지만, 어쩌자는 건지 그림이 안 그려졌습니다. 목회자와 신학자가 독점하던 성서를 진정으로 성도들의 손에 건네주는 일은, 목회자들이 성도들의 성서 해석에 '아멘' 하고 그걸 같이 살아내는 데 참여할 때 이루어집니다. 그걸 해내셨다니 장하고, '묵상' '묵상' 외치던 제가 있는 교회보다 먼저 해내셔서 좀 '거시기'했습니다.

〈성서조선〉을 창간하면서 김교신 선생은 이렇게 말씀하셨습니다. "사랑하는 사람에게 주고 싶은 것은 한두 가지에 그치지 않는다. 하늘의 별이라도 따 주고 싶으나 인력에는 한계가 있다. 어떤 이는 조선에 음악을 주며, 어떤 이는 문학을 주며, 어떤 이는 예술을 주어 조선에 꽃을 피우며 옷을 입히며 관을 씌울 것이나, 오직 우리는 성서를 조선에 주어 그 골근을 세우며 그 혈액을 만들고자 한다. 같은 기독교인이면서도 어떤 이는 기도 생활의 깊은 경지를 주창하며, 어떤 이는 영적 체험의 신비 세계를 역설하며, 어떤 이는 신학지식의 조직적 체계를 애지중지하나, 우리는 오직 성서를 배워 성서를 조선에 주고자 한다. 더 좋은 것을 조선에 주려는 이는 주라. 우리는 다만 성서를 주고자 미력을 다하는 자이다. 그래서 성서를 조선에!"

김교신과 그의 동료들은 성서를 조선에 주기 위해 설교와 예배를 늘리지 않았습니다. 부흥회나 사경회를 주장하지도 않았습니다. 성도들이 직접 성서를 읽고 해석하도록 도와주었고, 김교신, 함석헌, 함두용 등 평신도인 자신들의 성서 해석을 잡지로 발간하여 평신도 성도들의 손에 들려주었습니다.

금번 광주다일교회의 공동체 묵상은 코로나가 우리에게 준 침묵에 동참한 일이고, 그 혼돈을 향해 '빛이 있으라'고 함께 선포한 사건입니다. 그 우울한 시기에 생기를 불어넣어 주었고, 그 덕에 함께 살아났고, 살아냈고, 살려 냈습니다. 그 결실인 이 책은 코로나 속에도 하나님께서 변함없이 역사의 주권자이시며 우리 이야기의 주인공이심을 고백한 흔적입니다.

제가 아는 한, 국내에서 이렇게 장기간 공동체가 묵상한 흔적을 기록으로 남긴 첫 번째 시도인 이 책은 그 자체로 교회의 자부심이 될 만하고, 매우 의미 있는 역사이며, 또한 말씀으로 빚어지는 공동체의 사례로 알려져야 할 작품입니다. 우리 공동체 지체들에게도 한 번 해보자고 제안할 때 슬쩍 보여주는 용도로 쓸 만한 증거입니다. 겁나게 고맙습니다.

_**박대영 목사,** 광주소명교회 책임목사, 〈묵상과 설교〉 편집장

미각을 잃는 것은 건강의 적신호입니다.

심각한 병을 앓게 된 분이 기적이라 부를 만큼 성공적인 수술을 받고도 제대로 드시지 못해서 일어나지 못하는 경우를 종종 봅니다. 다양한 뉴스와 정보가 쉴 새 없이 쏟아지고, 현란한 광고와 의견들이 쉴 새 없이 쏟아지는 세상을 살아갑니다. 우리는 각양각색의 음식을 차려 놓은 뷔페에서 오래 일하면서 입맛을 잃어버린 사람과 같습니다.

요란한 세상의 소리로부터 잠시 물러나 하나님의 음성에 귀를 기울이는 시간이 절실합니다. 화려한 수사가 아닌 차분한 고백, 치열한 설득이 아닌 담담한 성찰이 필요합니다.

광주다일교회가 차려낸 정갈한 말씀의 밥상, 받아 들고 참 좋았습니다.

다양성 속의 일치, 그 이름처럼 많은 사람들의 반응과 고민, 갈망이 녹아 있는 묵상입니다. 이 책을 통해 많은 분들이 영적인 입맛을 회복하기를, 더 깊은 묵상의 기쁨을 맛보며 건강한 삶을 누리기를 소망합니다.

_**박영호 목사,** 포항제일교회

차례 ※ 차례의 숫자는 책의 페이지가 아니며 좌측 상단의 큰 번호입니다.

신년묵상·····················001 - 007

【구약성경】

- 창세기·····················008 - 020
- 출애굽기·················022 - 032
- 레위기·····················033 - 041
- 민수기·····················043 - 053
- 신명기·····················054 - 062
- 여호수아·················064 - 069
- 사사기·····················071 - 075
- 룻기·····························076
- 사무엘상·················078 - 083
- 사무엘하·················085 - 090
- 열왕기상·················092 - 097
- 열왕기하·················099 - 104
- 역대상·····················106 - 113
- 역대하·····················114 - 120
- 에스라·····················121 - 122
- 느헤미야·················123 - 124
- 에스더·····················125 - 127
- 욥기·····················128 - 141
- 시편·····················142 - 163
- 잠언·····················164 - 170

- 전도서·····················171 - 174
- 아가·····················176 - 177
- 이사야·····················178 - 198
- 예레미야·················199 - 215
- 예레미야애가·········216 - 218
- 에스겔·····················219 - 232
- 다니엘·····················233 - 235
- 호세아·····················236 - 240
- 요엘······························241
- 아모스·····················242 - 244
- 오바댜··························246
- 요나······························247
- 미가·····················248 - 249
- 나훔······························250
- 하박국··························251
- 스바냐··························253
- 학개······························254
- 스가랴·····················255 - 257
- 말라기··························258

【신약성경】

- 마태복음 ···········260 - 267
- 마가복음 ···········268 - 271
- 누가복음 ···········272 - 277
- 요한복음 ···········278 - 284
- 사도행전 ···········285 - 293
- 로마서 ···········295 - 299
- 고린도전서 ···········300 - 305
- 고린도후서 ···········306 - 309
- 갈라디아서 ···········310 - 312
- 에베소서 ···········313 - 314
- 빌립보서 ···········316 - 317
- 골로새서 ···········318 - 319
- 데살로니가전서 ···········320
- 데살로니가후서 ···········321
- 디모데전서 ···········323 - 324
- 디모데후서 ···········325
- 디도서 ···········326
- 빌레몬서 ···········327
- 히브리서 ···········328 - 332
- 야고보서 ···········333

- 베드로전서 ···········334
- 베드로후서 ···········335
- 요한일서 ···········337
- 요한이서 ···········338
- 요한삼서 ···········339
- 유다서 ···········340
- 요한계시록 ···········341 - 348

고난주간묵상 ···········349 - 355
성탄절묵상 ···········356 - 365

【 일러두기 】

- 이 책에는 1년간 묵상이 가능하도록 365개의 일용할 양식(하늘 숨 묵상)이 있습니다.
- 신년 묵상과 성탄절 묵상은 2면씩, 기타 묵상은 성경의 순서에 따라 1면씩 편집되었습니다.
- 이 책은 새해 첫날인 1월 1일과 성탄절인 12월 25일 외에는 날짜 표시가 없습니다. 가능한 새 해부터 순서대로 사용하는 것이 좋겠지만, 독자의 편의와 상황에 따라 연중 어느 날부터 시작 하여도 상관이 없습니다. 차례를 참고하여, 통독 중인 성경에 따라 묵상해도 좋습니다.
- 날짜가 없는 대신, 독자가 묵상한 날짜를 1월 1일자처럼 직접 쓰면 됩니다.
- 고난주간 7일간의 묵상은 책의 뒷부분, 성탄절 묵상 앞에 있습니다.

하늘 숨 묵상

•

신년 묵상

구약성경 묵상

신약성경 묵상

고난주간 묵상

성탄절 묵상

•

001

오늘의 말씀

1여호와 우리 주여 주의 이름이 온 땅에 어찌 그리 아름다운지요 주의 영광이 하늘을 덮었나이다 2주의 대적으로 말미암아 어린 아이들과 젖먹이들의 입으로 권능을 세우심이여 이는 원수들과 보복자들을 잠잠하게 하려 하심이니이다 3주의 손가락으로 만드신 주의 하늘과 주께서 베풀어 두신 달과 별들을 내가 보오니 4사람이 무엇이기에 주께서 그를 생각하시며 인자가 무엇이기에 주께서 그를 돌보시나이까 5그를 하나님보다 조금 못하게 하시고 영화와 존귀로 관을 씌우셨나이다 6주의 손으로 만드신 것을 다스리게 하시고 만물을 그의 발 아래 두셨으니 7곧 모든 소와 양과 들짐승이며 8공중의 새와 바다의 물고기와 바닷길에 다니는 것이니이다 9여호와 우리 주여 주의 이름이 온 땅에 어찌 그리 아름다운지요 _시 8:1-9

묵상

오늘 말씀은 새해 첫날에 부르는 새 노래입니다.

창조주 여호와 하나님을 향해 찬양합니다.

모든 것을 새롭게 하시는 하나님을 향한 영광의 노래입니다.

시편 기자는 주님이 지으신 세상으로 나아가 하나님의 솜씨를 보며, 그 놀라운 모습에 경탄합니다. 하늘의 별을 보며 그 별빛의 찬란함에 압도되고, 그 넓은 하늘에 수놓아진 별들 앞에서 우리 인간이 얼마나 보잘것없는지도 깨닫습니다.

시편 기자가 더욱 놀란 것은, 그렇게 약한 인간인데, 하나님께서 그토록 살피시고 귀하게 여겨주신다는 사실입니다. 그 연약한 인간에게 주님의 손으로 만드신 모든 만물을 돌보게 하시고, 다스리게 하시고, 맡겨 주신 주님의 은혜에 감사를 표하는 것입니다. 이것이 인간에 대한 하나님의 믿음이요 신뢰입니다. 하나님이 사람에게 영광스러운 지위를 허락하셔서, 사람이 하나님 곁에 서서 그분의 뜻에 따라 행하게 하신 것입니다.

지난해 코로나로 인해 가장 크게 느낀 점은 우리가 너무 인간 중심으로 살아오면서 편리함과 욕심을 추구했기 때문에 자연이 훼손되고, 하나님의 창조세계가 심각하게 병들었음을 깨닫게 된 것입니다.

새해를 하나님 안에서 시작한다는 것은 주님의 은혜와 사랑에 우리를 맡기고 살아가겠다는 믿음과 함께, 하나님의 뜻에 따라 그 말씀에 순종하며 살아가겠다는 고백과 약속입니다. 우리를 하나님 곁에 서게 해주시고, 그분과 함께 하나님의 아름다운 창조 세계를 보살피게 하신 하나님의 말씀을 겸허히 듣고, 행하는 모습으로 새로운 해를 채워가면 좋겠습니다.

우리는 세상을 보는 영적 민감함과 그 안에서 주님의 뜻을 따라 행하는 기민함으로 하나님의 창조 세계를 더욱 소중하게 가꾸어, 온 백성이 함께 찬양하며 기쁨으로 살아가도록 이 세상을 세워가야 하겠습니다. 새해 새날을 시작하는 우리에게 주시는 하나님의 말씀입니다.

 ## 오늘의 기도

주님, 새로운 해를 맞이하게 하시고, 주님과 함께 새날을 시작하게 하시니 감사합니다.
올 한해도 주님의 뜻을 따라 선함과 의로움과 신실함으로 살아가게 하옵소서.
우리의 말과 행동으로 선한 자리가 이루어지게 하시고
사랑과 나눔으로 하나님의 영광이 드러나게 하옵소서.
주님의 나라는 우리의 삶의 자리에서 이루어지는 거룩한 나라임을 믿고,
주님께 속한 자답게 살아가는 견실한 신앙인이 되게 하옵소서. 아멘.

002

/

오늘의 말씀

1다윗의 아들 이스라엘 왕 솔로몬의 잠언이라 2이는 지혜와 훈계를 알게 하며 명철의 말씀을 깨닫게 하며 3지혜롭게, 공의롭게, 정의롭게, 정직하게 행할 일에 대하여 훈계를 받게 하며 4어리석은 자를 슬기롭게 하며 젊은 자에게 지식과 근신함을 주기 위한 것이니 5지혜 있는 자는 듣고 학식이 더할 것이요 명철한 자는 지략을 얻을 것이라 6잠언과 비유와 지혜 있는 자의 말과 그 오묘한 말을 깨달으리라 7여호와를 경외하는 것이 지식의 근본이거늘 미련한 자는 지혜와 훈계를 멸시하느니라 _잠 1:1-7

묵상

오늘 말씀은 한 해를 시작하면서 믿음의 가정에게 주시는 말씀입니다.

한 사람이 하나님을 믿는 사람으로 서는 것도 중요하지만, 그 한 사람이 속해 있는 한 가정이 하나님을 믿는 신실한 가정이 되는 것은 우리가 생각한 것보다 훨씬 유익하고 축복된 일입니다. 그러기에 성경은 가정에서 하나님의 말씀이 나누어지고, 서로를 위해 기도하며, 하나님 안에서 뜻을 함께 하여 자라나는 것을 그토록 기뻐하셨던 것입니다.

바쁜 일상으로 서로가 얼굴 보기도 힘든 요즘이지만, 그럴수록 더욱 하나님의 말씀으로 하나가 되고 그분이 주신 뜻과 지혜로 서로의 삶을 다듬어 가는 일은 소중해집니다.

오늘 잠언의 말씀이 새해를 시작하는 믿음의 가정들에게 주신 교훈입니다. 2절에서 4절 말씀에서 잠언을 쓰는 이유를 말해줍니다.

"이 글을 쓰는 것은 지혜와 교훈을 얻게 하고, 슬기로운 가르침을 깨닫게 하고, 훈련과 지혜로운 생활을 얻게 하고, 의롭고 올바르고 정직한 삶을 살며, 어리석은 자들에게는 사리 분별력을 주고, 젊은이에게는 체험적인 지식과 옳은 것을 깨닫는 능력을 주기 위함이라."

이런 목적을 이루는 길이 바로 여기에 있음을 보여주는 말씀이 7절입니다.

"여호와를 경외하는 것이 지식의 근본이거늘 미련한 자는 지혜와 훈계를 멸시하느니라."

온갖 교육과 사람됨의 밑바탕은 하나님과 맺은 올바른 관계에 있다는 말씀입니다. 하나님을 진지하게 섬기지 않는 사람은 세상에서 온전한 삶을 살아가기가 어렵습니다. 하나님이 세상을 지으시고 사람을 만드시고, 그 안에서 참된 기쁨과 행복을 누리며 살아가는 길을 열어놓으셨기에, 그 하나님과 온전한 관계를 맺지 못한 채 누리는 기쁨과 행복은 일시적일 수밖에 없습니다. 이것이 여호와 하나님 안에서 얻는 지혜입니다.

부모가 자녀에게 줄 수 있는 가장 큰 선물은 가정을 믿음으로 가꾸는 일이요, 하나님을 아는 자녀로 살게 하는 일입니다. 자녀가 부모에게 줄 수 있는 가장 큰 기쁨 또한 요한서신에서 말씀한 것처럼 '진리 안에서 행하는 삶'입니다. 그것은 그 어떤 성공과도 비교할 수 없는 기쁨이요 감사라고 말합니다.

새해를 시작하면서 인생의 참된 지혜가 담겨 있는 잠언의 말씀을 들었습니다. 너무 늦게 깨닫지 않기를 바랍니다. 지혜는 일찍 알수록 그 삶을 풍성하게 하고 안전하게 하기 때문입니다. 여러분의 가정이 주님을 아는 지혜 안에서 더욱 풍성하고 복되기를 기원합니다. 새해에는 꼭 '복'이 되십시오.

🕯 오늘의 기도

주님, 세상의 흐름에 밀려 하나님의 가정으로서 사는 일에 소홀했음을 고백합니다.
올 한해는 더욱 하나님의 말씀 위에 우리 가정을 세우는 일에 힘쓰게 하옵소서.
여호와 하나님을 아는 지혜로운 가정이 되게 하시고,
주님의 현명한 인도하심에 우리를 맡기고 믿음으로 따르는 복된 가정이 되게 하옵소서.
우리 가족이 드리는 기도를 들어주시고
적절한 응답으로 하나님의 뜻을 이뤄가게 하옵소서. 아멘..

003

/

오늘의 말씀

1이러므로 우리에게 구름 같이 둘러싼 허다한 증인들이 있으니 모든 무거운 것과 얽매이기 쉬운 죄를 벗어 버리고 인내로써 우리 앞에 당한 경주를 하며 2믿음의 주요 또 온전하게 하시는 이인 예수를 바라보자 그는 그 앞에 있는 기쁨을 위하여 십자가를 참으사 부끄러움을 개의치 아니하시더니 하나님 보좌 우편에 앉으셨느니라 3너희가 피곤하여 낙심하지 않기 위하여 죄인들이 이같이 자기에게 거역한 일을 참으신 이를 생각하라 _히 12:1-3

묵상

새해를 시작하면서 드리는 기도입니다.

"주님, 올 한 해도 주님의 은혜 가운데 머물게 하시고, 말씀과 기도로 나를 지키고 조율하여, 예수님께 배운 남다른 삶의 방식으로 주님 나라 이루게 하옵소서."

오늘 주신 일용한 양식은 그런 마음과 약속 위에 들려주시는 소중한 말씀입니다.

오늘 말씀을 이해하기 위해서는 3개의 동사를 눈 여겨 보아야 합니다.

'벗어버리자. 바라보자. 생각하라.'

이 3개의 동사는 하나로 귀결되는데, 바로 '경주를 하며'입니다.

우리말로 번역된 성경에는 낱말의 순서가 달라 명확하게 보이지 않지만,

전체적인 말씀의 틀을 원문대로 읽어보면 이런 의미가 됩니다.

"믿음의 선배들이 먼저 열어 놓은 믿음의 길을 따라가야 합니다.

그러기 위해서는 죄 된 모습에서 벗어나야 하고,

먼저 이 길을 완주하신 예수님을 바라보고,

그분이 어떻게 이 길을 가셨는지 잘 생각해서,

끝까지 이 길을 완주해내야 합니다."

오늘 말씀이 다 좋지만, 저는 특별히 3절이 좋습니다.

"너희가 피곤하여 낙심하지 않기 위하여

죄인들이 이같이 자기에게 거역한 일을 참으신 이를 생각하라."

믿음의 여정을 온전히 가기 위해 애쓰는 이들을 보면 하나같이 잘 참아내는 분들이

었습니다. 어려움도 잘 참아내고, 오해로 인한 억울함도 잘 참아내고, 아무도 알아주지 않는 무관심도 잘 참아내고, 선한 일도 꾸준히 하며 끝까지 참아내었습니다. 그저 묵묵히, 하나님이 기뻐하시는 일이라 여기면 그 길을 가는 분들입니다. 그런 이들이 든든하게 신앙 공동체를 지켜냈고, 그런 분들의 선한 영향력이 공동체를 바르게 세워가는 힘이 되어주었습니다.

갈라디아서에서도 말씀해주신 것처럼, 믿음의 열매는 하나님의 때가 이르러 맺히는 것이니, 우리는 꾸준하게, 그리고 주님에게서 눈을 떼지 않고, 그분의 말씀을 깊게 새기고 믿음의 길을 걸어가야 하겠습니다. 그렇게 새로운 해를 살아낼 수 있다면 좋겠습니다.

우리보다 한 발 앞서 그 믿음의 길을 가신 주님을 바라보며, 신실함으로 그 길을 걷는 복을 구하며, 한 해를 살아가는 복이 되길 원합니다.

🕯 오늘의 기도

주님, 주님 안에서 새해 새날을 시작하게 하시니 감사합니다.
어떤 환경과 상황에서도 우리가 하나님의 자녀임을 잊지 않고 살아가는 한 해가 되기를 소망합니다.
주님의 말씀으로 마음을 지키고, 주님의 삶을 본받아 살아가길 원합니다.
믿음의 주를 바라보고 어려움도 잘 참아내며,
신실함으로 완주하는 한 해가 되게 하옵소서. 아멘.

004
/

13들으라 너희 중에 말하기를 오늘이나 내일이나 우리가 어떤 도시에 가서 거기서 일 년을 머물며 장사하여 이익을 보리라 하는 자들아 14내일 일을 너희가 알지 못하는도다 너희 생명이 무엇이냐 너희는 잠깐 보이다가 없어지는 안개니라 15너희가 도리어 말하기를 주의 뜻이면 우리가 살기도 하고 이것이나 저것을 하리라 할 것이거늘 16이제도 너희가 허탄한 자랑을 하니 그러한 자랑은 다 악한 것이라 17그러므로 사람이 선을 행할 줄 알고도 행하지 아니하면 죄니라 _약 4:13-17

🌿 묵상

오늘 말씀은 새해를 준비하는 우리에게 도움이 되는 신앙의 지혜입니다.

시간의 주인은 하나님이십니다. 이는 틀림없이 사실이며 진리입니다.

이 진리를 제대로 알지 못하고 그 무엇인가를 인간적으로 계획하고 살게 되면,

때로 후회할 일도 많고 허망한 삶에 낙심할 때도 많아질 것입니다.

예수님의 동생으로 알려져 있는 야고보 사도가 쓴 오늘 말씀은

온전한 진리에 기초하지 않은 인간의 허망한 생각이

얼마나 헛될 수 있는지를 보여주십니다.

14절을 먼저 읽어보면, 시간이 우리의 것이 아님을 명백히 해주십니다.

"내일 일을 너희가 알지 못하는도다 너희 생명이 무엇이냐

너희는 잠깐 보이다가 없어지는 안개니라."

예수님도 그런 말씀을 하신 적이 있습니다.

"그러므로 내일 일을 위하여 염려하지 말라

내일 일은 내일이 염려할 것이요 한 날의 괴로움은 그날로 족하니라"(마 6:34).

이 말에 담긴 의미는 '내일은 모르는 것이니 지금 마음대로 살아도 좋다'는 말씀이

아니라, 시간의 주인이신 하나님을 인정하고, 그분의 뜻 안에서 오늘을 살아가라는

권면입니다. 달리 표현하면, 하나님이 이끌어가시는 미래의 빛으로 오늘을 비추며

하나님의 의와 나라를 위해 살아가는 값진 날을 살아가야 한다는 말씀입니다.

그런 의미가 담겨 있는 말씀이 오늘 본문 17절 말씀입니다.

"그러므로 사람이 선을 행할 줄 알고도 행하지 아니하면 죄니라."
선심과 선행, 선한 마음과 삶은 하나님을 인정하는 삶입니다.
하나님의 시간에 덕을 쌓고 복이 되는 삶이죠. 그래서 그 선을 소홀히 여기고
자기를 위해서만 살아가는 그 삶이 죄가 되고 허탄한 것이라 강조하신 것입니다.
주님의 시간에 우리의 삶을 두고, 주님의 뜻에 우리의 마음을 두고,
주님의 은혜의 날에 자랑할 것이 있는 선한 믿음의 사람으로 살아가고자 합니다.
새해에 우리가 늘 마음에 두고 살아가야 할 귀한 모습입니다.

 ## 오늘의 기도

주님, 한 해를 새롭게 시작하면서 내가 주인 삼은 모든 것을 내려놓고
내 주 되신 주님을 모시기를 원합니다.
내일을 내 것이라 여기지 않겠습니다.
시간의 주인이신 하나님의 섭리와 인도에 나의 삶을 맡기고,
선심과 선행으로 하루하루를 살아가게 하옵소서. 아멘.

005

/

21생베 조각을 낡은 옷에 붙이는 자가 없나니 만일 그렇게 하면 기운 새 것이 낡은 그것을 당기어 해어짐이 더하게 되느니라 22새 포도주를 낡은 가죽 부대에 넣는 자가 없나니 만일 그렇게 하면 새 포도주가 부대를 터뜨려 포도주와 부대를 버리게 되리라 오직 새 포도주는 새 부대에 넣느니라 하시니라 _막 2:21-22

묵상

"새 포도주는 새 부대에 넣어야 합니다."

한 해를 새롭게 시작하도록 돕고 도전하시는 주님의 말씀입니다.

때로 우리의 일상에서 무언가 새롭게 시작해야 할 때, 비유로 자주 사용하는 구절이기도 합니다.

오늘 말씀의 배경에는 경건한 유대인들이 전통적으로 지키고 있던 금식이 있습니다. 유대인들은 자선과 기도와 금식이 하나님을 온전히 섬기는 경건의 길이라 여겼습니다. 그래서 시와 때를 맞춰 금식을 하였죠. 그런데 예수를 따르는 이들은 이를 소홀히 여기는 것 같은 느낌을 받은 것입니다. 다른 유대의 지도자와는 달리 예수님은 금식을 강조하지 않았던 까닭입니다. 그래서 질문한 것입니다.

"어찌하여 당신의 제자들은 금식하지 아니하나이까?"

이에 대한 대답을 하시던 중에 하신 말씀이 바로 '새 포도주는 새 부대에 넣어야 한다'는 말씀입니다. 예수님은 금식을 반대하셨을까요? 말씀을 충분히 읽고 이해해보면 결코 그런 의미가 아닙니다. 그들이 회개와 속죄의 행위로 삼는 금식으로 온전히 하나님 안에서 죄 사함을 얻을 수 있는 것이 아니며, 진정한 삶으로 거듭나 새로이 그 삶이 달라져야 하나님 안에서 온전해질 수 있음을 강조하신 것입니다.

세례자 요한이 말한 '회개에 합당한 열매'로 표현할 수 있고, 바울 사도의 말로 인용하면 '옛 사람은 벗어버리고 새 사람을 입어 새롭게 살아가는 하나님의 자녀다운 삶'으로 표현할 수 있을 것입니다.

지난 한 해 동안 설교 중에 많이 사용했던 단어로 표현해본다면, '예수님께 배운 남다른 삶의 방식', 그것이 바로 그리스도인이 된 우리의 삶에 채워가야 할 새로운 모습입니다. 주님이 주신 새로운 부대와 같은 새해를 시작하면서 '그리스도인 됨'의 새 포도주를 넣어야 하겠습니다. 내 삶이 새로운 포도주를 담아낼 수 있는 새 부대가 되어, 하나님을 믿는 사람다운 모습으로 거듭나기를 소망해봅니다.

🕯 오늘의 기도

주님, 주님을 향한 우리의 마음을 열고 주님을 모십니다.
주님의 말씀의 빛으로 우리의 영혼과 마음과 삶을 채워주옵소서.
새롭게 하셔서, 지금까지 살아온 삶이 아닌
예수 그리스도에게 배운 새로운 모습으로 살아가게 하옵소서. 아멘.

006

/

오늘의 말씀

3내가 너희를 생각할 때마다 나의 하나님께 감사하며 4간구할 때마다 너희 무리를 위하여 기쁨으로 항상 간구함은 5너희가 첫날부터 이제까지 복음을 위한 일에 참여하고 있기 때문이라 6너희 안에서 착한 일을 시작하신 이가 그리스도 예수의 날까지 이루실 줄을 우리는 확신하노라 _빌 1:3-6

묵상

바울 선생님은 빌립보 교회를 참 소중히 여겼습니다.

자신이 어려움 가운데 있을 때 그 어떤 교회보다도 더 자신의 처지를 생각해주었을 뿐 아니라, 교우 중에서 한 사람을 자신이 갇혀 있던 감옥까지 보내 보살펴주기까지 했습니다. 그에 대한 진심 어린 고마움이 빌립보 교우에게 보낸 편지 곳곳에서 드러나고 있습니다.

오늘 말씀은 그렇게 고마운 교우들에게 전하는 감사와, 그들을 위해 드리는 기도의 내용입니다. 3절입니다.

"여러분을 생각할 때마다 하나님께 감사드립니다."

3절뿐 아니라 편지를 다 읽어보면, 이 말이 의례적인 감사의 문구가 아니라, 자신에게 복음을 듣고 교회를 이루고 신앙 생활을 하는 빌립보 교인들에 대한 진심 어린 고마움이라는 것을 느끼게 됩니다.

복음을 전하는 자의 가장 큰 기쁨은 그들이 복음 안에서 성숙해지는 것입니다. 요한 3서에는 이런 모습을 '진리 가운데 살아가는 모습'이라고 말합니다. 어려운 중에 신앙의 성숙을 이뤄가는 모습이 대견하게 여겨진 것입니다. 어려우면 자기 자신만 생각하기 쉽고 이기적이 되기 십상인데, 마음 씀씀이가 참 귀하고, 어려운 이를 살피고 또한 옥에 갇힌 자신을 생각하는 그 마음에 감동을 받은 것입니다. 오늘 말씀에 그런 내용이 담겨 있습니다.

"너희가 첫날부터 이제까지 복음을 위한 일에 참여하고 있기 때문이라 너희 안에서 착한 일을 시작하신 이가 그리스도 예수의 날까지 이루실 줄을 우리는 확신하노라."

복음의 일에 참여하는 일은 그리 간단한 일이 아닙니다. 참아내야 할 일도 많고, 용기를 내야 할 일도 많은 일입니다. 손해 보는 일도 많고, 헌신과 희생이 따르는 일이 바로 복음에 참여하는 일입니다.

복음을 위해 일하다 어둡고 깊은 감옥에 갇힌 바울, 그런 일이 얼마나 위험하고 힘겨운 일인지를 알면서도, 복음을 듣고 난 이후에 용감하게 그 복음으로 살아가는 빌립보 교인들이 너무나 고맙고 대견하여, 그 모습에 감동한 것입니다. 그런 마음으로 그들을 위해 기도하고, 그들을 축복해줍니다.

"너희 안에서 착한 일을 시작하신 이가 그리스도 예수의 날까지 이루실 줄을 우리는 확신하노라."

이런 말을, 이런 고마운 칭찬의 말을 우리도 들었으면 좋겠습니다. 우리가 살아가는 믿음의 신실함이 예수님이 오시는 그날까지 지속될 수 있으면 좋겠습니다.

주님, 새해에는 복음을 위해 일하는 그 자리에 굳건히 서서 칭찬받게 하옵소서.

🕯️ 오늘의 기도

주님, 주님 안에서 새해 새날을 시작하게 하시니 감사합니다.
복음의 삶을 살아갈 때 어려움과 유혹을 잘 이겨내고 견디어내게 하옵소서.
진실로 거짓을 이기고 성실로 나태함을 이겨내고, 주님의 길을 잘 따라 가게 하옵소서.
그래서 예수 그리스도의 날까지 신실함을 지켜내는 기쁨을 맛보게 하옵소서. 아멘.

007

/

오늘의 말씀

35예수께서 모든 도시와 마을에 두루 다니사 그들의 회당에서 가르치시며 천국 복음을 전파하시며 모든 병과 모든 약한 것을 고치시니라 36무리를 보시고 불쌍히 여기시니 이는 그들이 목자 없는 양과 같이 고생하며 기진함이라 37이에 제자들에게 이르시되 추수할 것은 많되 일꾼이 적으니 38그러므로 추수하는 주인에게 청하여 추수할 일꾼들을 보내 주소서 하라 하시니라 _마 9:35-38

🌿 묵상

오늘 말씀은 예수님이 그 공생애 동안 어떤 사역을 주로 하셨는지를 알게 하고, 그분을 따라 살아가는 그리스도인인 우리가 어떤 삶을 살아가야 하는지도 보여주고 있습니다.

"예수께서 모든 도시와 마을에 두루 다니사 그들의 회당에서 가르치시며 천국 복음을 전파하시며 모든 병과 모든 약한 것을 고치시니라."

3개의 단어,

'가르치시며(teaching)', '전파하시며(preaching)', '고치시니라(healing)'가

눈에 띕니다. 예수님의 일상이며 예수님을 따르는 이로 살아가는 것이 어떤 것인지 일상의 단어로 잘 설명해주고 있습니다.

"그리스도교 신앙은 말씀으로 시작하지만, 삶으로 마무리 된다."

오래 전에 들은 이야기입니다.

말씀은 삶을 위해 필요한 것입니다. 우리의 삶을 조금 더 가치 있고 하나님의 뜻에 걸맞는 삶으로 가꾸어가는 내용이 말씀에 담겼습니다.

좋은 이웃이 되고, 어려움 속에서도 희망을 잃지 않고, 사랑으로 세상을 더욱 너그럽게 가꾸어가는 것, 소중한 것을 지키는 일이 힘들어도 참아내며 이루어가는 것, 내 욕심을 채우는 일보다 모든 이의 평화와 기쁨을 위해서 노력하는 것, 내가 살아간 자리가 더 나아지도록 힘을 다하는 것, 이 모든 것이 우리의 신앙에서 배양되어 현실로 드러난 삶의 모습입니다.

그런 사람이 살아가는 그 발걸음이 예수님을 따르는 일이요, 하나님의 영광을 드러내는 일임을 우리는 알고 있습니다. 허나, 알고 있는 이는 많아도 그리 살고 있는 이는 많아 보이지 않습니다. 그래서 예수님이 탄식하신 것 같습니다.

제자들에게 말씀하십니다. "추수할 것은 이토록 많은데 일꾼이 참 적다."

오늘 애닮고 안타까워하시는 주님의 탄식이 우리의 응답을 요구합니다.

오래 전 "내가 누구를 보낼까?" 하는 하나님의 물음에 "제가 여기에 있습니다. 저를 보내어 주소서"라고 고백하던 이사야 선지자의 용기가 필요합니다.

하나님의 나라를 세워가며, 복음을 가르치고, 십자가의 구원과 진리를 선포하며, 하나님의 형상을 잃은 채 제 모습에 만족하며 살아가는 모든 연약함을 치유하고, 연약한 인간이기에 어찌할 수 없는 슬픔과 아픔과 절망의 삶을 복음으로 위로하고, 용기를 북돋아줄 수 있는 주님의 사람들이 필요합니다. 절대 탄식만으로는 새로워지지 않습니다. 하나님의 사람이 필요합니다.

어두운 곳에서 어둡다는 말만 하지 않고 작은 촛불 하나 밝힐, 그런 추수할 일꾼이 되겠습니다.

🕯 오늘의 기도

주님, 무리를 보시고 불쌍히 여기신 주님의 마음을 깊이 새겨봅니다.

목자 잃은 양과 같이 고생하는 우리의 곁에서 늘 함께하여 주셨습니다.

가르치시고 전파하시며, 우리의 연약함을 고쳐주셨습니다.

주님 감사합니다. 주님께서 보여주신 그 모습을 본 받아 주님의 일꾼으로 살아가겠습니다.

성령께서 힘이 되어 주시고 인도하여 주옵소서. 아멘.

⚓ 하루를 열며

하나님 안에서는 모든 것이 새롭습니다. 어제도 오늘도 내일도
온 우주 만물을 새롭게 하시는 그분 안에서 새해 새날을 시작해
보십시오. 새로운 존재로 살아가는 기쁨과 감격을 누리게 될 것
입니다.

오늘의 말씀

여호와 하나님이 땅의 흙으로 사람을 지으시고 생기를 그 코에 불어넣
으시니 사람이 생령이 되니라 _창 2:7

🌿 묵상

내 안에 주님의 숨이 있습니다.
그 숨으로 그분과 내가 이어졌습니다.
날마다 숨쉬는 순간마다 내 안에서 주님을 느끼길 원합니다.
그 숨결은 생명의 기운이 되어 나의 영을 살리고
나의 마음을 회복시켜 담대하게 하며,
내가 지치지 않고 주님과 함께 살도록 힘이 되어주십니다.
새벽 예배를 마치고 돌아오면서
큰 숨으로 겨울 공기를 들이마시니
온몸에 퍼지는 신선함이 좋습니다.
마치 첫 숨을 주신 하나님의 맑은 숨이 들어온 듯합니다.
오늘은 주님의 숨으로 하루를 살겠습니다.

🕯 오늘의 기도

주님, 주님의 숨결로 살게 하소서. 아멘.

009
/

밤하늘을 밝히는 별은 아무리 작아도 길을 잃어버리지 않게 도
와줍니다. 빛나는 하나님의 말씀으로 살아가는 이는 어두운 밤
하늘의 별이 됩니다.

오늘의 말씀

내가 구름으로 땅을 덮을 때에 무지개가 구름 속에 나타나면 내가 나와
너희와 및 육체를 가진 모든 생물 사이의 내 언약을 기억하리니 다시는
물이 모든 육체를 멸하는 홍수가 되지 아니할지라 _창 9:14-15

🌿 묵상

노아 홍수 이후에
비는 두려움과 공포였습니다.
하늘에 비구름만 모여도,
지나가다 콧잔등에 물 한 방울만 떨어져도
다가올 재앙에 온몸이 굳어집니다.
무지개는 움츠러든 사람들을 향한 하나님의 사랑입니다.
더 이상 비가 재앙이 되게 하지 않겠다는
신실한 하나님의 약속을 기억나게 합니다.
그 후 더 이상 비를 두려워하지 않게 되었습니다.
비를 맞으며 두렵지 않고 온 세상을 살리시는 하나님의 은총을 누립니다.
십자가는 주님의 은총을 누리는 우리의 무지개입니다.

🕯 오늘의 기도

주님, 오늘도 무지개와 같은 십자가의 은총으로
자유하게 하소서. 아멘.

010

___

/

익숙한 것이 편하고 좋습니다. 그러나 하나님께서는 때때로 우리에게 다른 길을 가라고 명하십니다. 우리가 다 알 수 없지만, 그 낯선 길에 주님이 숨겨 놓으신 좋은 선물이 있습니다. 그래서 인생은 보물찾기입니다.

오늘의 말씀

네 앞에 온 땅이 있지 아니하냐 나를 떠나가라 네가 좌하면 나는 우하고 네가 우하면 나는 좌하리라 _창 13:9

🌿 묵상

아주 평범한 진리 하나…

'내가 원하는 것은 남도 원한다.'

이를 꾹 참고 '네가 먼저 택하라' 하는 너그러움과 배려는

그저 생겨난 것이 아닌 듯합니다.

아브라함이 지나온 길을 보면,

그가 눈에 보이는 가치보다,

보이지 않지만 더 나은 가치를 택하는 힘을 가진 것은

보이지 않는 하나님의 존재 안에서 살아온 덕분입니다.

"아브람이 여호와를 믿으니 여호와께서 이를 그의 의로 여기시고"(창 15:6).

하나님께서 아브라함을 좋아하신 이유를 알 듯합니다.

🕯 오늘의 기도

주님, 보이지 않는 것을 보는 믿음을 갖고
의롭게 살도록 도우소서. 아멘.

011
_____/_____

우리의 생각은 하나님의 뜻에 비하면 작고 작습니다. 그분의 뜻을 온전히 알게 되면 모든 것을 합력해서 선을 이루어가시는 하나님의 생각을 깨닫게 되고, 그분의 뜻에 따르기를 잘했음을 알게 됩니다.

오늘의 말씀

아브라함이 대답하여 이르되 나는 티끌이나 재와 같사오나 감히 주께 아뢰나이다 _창 18:27

🌿묵상

아브라함이 소돔과 고모라를 구하기 위해 주님께 드린 기도입니다.
티끌과 같은 미미한 자이지만 주님께 구합니다.
'주여 자비를 베푸셔서 구하여주옵소서.'
티끌과 같은 우리는 감당할 수 없는 일 앞에서 하나님께 구할 수밖에 없습니다.
하나님은 그 티끌과 같은 이의 보잘것없는 기도의 숨소리조차
놓치지 않고 들어주십니다.
원래 우리는 티끌이었습니다.
그 티끌에 숨을 불어 넣어주셔서 주님의 형상을 지닌 사람으로 지으셨으니,
티끌은 그 생명의 주인에게 겸손함으로 아뢸 뿐입니다.

🕯오늘의 기도

하나님께 감히 기도 드립니다.
티끌 같은 우리에게 은혜 베푸셔서
생기 품은 흙으로 살게 하소서. 아멘.

012
/

◁ 하루를 열며

코람데오의 삶은 늘 내 앞에 계시는 하나님을 신뢰하고, 주 앞
에서만 아니라 사람들 앞에서도 동일한 믿음을 지켜나가는 삶
입니다.

오늘의 말씀

이삭이 저물 때에 들에 나가 묵상하다가 눈을 들어 보매 낙타들이 오는
지라 리브가가 눈을 들어 이삭을 바라보고 _창 24:63-64앞

🌿 묵상

죽기 전에 아들의 짝을 지어주고 싶은 아버지,

믿을만한 종을 먼 곳까지 보내 한 여인을 택하여 오고 있습니다.

리브가(Rebecca),

중매결혼이라 함께 살아갈 남편의 모습이 많이 궁금했을 텐데,

그녀의 눈에 비친 첫 모습이 기도(묵상)하는 모습입니다.

첫 모습은 매우 중요합니다.

부부간에도, 자녀에게도, 그 누구에게도….

언제일지 모르는 그 모습을 위해

우리는 '지금, 여기에서'(Here & Now)

'코람데오'의 삶을 살아야 합니다.

일상의 영성입니다.

오늘의 기도

주님, 주님과 함께 일상을 살다가 그 일상 속에서
주님을 만나고 싶습니다. 아멘.

013
/

🐟 하루를 열며

삶에 대한 과도한 집착과 지나친 욕망은 우리가 흙으로 돌아갈 잠깐의 인생임을 잊게 합니다. 벗어나지 못한 욕망과 집착은 우리 뼈와 살을 마르게 하고 결국 허접한 인생이 되게 하겠지요.

오늘의 말씀

야곱이 잠이 깨어 이르되 여호와께서 과연 여기 계시거늘 내가 알지 못하였도다 _창 28:16

🌿 묵상

속임수를 쓴 둘째 아들 야곱은 그 목적대로 큰아들에게 주는 복을 가로챘습니다.
그로 인해 잃은 것도 많습니다. 고향을 떠나고, 험한 세월, 형제간의 단절,
그리고 어머니는 그 후로 만나지 못할 것입니다.
하나님은 홀로 떠난 외롭고 처량한 야곱을 만나주십니다.
그의 삶을 위로해주시며 앞으로 함께 하겠다는 약속을 해주십니다.
"여호와께서 과연 여기 계시거늘."
하나님은 그곳에만 계시는 분이 아니라, 모든 곳에 계시는 분입니다.
아벨을 죽인 가인조차도 버리지 않으신 하나님.
하나님의 사랑은 끊어낼 도리가 없습니다.
그래서 우리는 낙심하지 않습니다.
나를 보면 낙망하지만 하나님을 보면 희망합니다.
주님은 그렇게 늘 우리 곁에 계셨습니다. 주님, 감사합니다.

🕯️ 오늘의 기도

주님, 나와 함께 늘 계시는 주님을 보게 하옵소서.
어떤 일이 있어도 내 곁에 계시는 주님을 기억하게 하옵소서. 아멘.

014

/

새
벽

요르단 2011

015

/

우리가 지닌 선한 빛은 우리의 삶이며, 길을 찾고 진리와 생명
으로 나아가게 합니다. 주님의 말씀이 선한 빛입니다.

오늘의 말씀

그 껍질 벗긴 가지를 양 떼가 와서 먹는 개천의 물 구유에 세워 양 떼를
향하게 하매 그 떼가 물을 먹으러 올 때에 새끼를 배니 가지 앞에서 새끼
를 배므로 얼룩얼룩한 것과 점이 있고 아롱진 것을 낳은지라
_창 30:38-39

묵상

얼룩얼룩한 가지를 보고 물을 먹으면 얼룩덜룩한 새끼를 낳습니다.
'어떻게 이것이 가능한가'를 이야기하려는 것은 아닙니다.
다만, 본 이들이 그 본대로 따르게 된다는 말씀을 하고 싶습니다.
다른 사람에게 어질고 너그러우며,
잘못된 길 앞에서 자기를 잘 절제하고,
말씀과 기도 생활과 선한 일에 힘쓰고,
신실과 진실과 성실로 살면,
이를 보고 자란 자녀들과 곁에 함께 한 사람들이 그 모습을 닮게 되겠죠.
참 좋은 이 말씀에 가슴이 뜨끔합니다.
정말 '잘' 살아야겠습니다.
사람은 '듣고' 배우기보다
'보고' 배움을 다시 한 번 새깁니다.

오늘의 기도

주님, 믿음의 주요, 우리를 온전하게 하시는
주님을 바라보며 따르겠습니다. 아멘.

016 /

∞ 하루를 열며

눈물을 흘리며 씨를 뿌리는 사람이 기쁨으로 그 열매를 거두는 까닭은 실패와 절망 속에서 흘린 땀과 눈물이 알곡을 자라게 하는 밑거름이기 때문입니다.

오늘의 말씀

우리가 떠나자 내가 너와 동행 하리라 _창 33:12

묵상

환도뼈가 부러진 채 지친 모습으로 절뚝거리며 다가오는 동생을 보며
형 에서는 20여 년 만에 보는 동생의 목을 껴안고 엉엉 울며 맞이합니다.
불쌍하고 안쓰러운 동생을 맞이하는 형의 마음입니다.
그리고 '이제는 내가 너와 함께 가겠다'라고 말합니다.
잘한 짓 하나 없는 아우를 넓은 가슴으로 맞이해줍니다.
집을 나간 아들이 거지꼴이 되어 집에 돌아올 때 어느 것 하나 묻지 않고
맨발로 뛰어나가 끌어안아주는 아버지의 마음입니다. 이것이 사랑입니다.
사랑에는 넓은 가슴과 모든 것을 묻어줄 수 있는 품이 필요합니다.
우리가 돌아갈 곳에는 바로 그런 분이 기다리고 계십니다.
어느 것 하나 묻지 않으시고 '잘 왔다' 하시며 반겨 맞아주시는 분!
든든하고 감사합니다.
어떤 모양이라도… 돌아가면 맞아줄 분이 계시다는 사실이 고맙습니다.

 ## 오늘의 기도

주님, 그래도 너무 늦지 않게
그분께 돌아가게 하옵소서. 아멘.

017

⟜ 하루를 열며

다가오는 두려움과 당면한 문제 앞에서 아무것도 할 수 없는 무능한 존재임을 깨닫게 될 때, 바로 그때가 은혜를 구하고 간절히 무릎 꿇어 주님께 기도해야 할 때입니다.

오늘의 말씀

내가 슬퍼하며 스올로 내려가 아들에게로 가리라 하고 그의 아버지가 그를 위하여 울었더라 _창 37:35

 묵상

아버지가 웁니다.

아들이 죽은 줄 알고 구슬프게 웁니다.

그러나 실제로 요셉은 죽지 않았습니다.

그리고 하나님의 계획은 요셉에게 있었습니다.

훗날 하나님의 도구로 쓰임받는 훈련 중이었습니다.

하나님은 우리 자녀들의 삶 속에 개입하시고 역사하십니다.

우리가 낙심하고 탄식할 때도

하나님은 그 안에서 새로운 희망을 일구어내십니다.

다만 우리는 그것을 알 수 없을 뿐입니다.

그저 기도할 뿐이요, 하나님께 맡길 뿐입니다.

자녀를 위해 흘린 눈물과 기도는 그저 땅에 떨어지지 않습니다.

이 말씀으로 위로를 받고 희망을 갖습니다.

🕯 오늘의 기도

주님, 우리 자녀들로 인해 쉽게 낙심하거나 포기하지 않게 하옵소서.

하나님의 손길 안에서 선하게 지음 받아가도록 기도하고, 성심껏 돕겠습니다. 아멘.

018

/

〜 하루를 열며

하나님의 말씀으로 조율된 자는 하나님과 사람에게 존경을 받고, 얽히고설킨 세상을 풀어가는 길을 열어가는 지혜로운 자입니다.

오늘의 말씀

이와 같이 그 곡물을 이 땅에 저장하여 애굽 땅에 임할 일곱 해 흉년에 대비하시면 땅이 이 흉년으로 말미암아 망하지 아니하리이다 _창 41:36

묵상

요셉은 7년 풍년에 7년 흉년을 대비합니다.

멀리 내다보는 계획과 지혜입니다.

그의 삶이 그랬습니다.

현실만 생각했다면 절망하고, 유혹에 넘어가고, 감옥 생활에 주저앉았을 텐데,

힘든 상황에 남을 원망하지도 탓하지도 않고, 분노와 체념을 이겨냈습니다.

하나님의 계획을 믿으며….

하나님은 그런 요셉에게 '멀리 내다보는' 선물을 주셨습니다.

그래서 오래 참고, 믿음으로 기다린 끝에 복이 되었습니다.

형제와 화해하고 기대하지 않았던 행복한 삶을 누릴 수 있었습니다.

그 행복은 한 가정을 위한 행복이 아니었습니다.

그 가정을 통한 하나님의 멀고 큰 계획이었습니다.

하나님의 계획은 7년을 넘고 70년을 넘어, 영원을 향한 구원의 계획입니다.

오늘의 기도

주님, 하늘의 뜻이 이 땅 위에 이루어지고,

하나님의 나라가 우리 가운데 이루어지게 하옵소서. 아멘.

019

___/___

지혜의 나무는 하나님과 깊은 사귐을 통해 뿌리 내리고, 신실하게 살아가는 과정을 통해 좋은 나무로 성장하게 됩니다. 그 열매는 감사와 기쁨과 행복입니다.

오늘의 말씀

당신들이 나를 이 곳에 팔았다고 해서 근심하지 마소서 한탄하지 마소서 하나님이 생명을 구원하시려고 나를 당신들보다 먼저 보내셨나이다
_창 45:5

🌿 묵상

요셉에게 십여 년의 애굽 생활은 결코 쉽지 않았습니다.

많은 사람들이 그러듯이

얼마든지 상황을 탓하고 어긋날 수도 있었고,

형제들과 하나님까지 원망하며 화를 낼 수도 있었습니다.

그러나 요셉은 그렇게 하지 않았습니다.

얼마든지 탓할 수 있었지만, 그는 다시 만난 형제들을 위로합니다.

힘들고 어려웠지만, 그런 삶에 '하나님의 선한 계획'이 있음을 믿고 이겨냈습니다.

하나님이 감동할만한 삶을 지켜낸 요셉은 복 받을만 했습니다.

하나님 안에서 깊게 생각하면, 역전과 반전의 삶을 살아갈 힘을 얻게 됩니다.

요셉은 생각할수록 대단한 사람입니다.

🕯 오늘의 기도

주님, 힘들고 어려울 때나 끝이라 여겨질 때,

주님의 그 선한 능력을 믿고 견디어 내게 하옵소서. 아멘.

020

/

🐟 하루를 열며

나 자신을 드러내고 나를 자랑하고 내 기쁨과 만족을 위해 사는
세상 풍조에서, 나를 이끄시고 인도해주시는 하나님께 영광을
돌려드리고 하나님의 기쁨이 되는 삶이 진정 행복입니다.

오늘의 말씀

요셉이 또 이스라엘 자손에게 맹세시켜 이르기를 하나님이 반드시 당신
들을 돌보시리니 당신들은 여기서 내 해골을 메고 올라가겠다 하라 하
였더라 _창 50:25

🌿 묵상

요셉의 유언입니다.
받은 상처에 대한 미움과 분노가 아니라,
화해가 담긴 위로와 축복으로 남긴 마지막 말입니다.
아브라함에게 주신 하나님의 약속을 잊지 말고
고향에서 이루실 희망을 가지고 살도록 당부하는 말입니다.
그리고,
400여 년 후에 그 후손은 요셉의 해골을 메고
약속한 땅 가나안으로 귀환합니다.
하나님을 붙잡고 산 요셉을 통해
참 많은 것을 느끼고 배웁니다.

🕯 오늘의 기도

주님, 마지막에 남길 소중한 말에
내 삶이 담기게 하옵소서. 아멘.

021

/

광
야

요르단 2011

022

/

믿음으로 앞선 이들의 삶과 희생을 통해 지금 우리가 이 신앙위에 선 것처럼, 오늘 우리를 통해 우리 자녀들에게도 견실한 신앙과 복이 이어지기를 소망합니다.

오늘의 말씀

그러나 학대를 받을수록 더욱 번성하여 퍼져나가니 애굽 사람이 이스라엘 자손으로 말미암아 근심하여 _출 1:12

묵상

이스라엘 백성의 대를 끊으려는 애굽왕 바로,
그의 잔인한 시도가 더욱 극심해지고 과격해집니다.
막 낳은 아들까지 죽이라 합니다. 살인 명령입니다.
하지만 그런 극심한 시도에도 선한 마음을 갖고 사는 이들이 있었고,
그들을 통해서 어린 생명들이 보전됩니다.
선한 손길이 필요합니다.
생명을 존중하고, 어려운 이를 내 일처럼 돕고,
버틸 힘조차 없는 이에게는 작은 힘이 되어주고,
기댈 언덕이 없는 이에게 어깨를 내어주는 선한 손길이 필요합니다.
모세는 그런 선한 손길을 만나 살았습니다.
이곳저곳에 이런 선한 손길이 많아지면 좋겠습니다.
또 한 명의 모세가 살게 될 것입니다.

오늘의 기도

주님, 악을 이기는 선함으로
세상이 회복되게 하옵소서. 아멘.

44

023
/

◁ 하루를 열며

거짓과 유혹과 여러 가지 시련이 있어도, 진리 위에 굳게 서서 좁은 길을 따라 온 힘을 다해 걸어가면, 그 어떤 것과도 비교할 수 없는 기쁨과 보람이 인생의 열매로 남습니다.

오늘의 말씀

모세가 여호와 앞에서 아뢰되 나는 입이 둔한 자이오니 바로가 어찌 나의 말을 들으리이까 _출 6:30

🌿묵상

하나님의 부르심 앞에 머뭇거리고 주저하는 모세!
자기가 바로 그 일을 할 사람인지 확신이 서지 않아 고민합니다.
미디안 40년의 광야의 삶!
그는 능력도 자신감도 다 잃었습니다.
단단한 바위가 퍼석한 모래가 되었습니다.
걱정되고 두렵고 떨리는 마음만 가득합니다.
하지만,
하나님은 그런 모세를 애굽으로 보내십니다.
둔한 입에 하나님의 말을 넣어주시고,
흔들리는 마음에 굵은 지팡이 하나 쥐어주셨습니다.
그리고 그 걱정 많은 이를 통해서 이스라엘을 구원하셨습니다.
주님은 자신의 약함을 고하고 주님을 의지하는 이를 통해 선한 일을 행하십니다.

🕯️ 오늘의 기도

주님, 주저하고 겁많은 저희도 주님의 영이 함께 하셔서
선하신 주님의 일을 이루며 살게 하소서. 아멘.

024

/

〜 하루를 열며

남극 펭귄은 영하 50도 혹한의 추위를 서로 몸을 밀착해 (Huddling) 견뎌냅니다. 어렵고 힘든 때입니다. 주님의 몸을 닮은 교회가 고통과 절망에 있는 이를 그분의 사랑으로 껴안고 그 온기로 세상을 치유하고 회복하면 좋겠습니다.

오늘의 말씀

모세가 백성에게 이르되 너희는 두려워하지 말고 가만히 서서 여호와께서 오늘 너희를 위하여 행하시는 구원을 보라 여호와께서 너희를 위하여 싸우시리니 너희는 가만히 있을지니라 _출 14:13-14

묵상

앞뒤 사방이 다 막혔습니다.

뒤에서 쫓아오는 애굽 군대는 이겨내기 어렵고,

앞을 가로막고 있는 거친 바다는 넘어서기 어렵습니다. 두렵습니다.

내가 할 수 있는 일이 아무것도 없고 길이 보이지 않습니다.

그런 이스라엘 백성에게 하나님이 주신 말씀입니다.

"가만히 서서 … 너희를 위해 일하는 나를 보라."

예기치 않은 상황 속에서 힘들어하는 교우들을 찾아가

정성껏 기도를 드리고 이 말씀을 들려줍니다.

"어둡고 낯선 동굴과 같은 곳에 홀로 들어가지 마시고

돌봄의 등불을 들고 찾아오시는 하나님과 함께 하시지요.

주님이 친히 길잡이가 되어주실 것입니다."

늘 두렵고 불안한 우리에게, 오늘 말씀은 늘 곁에 있는 좋은 벗 같습니다.

오늘의 기도

주님, 제가 감당하기 어려울 때 한발 앞에서 우리와 함께 걸어가시는 주님을 가만히 바라보겠습니다.

그리고 우리 교회가 서로 밀착해 고난을 견디는 교회(Huddling Church)가 되게 하소서. 아멘.

025
/

◯~ **하루를 열며**

감사하면 감사할 일이 더 많아지죠, 행복한 삶의 비결입니다. 오늘 하루를 감사로 시작합니다. 하나님께, 나의 소중한 이들에게, 그리고 하나님이 지으신 온 세상 아름다운 자연에게….

오늘의 말씀

보라 내가 너희를 위하여 하늘에서 양식을 비같이 내리리니 백성이 나가서 일용할 것을 날마다 거둘 것이라 _출 16:4

🌿 묵상

만나가 내립니다.

메마르고 힘든 광야에 맑은 비처럼 하늘 만나가 내립니다.

매일 주시는 일용할 양식이요, '은혜'입니다.

광야의 만나와 같이 '은혜'도 저장할 수 없습니다.

매일매일 하늘을 바라며 그 은혜를 구하고

그 은혜를 누려야 하루를 살 수 있습니다.

은혜 아니면,

우리의 힘으로 살아가기에는 벅차고 숨찬 인생 여정입니다.

욕심보다는 사명으로, 불만보다는 감사로,

물질보다는 하나님의 은총과 사랑으로 살아갈 때,

광야 같은 인생에서도 일상의 행복을 누리게 됩니다.

이것이 '광야의 만나'를 통해 누리는 은혜요 지혜입니다.

🕯 오늘의 기도

주님, 말씀의 만나로 은혜를 누리며
광야 같은 세상을 힘차게 살게 하옵소서. 아멘.

026

___/___

⤴ 하루를 열며

나의 일상이 새로워질 수 있을까. 뿌리부터 달라지고 싶은 나의
삶이라는 하얀 도화지에 다시 한 번 그림을 그리고 싶은 간절함
이 솟구칠 때, '나와 함께 죽고 다시 살라' 말씀해주신 세례의 기
억이 나를 새롭게 합니다.

오늘의 말씀

네가 만일 그들을 해롭게 하므로 그들이 내게 부르짖으면 내가 반드시
그 부르짖음을 들으리라 _출 22:23

🌿 묵상

'부르짖음'은 성경 곳곳에서 나오는 절실함입니다.

나에게 이겨낼 힘이 없고, 주변을 돌아봐도 도와줄 이 아무도 없다고 느껴지는 참담
한 현실 가운데 할 수 있는 마지막 수단이 바로 '부르짖음'입니다.

하나님은 그 부르짖음을 들어주시는 분입니다.

그분의 자비로운 성품 때문입니다.

그분의 자비와 연민과 사랑이 작은 신음에도 반응하고,

우리의 탄식에 위로와 사랑으로, 때로는 공평과 정의로 함께 해주십니다.

'절실함'으로 하나님께 부르짖습니다.

가난으로 힘겨운 이들이, 전쟁으로 두려운 이들이, 갈등으로 가슴 아픈 이들이,

염려와 걱정으로 불안한 이들이, 기댈 곳 없어 외로운 이들이,

실패와 좌절로 낙심한 이들이, 슬픔과 상실과 공허한 이들이…

주여, 그 절실함에 응답하옵소서.

🕯 오늘의 기도

키리에 엘레이손 키리에 엘레이손(Kyrie Eleison, Kyrie Eleison).
주님, 자비를 베풀어 주옵소서. 아멘.

027

/

∞ 하루를 열며

새들은 집을 지을 때, 바람이 세차게 부는 날에 집을 짓습니다. 이는 나뭇가지가 꺾이는 강한 바람에도 견딜 수 있는 든든한 집을 짓기 위해서입니다. 예기치 않은 강한 바람으로 흔들리는 이 때, 온 힘을 다해 든든한 믿음의 집을 짓기 바랍니다.

오늘의 말씀

이스라엘 자손에게 명령하여 내게 예물을 가져오라 하고 기쁜 마음으로 내는 자가 내게 바치는 모든 것을 너희는 받을지니라 _출 25:2

🌿 묵상

하나님이 거하시는 성막을 짓는 재료는
백성들이 기쁨으로 드려야 합니다.
드림보다 마음이 더 중요합니다.
기쁜 마음으로 드릴 때 모든 것이 값지게 됩니다.
봉사도 예배도 사역도 나눔과 섬김…
모두 하나님께서 주신 은혜에 감사하는 '기쁜 마음'이 있어야 합니다.
그 기쁨에
하나님의 소중한 공동체는 사랑이 넘치고,
서로를 소중히 여기는 사귐이 있고,
하나님께서 하시는 아름다운 일들의 열매들이
가득해집니다.

🕯 오늘의 기도

주님, 주님으로 인한 기쁨이 내 안에 있게 하시고,
그 기쁨이 나눔과 섬김으로 열매 되게 하옵소서. 아멘.

028

/

고요함

중국 2018

029

/

∝ 하루를 열며

예상하지 못한 불안하고 두려운 일상에서 진정한 안식을 누리기 위하여, 삶의 주도권을 주님께 내어드립니다. 그리고 주님의 뜻을 묵상하며 그 뜻을 찾습니다. 우리는 믿음으로 진정한 평화를 누리는 것이 이런 방법 외에 없음을 알고 있습니다.

오늘의 말씀

내가 유다 지파 훌의 손자요 우리의 아들인 브살렐을 지명하여 부르고 내가 또 단 지파 아히사막의 아들 오홀리압을 세워 그와 함께 하게 하며
_출 31:2,6

🌿 묵상

브살렐과 오홀리압, 유다 지파와 단 지파,
지금과 비교하면 호남과 영남 출신이요, 보수와 진보요, 남과 북입니다.
요즘엔 서로가 조금만 달라도 함께 일하는 것이 어렵습니다.
어려움을 넘어, 대립하고 갈등하기 쉽습니다.
하나님께서는 전혀 다르고 별로 가까워질 수 없는 두 사람을 함께 불러
'하나님의 성막'을 짓는 일을 하게 하셨습니다.
이것이 '하나님의 일을 하는 모습'입니다.
다양성을 인정하지만,
하나님의 뜻 안에서 하나가 되어 더 나은 선함을 이루어가는 삶!
이것이 교회의 모습입니다.
그와 같은 일이 가능했던 것은
하나님의 영의 충만함과 주님이 주신 지혜가 있었기 때문입니다.

🕯 오늘의 기도

주님, 서로의 다름을 넘어 다양성 안에서 한마음으로
하나님의 나라를 위해 일하게 하소서. 아멘.

030

/

🐟 **하루를 열며**

중요한 선택의 기로에서 항상 하나님의 뜻을 구하며 후회하지 않는 삶을 살아감이 복입니다. 우리를 속이는 소음에 넘어가지 않는 강단있는 믿음으로 복음의 삶을 사는 이가 복 있는 사람입니다.

오늘의 말씀

백성이 모세가 산에서 내려옴이 더딤을 보고 모여 백성이 아론에게 이르러 말하되 일어나라 우리를 위하여 우리를 인도할 신을 만들라

_출 32:1앞

🌿 묵상

산 위…

모세가 하나님과 함께 하며 그분의 말씀을 받습니다.

산 아래…

조급한 백성들의 요동과 충동이 보입니다.

그들은 열 가지 재앙을 몸소 보았고,

홍해를 마른 땅으로, 그 발바닥으로 건너왔고,

바위틈에서 솟는 샘물을 마셨고,

뱃속에는 아직도 소화되지 않은 만나가 있는 이들입니다.

그런데,

참지 못하는 조급함과 반항심,

인간적인 질투심과 순간적 충동은

하나님의 선한 약속을 기다리지 못하고 금송아지 신을 만듭니다.

오늘의 기도

주님, 들녘 농부와 같이, 더딜지라도,

진리의 자리를 떠나지 않는 굳센 믿음으로 열매 맺게 하소서. 아멘.

031

___/___

❏ **하루를 열며**

주님의 말씀과 함께 하루를 시작합니다. 언제든지, 어디서든지,
무엇을 하든지, 어떻게 하든지, 그 안에 하나님의 뜻이 있고 계
획하심이 있고 영광이 있음을 믿고 담대히 나아가길 원합니다.
오늘도 하나님께서는 말씀 가운데 살아 계십니다.

오늘의 말씀

모세가 브살렐과 오홀리압과 및 마음이 지혜로운 사람 곧 그 마음에 여
호와께로부터 지혜를 얻고 와서 그 일을 하려고 마음에 원하는 모든 자
를 부르매 _출 36:2

🌿묵상

광야 한복판에 성막을 짓습니다.

하나님의 임재를 경험하고

거칠고 절망적인 삶을 이겨나갈 '하나님의 성소'입니다.

이를 위해 주님께서 사람을 세우셨습니다.

'그 마음에 여호와께로부터 지혜를 얻고

와서 그 일을 하려는 사람'입니다.

하나님과 가까이하는 사람,

그분의 말씀을 먼저 듣고 삶의 길을 가는 사람이

지혜로운 사람입니다.

첫 시간에 만나는 하나님의 말씀(Daily Bread)은

광야 같은 세상에 하나님의 성소를 짓고

힘차게 살아가는 힘이요 지혜입니다.

🕯️ 오늘의 기도

주님, 말씀으로 주님께서 가르쳐 주시는 지혜를 얻어
광야 같은 세상을 복 있는 자로 살아가게 하옵소서. 아멘.

032

/

≺⊱ **하루를 열며**

내게 있는 모든 거짓과 가식을 떼어내고 바로 서기를 원합니다.
헛된 욕심 버리고 순수한 마음으로 온전한 길에 서서, 형통함과
넉넉함으로 몸과 마음을 추스르기를 원합니다.

오늘의 말씀

낮에는 여호와의 구름이 성막 위에 있고 밤에는 불이 그 구름 가운데에
있음을 이스라엘의 온 족속이 그 모든 행진하는 길에서 그들의 눈으로
보았더라 _출 40:38

🌿 묵상

구름과 불 기둥 아래에서 하나님의 임재를 경험합니다.
들에 핀 꽃과 하늘을 나는 새들이 느낀 하나님의 돌보심 같이,
구름이 떠오르면 가고, 구름이 없으면 쉬고,
구름에 달 가듯이 가는 순례자가 바로 하나님의 백성입니다.
그럴 수 있음은
그 길이 '하나님께서 보여주신 길'이기 때문입니다.
우리 인생도 내 길이 아니라
하나님께서 보여주신 길이어야 합니다.
우리의 리듬이 아닌
주님의 리듬에 맞춰서 걸어가십시오.
숨 차지 않고, 숨 막히지 않고
그분의 길을 걷는 기쁨이 있습니다.

오늘의 기도

주님, 하나님과 함께함으로 불 기둥의 따뜻함과 구름 기둥의 시원함이
늘 우리의 삶 가운데 있기를 소망합니다. 아멘.

033

___

/

⌀ 하루를 열며

사소함의 꾸준한 반복이 탁월함을 만들어 줍니다. 반복되는 행
동이 만드는 극적인 변화와 성장을 우리는 습관이라고 이야기
합니다. 의지적이요 의도적으로 좋은 습관을 갖도록 노력하고
반복해보면 좋겠습니다.

오늘의 말씀

제단 위에서 불살라 번제로 드리라 이는 향기로운 냄새라

_레 1:9,17; 2:9; 3:5,16; 4:31

🌿 묵상

하나님께 드리는 제사에서 나는 냄새입니다.
그러나 잘 생각해보면 제사는 요리가 아닙니다.
짐승이 타는 냄새치고 좋은 냄새가 없는데
무엇이 향기로움일까요?
그 지독한 냄새 속에 불평과 불만이 타고,
죄가 타고, 미움과 분노가 타고, 욕망이 타고,
나의 이기적인 마음이 탑니다.
그래서 향기롭습니다.
여호와 하나님께서 기뻐 받으시는 향기입니다.
죄 대신 화관으로, 미움 대신 사랑으로, 불평을 넘어 감사로,
욕심을 버린 나눔과 섬김의 향기가
온 세상에 가득하면 좋겠습니다.

🕯 오늘의 기도

주님, 우리의 삶이 주님을 향해 드림으로
온누리에 생명의 향기가 가득하게 하옵소서. 아멘

56

034

🐟 하루를 열며

내가 할 수 있는 일과 내가 좋아하는 일은 언제나 즐겁게 할 수 있습니다. 일이 크든 작든, 중하든 아니든, 힘들든 편하든 우리가 즐겁게 하는 그 일이 하나님께 기쁨을 드리는 일이면 좋겠습니다.

오늘의 말씀

그 제물의 고기가 셋째 날까지 남았으면 불사를지니 _레 7:17

🌿 묵상

모든 사람이 하나님께 기쁨의 제사를 드린 후,
그 제물은 제사장과 제사에 참여한 사람들의 몫이 됩니다.
제사에 참여한 사람들은 그 제물을 가지고 가족에게로 돌아가
이웃과 함께 나눠야 합니다.
성경은 그 제물을 "사흘 이상 두지 말라" 합니다.
두 가지 이유가 있습니다.
사흘 이상 두면 상할 수 있습니다. 건강의 이유입니다.
욕심내지 말고 모든 이들과 함께 나누어야 합니다. 함께 나누는 사랑입니다.
'드림은 나눔입니다.'
하나님께 드린 것이니 그 누구의 것이 아니라
모든 이들이 함께 나누어야 하는 것이지요.
거기에 함께 살아가는 기쁨이 있습니다.

오늘의 기도

사랑의 나눔 있는 곳에 하나님이 함께 계십니다.
주님, 나눔으로 주님을 따르는 기쁨을 맛보게 하옵소서. 아멘.

035

/

길
중국 2007

036

/

🐟 하루를 열며

내 생각이 많으면 넓고 다양하게 보기 어렵습니다. 하나님과 나와 이웃에 대해 무관심하고 무감각해지지 않았는지 생각해봅니다. 기도와 예배 가운데 하나님을 만나, 그분의 생각으로 우리의 마음이 넓어져 더욱 풍성해지길 바랍니다.

오늘의 말씀

모세가 이르되 이는 여호와께서 너희에게 하라고 명령하신 것이니 여호와의 영광이 너희에게 나타나리라 _레 9:6

🌿 묵상

그분이 하라 하신 것은 하고,

하지 말라 하신 것은 하지 않는 것이 복입니다.

쉽지는 않겠지요

쉽지 않으니 더욱 가치 있고 보람이 되는 삶입니다.

주님의 말씀 따라 사는 삶!

원수를 사랑하라 하셨으니 사랑하고,

어려운 자를 돌보라 하셨으니 돌보고,

이웃의 무거운 짐을 함께 지라 하셨으니 지고,

말씀을 주야로 묵상하라 하셨으니 묵상하고,

너 자신을 부인하고 나를 따르라 하시니 힘을 다해 따라갑니다.

쉬운 약속은 아니지만,

믿고 따르겠다 나섰으니, 그렇게 살려고 애쓰겠습니다.

🕯️ 오늘의 기도

주님, 저를 도와주옵소서.

복음으로 살아가는 그 삶을 지켜 주시고

엇나가지 않도록 붙잡아 주옵소서. 아멘.

037
/

� 하루를 열며

일상의 평범한 삶이 하나님의 놀라운 축복과 은혜임을 우리는
깨닫습니다. 잃고 보니 소중하고, 없어지니 귀했습니다. 일상의
익숙함에 속아 소중함을 잃지 않겠습니다.

오늘의 말씀

여자를 낳으면 그는 두 이레 동안 부정하리니 월경할 때와 같을 것이며
산혈이 깨끗하게 됨은 육십육일을 지내야 하리라 _레 12:5

🌿 묵상

이 말씀은 문자적으로 읽으면 오해할 수 있습니다.
율법에서 '여인이 월경 중이거나 아기를 낳으면
정결한 자가 들어가는 장소에 들어갈 수 없다' 함은
가정과 일터 그리고 종교적 의무에서 벗어나 쉬게 하려는
하나님의 배려입니다.
한약을 먹는 여인이 결코 물에 손을 담그면 안 된다는 이치와 같습니다.
이렇게라도 해야 여인의 몸과 마음이 가장 예민하고 힘들 때,
남성의 성적 욕망과 억센 일로부터 합법적 쉼을 누릴 수 있기 때문입니다.
오늘 말씀에는 성차별이 아니라,
율법적 배려와 생명을 소중히 여기는 하나님의 마음이 담겼습니다.
주님의 그 자상함에 감사합니다.

🕯 오늘의 기도

주님, 여성으로 태어나 살아가며 차별받지 않게 하시고,
하나님의 형상을 닮은 동일한 존재로서 대우받게 하옵소서.
그런 세상을 위해 함께 힘쓰게 하옵소서. 아멘.

038

/

∞ 하루를 열며

세상의 유혹과 시련으로 조각난 마음을 하나님의 자비를 구하
며 내려놓습니다. 그 크신 사랑으로 우리를 치유하시고, 정결하
고 새롭게 하시는 주님을 바라봅니다. 그분의 선하심과 인도하
심이 저희 안에 충만하게 하옵소서.

오늘의 말씀

이날에 너희를 위하여 속죄하여 너희를 정결하게 하리니 너희의 모든
죄에서 너희가 여호와 앞에 정결하리라 _레 16:30

묵상

속죄일(욤키푸르)은
하나님 앞에서 모든 죄를 드러내고 정결함을 얻는 날입니다.
가을에 지키는 대명절로,
금식을 하여 뱃속을 비우듯, 내 마음과 영을 비워 주님으로 채우는 날입니다.
속죄일을 지키기 전, 성막의 구석구석을 깨끗이 청소하며,
허황되고 허비된 내 삶을 비워내는 날입니다.
속죄일을 지키면서, 나 자신을 괴롭게 하면서까지
지난날의 죄와 잘못을 주님께 토해놓는 날입니다.
속죄일은 그런 애통하는 마음에 자비를 베푸셔서
새 영과 새 마음으로 새롭게 지음받는 날입니다.
"물 가지고 날 씻든지, 불 가지고 태우든지,
내 안과 밖 다 닦으사, 내 모든 죄 멸하소서."

오늘의 기도

주님, 하나님을 믿는 주님의 백성으로 우리 마음에 거리끼는 잘못된 모습을 주님 앞에 털어놓습니다.
주여, 용서하시고 우리의 삶에 회개에 합당한 열매를 맺게 하옵소서. 아멘.

039
/

🐟 하루를 열며

잘못된 결정을 하려 할 때 '이러면 안 되지' 하는 그 마음이 은혜임을 깨닫습니다. 언제나 어디서나 거룩하신 하나님 그 크신 은혜 안에 거하는 신실한 믿음을 소망합니다.

오늘의 말씀

너는 이스라엘 자손의 온 회중에게 말하여 이르라 너희는 거룩하라 이는 나 여호와 너희 하나님이 거룩함이니라 _레 19:2

🌿 묵상

거룩에 대한 말씀을 전할 때마다 가슴이 벅찹니다.
거룩은 하나님에게 어울리는 모습인데,
죄 많은 우리를 '성도', '거룩한 이'라 불러주시고
그 거룩함으로 우리의 흠결 많은 인생을 회복시켜주셨기 때문입니다.
그때는 하나님의 성전만 거룩했는데,
거룩하신 하나님이 부족한 저희를 찾아오셔서
거룩하신 하나님이 거하시는 성소로 사는
영광과 기쁨을 누릴 수 있게 되었습니다.
주님의 거룩한 빛이 우리 안에 계시니
작은 조각 빛으로 살 수 있습니다.
하나님의 그 거룩하심이 우리 안에 계시니
'성도', '거룩한 백성'답게 살겠습니다.

🕯 오늘의 기도

주님, 하나님의 과분한 사랑에, 감당못할 사랑에 감사하며,
맑은 영혼으로 정결한 마음으로 지혜로운 삶으로,
하나님의 거룩을 드러내는 '성도'로 살아가겠습니다. 아멘.

040

___

/

___

🐟 하루를 열며

한결같음은 처음을 기억하는 치열한 인내입니다. 평온함은 끊임없는 변화 속에서 지킬 것을 지키고, 기억할 것을 기억하는 자기 단련의 확인이며 증거입니다. 오늘도 한결같이 그리고 치열하게 주님의 사람으로 사십시오.

오늘의 말씀

이스라엘 자손에게 명령하여 불을 켜기 위하여 감람을 찧어낸 순결한 기름을 네게로 가져오게 하여 계속해서 등잔불을 켜 둘지며 _레 24:2

🌿 묵상

하나님의 성소에 감람나무 열매를 찧어 순결한 기름을 만들고
저녁부터 아침까지 하나님 앞에서 불을 밝히라 하십니다.
등잔불을 종일 켜두는 것은
하나님께서 졸지도 주무시지도 않으시고 우리를 지키시는 모습이요,
우리가 하나님 앞에서(코람데오) 온 삶을 통해 밝혀야 할 순전함을 의미합니다.
주님께서 늘 지켜주시는 세상에서
우리도 늘 불을 밝혀야 합니다.
사랑과 선행의 빛, 진실과 정의의 빛, 믿음과 신실함의 빛,
그리고 믿는 이로서 하나님의 말씀에 합당한 삶의 빛입니다.
주님의 사람으로 늘 밝게 살고 싶습니다.
우리의 삶에 의해 밝힌 빛으로,
세상이 밝아지게 하옵소서.

오늘의 기도

하나님의 선한 빛을 우리 마음에 간직하고 살게 하옵소서.
사랑의 빛, 평화의 빛, 생명의 빛과 소망의 빛을 밝혀
저희가 있는 곳에서 하나님의 영광의 빛을 드러내게 하옵소서. 아멘.

041
/

✁ 하루를 열며

하나님 안에서 고요한 마음으로 기도를 드리면, 조화롭지 않고 불안하기만 한 내 모습을 만나게 됩니다. 그분의 말씀과 추로 내 삶을 조율하면 어느새 제 마음이 평안해집니다. 고마운 말씀, 고마운 분입니다.

오늘의 말씀

너희가 내 규례와 계명을 준행하면… _레 26:3

🌿 묵상

레위기의 마무리는 '축복과 저주'입니다.
하나님의 백성이 정결과 거룩의 명령을 잘 따르면
하나님의 백성 된 신분과 지위를 온전히 세워주시고
이 땅에서 복을 받게 하시겠다는 하나님의 약속입니다.
그 복은 '걱정 없는 평화'와 '열매 있는 수고'와 '풍요로운 땅'과
'생명을 회복하는 안식'입니다.
주님의 말씀을 따라 살아가는 일이 때로는 쉽지 않겠지만,
주님의 백성답게 그 어려움을 이겨낸 후에 얻게 되는
'복'을 바라며 살아갑니다.
주저함 없이 힘차게…
여러분의 모든 삶에 주님께서 주시는 복이 늘 가득하길 소망합니다.
샬롬!

오늘의 기도

주님, 복이 되는 삶이 되기 위해 작은 일부터 시작해보겠습니다.
말씀의 씨앗을 내 삶의 중심에 심고 잘 가꿔 보겠습니다.
하나님 나라를 아름답게 하는 한 그루의 예쁜 나무가 되게 하옵소서. 아멘.

042

/

따
름

043

✎ 하루를 열며

우리는 모두 주님께서 택하여 주신 주님의 자녀, 주님의 소유입니다. 오늘도 각자 서 있는 그 자리에서 말씀에 순종하며, 나의 주인이신 하나님을 기쁘시게 하는 귀한 하루로 살아가기를 소망합니다.

오늘의 말씀

이스라엘의 처음 태어난 자는 사람이나 짐승을 다 거룩하게 구별하였음이니 그들은 내 것이 될 것임이니라. 나는 여호와니라 _민 3:13뒤

🌿 묵상

오늘 말씀의 '처음'은 '먼저'라는 말로 읽어야 더 좋을 것 같습니다.

'먼저 태어난 자는…'

성경은 먼저 난 자를 구별하여 그들에게 주신 합당한 책임과 복을 말씀하십니다.

이는 혈연적 장남, 장녀에 대한 말이 아님을 우리는 압니다.

먼저 하나님을 믿은 자에 대한 말씀입니다.

먼저 믿었으니, 그에 맞는 역할이 있고 합당한 복이 있습니다.

하나님을 먼저 알고 하나님의 것이 되었으니,

하나님의 좋은 쓰임새로 살아가야 하겠습니다.

너 나 할 것 없이 갑과 을로 따지는 세상에서

한발 앞서 섬기는 선한 마음으로 살면 하나님도 기뻐하실 것입니다.

내 마음 지닌 내 사람이라고…

오늘의 기도

주님, 먼저 믿은 자로 살아가며 구원의 빛을 드러내게 하옵소서.
먼저 믿은 자로 살아가며 하나님의 뜻과 나라를 위해 성심을 다하고,
믿음의 보람을 갖게 하옵소서. 아멘.

044

/

∽ 하루를 열며

우리의 입술은 비록 마스크로 가려졌지만, 우리의 삶을 통해 주님의 사랑이 여전히 전해지도록, 오늘도 나의 삶 속에서 만남을 허락하신 이들에게 내가 먼저 격려하고 축복하며 살아가길 바랍니다.

오늘의 말씀

여호와는 네게 복을 주시고 너를 지키시기를 원하며 여호와는 그의 얼굴을 네게 비추사 은혜 베푸시기를 원하며 여호와는 그 얼굴을 네게로 향하여 드사 평강 주시기를 원하노라 _민 6:24-26

묵상

이 마음을 담아 여러분을 축복합니다.

주님의 은총이 여러분의 삶에 감사가 되고 힘이 되길 축복합니다.

하나님의 사랑이 여러분의 힘들고 어려운 날에 위로이길 축복합니다.

우리 안에서 일하시는 성령께서 여러분과 함께 하셔서

정말 아름답고 귀한 열매를 가진 인생이길 축복합니다.

산자락에 서 있는 듬직한 나무처럼,

힘차게 흐르는 맑은 냇물처럼,

굵은 빗줄기 이겨낸 의연한 꽃 향기처럼,

밤 하늘을 밝히는 별 빛처럼,

하나님의 형상을 지닌 복된 이로 살아가길 축복합니다.

아멘.

오늘의 기도

매일매일 새롭고 신선한 주님의 은총에 기대어 생기롭게 살게 하옵소서. 내 안에 숨의 근원인 하나님의 영을 깊이 모시고 주님의 복을 누리며 살게 하옵소서. 하나님의 밝은 얼굴을 바라보며 그 얼굴의 빛으로 우리의 삶을 환하게 하시고, 주님 닮은 작은 빛으로 살아가는 은총도 베풀어주옵소서. 아멘.

045

∝ 하루를 열며

우리가 멀리 있어도 주님은 늘 우리를 바라보고 계십니다. 우리를 향한 주님의 마음은 자녀를 향한 부모의 마음입니다. 그래서 늘 죄송하고 고마울 따름입니다.

오늘의 말씀

나팔 두 개를 불 때에는 온 회중이 회막 문 앞에 모여서 네게로 나아올 것이요 _민 10:3

🌿 묵상

오래 전 동네마다 교회 종소리가 들렸습니다. 땡~ 땡~ 땡~
종소리가 들리면 교인들은 일손을 멈추고 교회로 모였습니다.
교회 종소리는 그렇게 마을 한복판에서 교인들을 하나가 되게 하였습니다.
하나님은 이스라엘 백성에게 은나팔을 만들어 불게 하셨습니다.
그 소리에 맞춰 가고, 멈추고, 함께 모여 예배드립니다.
그 소리가 들릴 때 이스라엘 백성은
'하나님이 우리와 함께 하심'을 느끼게 되었습니다.
구름기둥과 불기둥처럼, 나팔 소리는
그들과 함께 하시는 하나님의 사랑과 은총을 경험하게 하는 하늘의 소리였습니다.
종소리가 소음이 되어 사라지고, 요란한 기계음이 대신합니다.
그 소리에 조급해지고, 분주해지고 불안해지고 각박해져 갑니다.
종소리가 그립습니다.

오늘의 기도

주님, Daily Bread, 이 주님의 말씀에서 종소리를 듣습니다.
광야 같은 황량하고 거친 인생길에서 주님의 나팔 소리를 듣게 하시고
갈 길과 살 길을 보여주시는 주님과 함께 걷게 하옵소서. 아멘.

046
/

⟶ 하루를 열며

이기려 할 때 지게 됩니다. 이기고 짐이 중요한 사람은 늘 전쟁과 같은 삶을 살게 됩니다. 사랑이 이기고 평화가 이기게 하십시오. 그러면 주님 안에서 진정한 승리자로 살 수 있습니다.

오늘의 말씀

이 사람 모세는 온유함이 지면의 모든 사람보다 더 하더라 _민 12:3

묵상

겸손은 우리의 성품이지만, 온유는 성령의 선물입니다.
하나님과 가까이 할 때, 우리는 온유함의 선물을 얻게 됩니다.
아론과 미리암이 모세를 비방했습니다.
예전의 모세였더라면 그 혈기와 분노로 후회할 일을 했을지 모릅니다.
하지만 40년의 광야 생활에 자갈 같던 성질이 가는 모래알과 같이 되었습니다.
호렙산 기슭에서 하나님을 만나고서,
가시덤불 같던 자신에게 비전과 약속의 불이 붙어,
참고 자신을 이겨내고 이루어야 할 목표가 생겼습니다.
불 같은 성질을 죽이고, '순간을 살면 안 된다' 굳게 마음먹고,
보이지 않는 것을 보는 믿음으로 광야를 건너갑니다.
온유는 하나님의 영으로 불 붙은 자에게 주신 선물입니다.
주님의 말씀을 새기고 주님으로 나를 이겨낸 '나'로 살게 하옵소서.

오늘의 기도

주님, 이전의 나를 내려놓고, 예수 그리스도에게 배운 새로운 나로 살아갈 용기를 주옵소서.
길어지는 어려움 속에서 누추한 영혼으로 우울해하지 않게 하시고,
밝고 빛나는 주님의 말씀으로, 늘 새롭고 늘 하늘의 행복을 누리며 살게 하옵소서. 아멘.

047

/

∝ 하루를 열며

날마다 새로운 하루를 시작할 때의 다짐과 의욕과 열정들이 저녁이 되면 후회되는 마음으로 남습니다. 하나님의 신실한 자녀로 살고 싶은데 잘 되지 않을 때가 많습니다. 하루를 열며 다시 한 번 다짐합니다. 주님의 말씀을 온전히 따르며 감사와 보람 있는 하루 되게 하옵소서.

오늘의 말씀

그리하여 너희가 내 모든 계명을 기억하고 행하면 너희의 하나님 앞에 거룩하리라 _민 15:40

묵상

기억하는 것이 중요합니다.
잊지 말아야 할 것은 결코 잊지 말아야 합니다.
이전에 베푸신 하나님의 은혜를 기억하고,
교회에 처음 나와 예배를 드리고
설레는 마음으로 세례를 받고
떨리는 입술로 주님을 향해 드린 첫 사랑의 고백을 기억합니다.
그 기억의 뿌리에 하나님이 계십니다.
혹시 지금 나의 모습이 흔들리고 벗어나 있다면,
지난 날에 주님이 베푸신 큰 사랑과 은혜를 기억해내야 합니다.
힘들고 어렵고 흔들릴 때, 기억의 뿌리로 돌아가
나를 만나주신 하나님의 눈길을 기억하고
그분의 손길과 음성으로 다시 시작해야 합니다.

오늘의 기도

주님, 주님이 저를 잊지 않듯이
저도 주님을 결코 잊지 않겠습니다. 아멘.

048

/

◇〜 **하루를 열며**

너무 지쳐 기도가 되지 않을 때가 있습니다. 기도할 여력이 없어 무너질 때도 있습니다. 그 무엇도 위로가 되지 않을 때 우리를 위해 기도하는 손길들이 있어 그 사랑으로 다시 일어섭니다. 기도는 사람을 세우는 고마운 힘입니다.

오늘의 말씀

모세가 놋뱀을 만들어 장대 위에 다니 뱀에게 물린 자가 놋뱀을 쳐다본즉 모두 살더라 _민 21:9

묵상

뱀에 물려 죽게 생겼는데, 놋뱀을 만들어 그 뱀을 보라 합니다.

길고 가느다란 줄만 봐도 섬뜩한데,

그 뱀을 장대 위에 높이 달아 그 뱀을 보라 합니다. 말도 안 되는데 말이 됩니다.

그 뱀이 효험이 있는 것이 아니라 하나님의 말씀이 생명길이기 때문입니다.

"모세가 광야에서 놋뱀을 든 것같이 인자도 들려야 하리니…"

니고데모에게 예수님이 하신 말씀입니다.

그리고 십자가, 그 거친 나무에 놋뱀처럼 달리셨습니다.

"저주의 형틀에서 죽임 당한 갈릴리 무기력한 자를 바라보라. 그러면 살리라!"

말도 안 되는데 말이 됩니다.

길이요 진리요 생명 되신 예수님을 통해

하나님께서 우리를 구원하시기 때문입니다.

십자가에 달리신 예수 그리스도를 바라봅니다.

오늘의 기도

주님, 우리의 삶이 힘들고 어려워도 하나님을 신뢰하고 믿음으로 길을 걷게 하옵소서.

거친 나무에 놋뱀처럼 달리신 예수님 통해 구원을 바라며 믿음으로 살게 하옵소서. 아멘.

049

/

평
안

중국 2018

050

___/___

🐟 **하루를 열며**

오늘은 오직 주님만 바라보고, 오직 주님만 생각하고 싶습니다.
오늘은 오직 주님만 기억하고, 오직 주님만 사랑하고 싶습니다.
오늘은 주님으로 인해 풍성해진 마음으로 축복의 통로가 되고
싶습니다.

오늘의 말씀

발람이 일어나 자기 곳으로 돌아가고 발락도 자기 길로 갔더라
_민 24:25

 묵상

이름이 비슷한 두 사람을 만납니다. 발락과 발람.
자신을 위해 신을 이용하려는 사람과 신의 뜻에 따라 자신을 내어놓은 사람입니다.
자신의 필요에 따라 하나님의 마음을 움직이려 하는 사람과
하나님의 뜻에 따라 자신의 길을 정하는 사람입니다.
그들이 가고 싶은 길 중 하나는 욕망의 길이요, 다른 하나는 순종의 길입니다.
저는 제가 갈 길을 정했습니다.
예수님이 한발 앞서 걷고 계신 그 길을 걸어가겠습니다.
주님께서 그곳에 계시니, 그분과 함께 기운차게 걷겠습니다.
그 길 위에서, 저 자신에게 몇 번씩이라도 다짐합니다.
흔들리더라도, 더딜지라도, 그 길을 벗어나지 말자.
힘들어도 어려워도, 돌아서지 말자.
좁은 길이지만, 기쁨으로 걷는 그 길에서 제가 발견되길 원합니다.

🕯 **오늘의 기도**

주님, 예수님과 함께 그 길을 기운차게 걷고 싶습니다.
도와주시고 힘이 되어주셔서, 견실한 믿음의 발걸음으로 힘차게 걷게 하옵소서. 아멘.

76

051

/

절망 중에도 하나님의 섭리를 깨닫게 하시고, 실패와 좌절 속에
서 이것이 끝이 아니라, 하나님 안에서 다시 한 번 시작할 수 있
는 은혜를 경험하게 하옵소서. 이것이 주님과 함께하는 자에게
주시는 신비입니다.

오늘의 말씀

여호와께서 모세에게 말씀하여 이르시되 슬로브핫 딸들의 말이 옳으니
너는 반드시 그들의 아버지 형제 중에서 그들에게 기업을 주어 받게 하
되 그들의 아버지의 기업을 그들에게 돌릴지니라 _민 27:6-7

묵상

아버지가 아들 없이 딸만 다섯을 낳고 광야에서 죽었습니다.
아들에게만 기업 분배가 이루어지는 당시 풍습으로 인해
분배되는 기업을 전혀 받을 수 없는 사정을 이야기하며,
딸이지만 '아버지의 기업을 받을 수 있도록 해달라' 간절히 부탁합니다.
이에 하나님은 모세를 통해 그들의 말이 옳다 여기시며
그 시대의 풍습을 넘어 딸인 여성들에게도 기업이 분배되게 하십니다.
무려 3500년 전의 일입니다.
시대와 풍습을 넘어 공평히 대하시는 하나님의 마음을 알게 합니다.
그 오랜 시간이 지났는데… 여전히 슬로브핫의 딸들은 호소하고 탄원하고
좌절하고 있습니다. 성별이나 인종이나 지역이나 학벌이나 몸의 건강 유무가
사람을 구별하고 차별하는 기준이면 안 됩니다.
법을 넘어 하나님의 나라를 이루는 정신이요 바탕입니다.

오늘의 기도

주님, 차별없는 배려와
인격적인 존중이 이루어지게 하소서. 아멘.

052

/

우리는 매일 선택을 하며 살아갑니다. 선택의 기로에서 나의 선택이 하나님이 기뻐하시는 선택이 되길 바랍니다. 아들의 생명으로 나를 선택하신 하나님의 결정에 기쁨을 드리십시오.

오늘의 말씀

또 이르되 우리가 만일 당신에게 은혜를 입었으면 이 땅을 당신의 종들에게 그들의 소유로 주시고 우리에게 요단강을 건너지 않게 하소서
_민 32:5

🌿 묵상

또 머뭇거리고 주저합니다.
요단강 서편에 하나님의 약속의 땅이 있는데,
버럭 겁이 난 것입니다.
그곳에 가서 다시 치러야 할 힘겨운 일들을 생각하니 다리가 떨리고 두렵습니다.
그래서 두 지파는 강을 건너지 않고, 요단 동편에 남기를 구합니다.
지금 있는 강 동쪽 땅은 목초지가 많아 짐승을 먹이기도 좋습니다.
결국 그들은 강을 건너지 않고 안주(安住, 편안한 곳에 거함)합니다.
정주(定住, 바른 곳에 거함)해야 할 땅이 저만치 있는데…
소돔성도 고모라성도 보기 좋았습니다.
안주하고, 넓은 길로 가는 이는 많습니다.
그러나 주님,
주저함 없이 강을 건널 용기를 주옵소서.

오늘의 기도

주님, 우리를 향하신 하나님의 뜻을 깊이 새기고 주님과 함께 걷는 기쁨이 있기 원합니다.
말씀에서 발견한 빛을 온전히 따르게 하시고, 기도 중에 들려주신 주님의 음성을 늘 기억하게 하옵소서.
안주하는 안일함을 넘어서고, 있어야 할 곳에 있게 하옵소서. 아멘.

053

어려움 중에, 탄식 중에 하나님께서 계시니 얼마나 감사한지요.
하나님은 우리의 피난처요 요새이십니다. 그 주님의 날개 안에
피하여 쉼을 얻고, 다시 세상으로 힘차게 나아갑니다.

오늘의 말씀

너희는 너희가 거주하는 땅 곧 내가 거주하는 땅을 더럽히지 말라 나 여
호와는 이스라엘 자손 중에 있음이니라 _민 35:34

묵상

도피성을 만들고 레위인들에게 주신 하나님의 명령입니다.
'땅을 더럽히지 말라,
죄와 거짓과 피흘림으로부터 이 땅을 지키라' 명령하셨습니다.
도피성은 하나님이 이스라엘 백성을 지키시는 생명의 울타리입니다.
인간의 분노와 힘과 폭력의 남용으로부터 하나님의 백성을 지키고,
그 공동체에 원한과 원수와 복수를 남기고 싶지 않은 하나님의 배려입니다.
교회가 도피성입니다.
교회는 이 땅을 죄와 악으로 더럽혀지지 않도록
하나님이 세우신 도피성입니다.
주님, 넓고 따뜻하고 어진 마음으로
소중한 이 땅을 지키게 하소서

오늘의 기도

주님, 인간에 대한 하나님의 배려를 마음 깊이 새기며 기도합니다.
주님을 닮은 너그러움과 넉넉함으로, 주님의 교회가, 주님을 믿고 따르는 그리스도인들이
도피성과 같은 품 넓은 어머니의 마음으로, 세상을 따뜻하게 만드는 복된 이들이 되게 하옵소서. 아멘.

054

/

사람은 때로 그 중심이 흔들립니다. 다른 이들의 말 한마디에, 다른 이들의 성공담에, 때로는 나의 실패와 좌절에… 그래도 겁나지 않는 것은, 하나님이 저의 흔들리는 중심을 보고 알고 계시니, 굳건히 붙잡으시고 흔들리지 않게 해주실 것입니다

오늘의 말씀

너는 비스가산 꼭대기에 올라가서 눈을 들어 동서남북을 바라고 네 눈으로 그 땅을 바라보라. 너는 이 요단을 건너지 못할 것임이니라

_신 3:27

🌿 묵상

40년간 광야의 여정 맨 앞에는 늘 모세가 있었습니다.

모세가 없는 이스라엘 백성은 생각할 수 없습니다.

그런데 하나님은 모세에게 너의 자리는 '요단강 동편'이라 말씀하시고

가나안에 들어가는 것을 허락하지 않습니다.

모세는 쉽지 않았지만 순종합니다.

그리고 자신이 들어갈 수 없는 그 땅을 바라보며 축복합니다.

40년간 광야에서 함께 해온 하나님과 모세는 그런 사이입니다.

깊고 친밀한 사이, 눈빛만 봐도 무슨 뜻인지 아는 사이…

이해하기 힘들고 받아들이기 어려워도

'무언가 큰 뜻이 있겠지' 믿으며 순종하는 사이입니다.

우리는 한참 더 노력해야겠습니다.

🕯 오늘의 기도

주님, 하나님과 온전히 동행하며 하나님의 사람으로 살아간 모세를 본받아, 주님의 사람으로 살고 싶습니다. 주님의 말씀을 듣고 정직하게 반응하게 하시고, 나의 이해와 경험을 넘어서서, 하나님의 은총에 기대어 용기 있게 순종하는 믿음을 허락하여 주옵소서. 아멘.

055

/

◇ 하루를 열며

우리는 복이라는 단어를 좋아합니다. 그런데 영어의 blessing은 blood, 피에서 나온 말로, 내가 남을 위해 피를 흘리고 희생하는 것이 진정한 복이라고 합니다. 오늘 나의 희생과 섬김이 필요한 가족과 이웃에게 복의 전달자가 되기를 원합니다.

오늘의 말씀

여호와께서 보시기에 정직하고 선량한 일을 행하라 그리하면 네가 복을 받고 그 땅에 들어가서 여호와께서 모든 대적을 네 앞에서 쫓아내시겠다고 네 조상들에게 맹세하신 아름다운 땅을 차지하리니 여호와의 말씀과 같으니라 _신 6:18-19

묵상

우리에게 맡기신 일은 정직하고 선량한 일입니다.
대적을 쫓아내고 아름다운 땅을 마련하는
벅차고 힘든 일은 하나님께서 하십니다.
하나님께서 하시는 일에 비해 보면,
우리에게는 조금 땀 흘려 할 수 있는 일을 맡기십니다.
너무 힘들면 그저 주저앉아 버릴까 봐 감당할 수 있는 일만 맡기십니다.
그래서 감당하지 못할 시험(시련)은 주지 않으신다고
말씀하신 것 같습니다(고전 10:13).
우리는 우리에게 주어진 그 일을 성실하게 하면 됩니다.
정직하게 그리고 선량하게…
하나님께서는 하나님께서 하실 일을 해나가실 것입니다.
이 땅 위에 하나님의 아름다운 나라를 세워가는 일입니다.

오늘의 기도

주님, 주님은 늘 우리가 행한 일보다 더 큰 사랑과 은혜의 선물을 주셨습니다.
감사하는 마음으로, 언제나 어디서든지 하나님의 자녀임을 잊지 않게 하여 주옵소서. 아멘.

056

/

따뜻함
—
진도 2021

057

❧ 하루를 열며

기독교인에 대해 성난 마음을 가진 사람들이 많은 시대를 살아
내고 있습니다. 그들을 원망하기보다 반성하고, 먼저 된 우리가
하나님의 마음으로 우리보다 어려운 이웃을 돌아보고, 후히 줄
수 있는 사랑의 마음으로 행하면 좋겠습니다.

오늘의 말씀

너는 애굽땅에서 종 되었던 것과 네 하나님 여호와께서 너를 속량하셨
음을 기억하라 _신 15:15앞

☘ 묵상

우리에게 두 가지를 기억하라 하십니다.

'은혜와 고난.'

은혜를 기억할 때, 우리의 입술과 마음에 원망과 불평이 없고,

고난을 기억할 때, 어렵고 힘든 이를 위해 긍휼한 마음을 갖게 됩니다.

은혜를 기억하지 못하는 사람은 '배은망덕한 사람'입니다.

어렵고 힘들었던 날을 기억하지 못하면,

주변에 그와 같은 처지에 있는 사람을 돌보지 않게 됩니다.

그런 까닭에 하나님께서는 우리에게

'은혜와 고난'을 기억하는 이들이 되어야 한다고 말씀하십니다.

배은망덕한 사람이 아닌

은혜를 알고 덕을 베풀 줄 아는 복된 사람이

하나님의 사람입니다.

🕯 오늘의 기도

주님, 기억하며 살게 하소서. 은혜를 아는 자가 되게 하시고,
고난을 기억함으로 어려운 자리에 있는 이들의 마음과 삶을 헤아리게 하옵소서. 아멘.

058

/

봄기운의 나른함 속에 새해에 품었던 마음이 다소 약해질 수 있는 시기입니다. 매일 새로운 날이 오는 것처럼, 매일 아침마다 우리가 가졌던 각오를 새롭게 다지며, 말씀 가운데 살아계시는 하나님과 함께 새날을 시작해보십시오.

오늘의 말씀
너는 네 하나님 여호와 앞에서 완전하라 _신 18:13

🌿 묵상

완전할 수 없습니다. 어떻게 거룩하신 여호와 하나님 앞에서 완전할 수 있나요.
그것을 알면서, 모세는 그분 앞에서 완전해야 한다고 말씀합니다.
하나님께서 99세 아브라함에게도 하신 말씀이 '완전하라'(창 17:1)이며
예수님도 "하늘에 계신 아버지와 같이 너희도 온전하라"고
말씀해주셨습니다(마 5:48).
물론, 우리의 모습으로는 마음도 먹을 수 없지만,
하나님의 말씀이고 예수님의 명령이니
믿음의 야무진 마음으로 한 번 도전해봄직합니다.
믿음의 주요, 우리를 온전케 하시는 분인 예수님을 더욱 뚜렷이 바라보며
한 걸음 한 걸음 걷다 보면, 하나님의 손길 안에서 이루어지는
작고 소박하게 영근 믿음의 열매는 맺을 수 있겠지요.
"한 걸음, 한 걸음 주 예수와 함께 … 날마다 날마다 우리 걸어가리"(찬송가 430장).

🕯️ 오늘의 기도

주님, 제 힘으로 이루려 할 때 영적인 침체가 찾아오고 탈진하게 됩니다. 주님께서 함께하실 때 모든 두려움과 염려를 이기고 하나님의 자녀다운 자유함과 기쁨으로 믿음의 여정을 갈 수 있습니다. 주님 도와주옵소서. 휩쓸리지 않게 해주시고 주님께서 가신 길을 담대하게 걸어갈 수 있도록 힘이 되어 주옵소서. 아멘.

059

하루를 열며

하나님 안에서 시작하는 새날, 모든 것이 새롭습니다. 익숙함으로 느슨해지지 않고, 모든 것을 새롭게 하시는 하나님 안에서 새롭고 신선하게 하루하루를 살아갑니다.

오늘의 말씀

네 이웃의 포도원에 들어갈 때에는 마음대로 그 포도를 배불리 먹어도 되느니라 그러나 그릇에 담지는 말 것이요 네 이웃의 곡식 밭에 들어갈 때에는 네가 손으로 그 이삭을 따도 되느니라 그러나 네 이웃의 곡식 밭에 낫을 대지는 말지니라 _신 23:24-25

묵상

어릴 적 무 밭에서 무를 먹고,

고구마 밭에서 고구마를 캐서 먹던 생각이 납니다.

주인의 눈치를 보지 않아도 되었지요.

그저 "하나 먹을게요", "고맙습니다" 좋은 인사말 하나면 되었습니다.

그런 인심 좋은 넉넉한 공동체를 주님이 원하십니다.

하지만,

그 일에 땀흘린 이의 수고에 대한 존중이 빠져서는 안됩니다.

"그릇이나 낫은 안 된다" 하십니다.

그 마음이 참 좋습니다.

우리도 모르게 각박해진 세상에서,

오늘 들려주시는 말씀은 우리를 넉넉하게 합니다.

주님은 모든 이에게 너그러우신 분입니다.

오늘의 기도

주님, 섬김과 나눔으로, 베품과 돌봄으로, 각박한 세상을 하나님의 온기 넘치는 세상으로 이루게 하옵소서. 낙심한 자, 외로운 자, 소외된 자 없는 하나님의 나라로 세워가게 하옵소서. 말씀으로 길을 보고 기도로 힘을 얻어 하나님의 자녀의 권세를 선하게 사용하며 살아가게 하옵소서. 아멘.

060

/

믿음을 갖는다는 것은 세계관이 바뀌는 일입니다. 지금 여기에서 세상의 가치와 나의 판단에 거리를 두고 돌이켜 하나님의 뜻에 순종하는 것은 중대한 변화입니다. 세상은 이렇게 조용하지만 급진적으로 변해갑니다.

오늘의 말씀

여호와께서도 네게 말씀하신 대로 오늘 너를 그의 '보배로운 백성'이 되게 하시고 그의 모든 명령을 지키라 확언하셨느니라 _신 26:18

 묵상

'보배로운 백성.'

참 좋아 마음에 남는 단어입니다.

하나님께서 보물처럼 여기는 백성입니다.

세상에서 보배처럼 인정받는 백성이 되는 귀한 일입니다.

오늘 말씀을 마음에 새기면 새길수록 알게 됩니다.

말씀의 삶은 하나님을 위함이 아니요,

바로 우리 자신을 위함임을…

그래서,

주님의 말씀 앞에 앉아

마음을 모아 기도드립니다.

🕯️ **오늘의 기도**

주님, 주님의 도를 따라 행하고 마음과 뜻과 힘을 다하여 주님을 사랑함으로
보배로운 주님의 백성 되게 하옵소서. 아멘.

061

/

✐ 하루를 열며

모세에게 주신 시련과 영광의 이야기 속에서 우리가 울 때, 함께 울고 고난 중에 함께 하시는 하나님을 알게 됩니다. 저희도 모세처럼 온유하게 하나님과 동행하는 삶이면 좋겠습니다.

오늘의 말씀

곧 그 큰 시험과 이적과 큰 기사를 네 눈으로 보았느니라 그러나 깨닫는 마음과 보는 눈과 듣는 귀는 오늘까지 여호와께서 너희에게 주지 아니하셨느니라 _신 29:3-4

🌿 묵상

어릴 때 이런저런 것을 갖고 싶은 것이 많았습니다.
예쁜 구슬, 책가방, 자전거, 내 방, 작은 집…
지금 갖고 싶은 것은
'보이지 않는 것을 보는 눈'과
'들리지 않는 것을 듣는 귀'와
'진리와 지혜를 깨닫는 마음'입니다.
간절한 마음으로 안달하고, 응석을 부려서라도 갖고 싶습니다.
이제는 제가, 이것들이 얼마나 소중하고,
인생을 넘어 새로운 삶까지 행복하게 살아가는 데 필요한 것인지를
아는 나이가 된 것 같습니다.
주님, 이 세 가지 보물을 가지고
인생을 살아가도록 도와주옵소서.

🕯 오늘의 기도

주님, 주님과 함께하는 시간이 더해질수록 믿음의 성숙을 이루길 원합니다.
눈에 보이지 않아도, 손에 잡히지 않아도 하나님을 굳게 믿고 나아가게 하옵소서.
주님의 대견한 자녀로 하나님의 일을 잘 감당하게 하옵소서. 아멘.

062

/

〜 하루를 열며

인생을 살다 보면 무거운 짐에 누구나 폭풍 속에 있는 것 같을 때가 있습니다. 그때마다 예수님의 말씀이 힘이 됩니다. "수고하고 무거운 짐 진 자들아 다 내게로 오라. 내가 너희를 쉬게 하리라."

오늘의 말씀

모세가 죽을 때 나이 백이십 세였으나 그의 눈이 흐리지 아니하였고 기력이 쇠하지 아니하였더라 _신 34:7

🌿 묵상

오늘 말씀에서 또 갖고 싶은 것이 생겼습니다.

'흐리지 않는 눈과 쇠하지 않는 기력.'

모세에게 하나님께서 주신 선물입니다.

광야 40년을 한결같은 마음으로 주님을 따르고,

쉽지 않았지만,

하나님의 말씀에 순종함으로 받은 선물입니다.

보이는 선물인 가나안 땅을 내려놓았기에 받을 수 있었던

하나님의 선물입니다.

'흔들리지 않는 분별력, 의연할 수 있는 담대한 믿음.'

그 덕분에 모세는 마지막까지 하나님의 '사람'일 수 있었습니다.

주님, 백이십 세는 꿈도 꾸지 않습니다.

다만 명료한 분별력과 굳센 의지로 살게 하소서.

🕯️ 오늘의 기도

주님, 진심을 담아 구합니다. '흐리지 않는 눈과 쇠하지 않는 기력'으로 마지막까지 하나님의 사람으로 살고 싶습니다.

주님의 영이 저희 안에 계셔서 힘과 도움이 되어 주옵소서. 아멘.

063

/

생
명

캐나다 2017

064

⊂ 하루를 열며

우리가 어떤 마음을 품고 사는가에 따라 우리의 삶이 결정됩니다. 우리 마음에 예수님을 품으면 주님께서 우리의 생각과 마음을 지켜주십니다. 우리 주님의 마음을 품고 그분 곁에 머물며 행복한 삶을 살아가길 소망합니다.

오늘의 말씀

여호와의 종 모세가 죽은 후에 여호와께서 모세의 수종자 눈의 아들 여호수아에게 말씀하여 이르시되 _수 1:1

묵상

모세를 이어 여호수아의 시대가 됩니다.

사람은 바뀌었지만, 하나님은 동일한 분이십니다.

그때는 모세와 같은 이가 필요하였고,

이때는 여호수아와 같은 이가 필요할 뿐입니다.

면면히 이어가시는 여호와 하나님의 역사(History) 속에서

하나님의 사람으로 쓰임을 받아 하나님의 일들을 이루어갑니다.

모세에게는 '보이지 않는 것을 보는 믿음'을 주어 광야로 나아가게 하셨고,

여호수아에게는 '강하고 담대한 믿음'으로 가나안으로 나아가게 하십니다.

우리를 하나님의 일에 사용하심이 분명한데, 어떤 모습일까요?

말씀과 기도 가운데

주님의 뜻을 알기 원합니다.

🕯 오늘의 기도

주님, 그때의 여호수아처럼, 이때의 모세처럼 저희도 부족하고 연약하지만,

하나님 나라에 쓰임새 있는 사람이 되고 싶습니다. 아멘.

065

/

ᐱ 하루를 열며

때때로 주님을 실망시키는 우리들이지만, 그럼에도 우리를 지켜주시고 신실하게 인도하시는 주님이십니다. 그래서 큰 일을 만나고 힘든 일을 겪어도, 저희가 의지하고 힘을 얻는 분은 오직 주님이십니다.

오늘의 말씀

여호와의 군대 대장이 여호수아에게 이르되 네 발에서 신을 벗으라 네가 선 곳은 거룩하니라 하니 여호수아가 그대로 행하니라 _수 5:15

🌿 묵상

하나님께서 여호수아에게 말씀하십니다.

"네 발에서 신을 벗으라."

호렙산에서 모세를 만나셔서 새로운 길을 열어주실 때도 말씀하셨습니다.

"네 발에서 신을 벗으라."

모세도 여호수아도 맨발로 하나님 앞에 섰습니다.

신학교에 입학할 때, 정문에 "네 발에서 신을 벗으라"는 글이 있었습니다.

그때 제 마음에 든 생각입니다.

'지금까지 걸어왔던 길이 아니라,

이제는 맨발로 서서 하나님 앞에서 만난 그 길을 걸어야 한다.'

그래서 우리 예수님,

십자가의 길을 앞에 두고 제자들의 맨발을 손수 씻어주신 것 같습니다.

신을 벗고 맨발로 서는 용기, 그분의 길을 따르는 순종입니다.

🕯 오늘의 기도

주님, 거룩한 주님 앞에서 나의 모든 것을 내려놓습니다.

주님의 빛으로 어두운 그늘 같은 나의 인생의 가림막이 걷히게 하시고

그 사랑으로 회복되어 거룩하신 하나님의 사람으로 살아가게 하옵소서. 아멘.

066

〜 하루를 열며

인생의 성공은 말씀의 순종에서 비롯되었다는 사실을 기억하고 하나님을 향한 전적인 신뢰의 삶을 살아갑니다. 이것이 믿음입니다.

오늘의 말씀

꾀를 내어 사신의 모양을 꾸미되 해어진 전대와 해어지고 찢어져서 기운 가죽 포도주 부대를 나귀에 싣고 _수 9:4

🌿 묵상

기브온 주민은 이스라엘 백성들이 두려웠습니다.
광야에서 요단강을 건너온 하나님의 백성 이스라엘이
강력한 힘으로 자신들에게 오고 있음을 알았습니다.
그래서 꾀를 내어 맞서 싸우기보다는
그들과 한편이 되는 것이 낫겠다 결정합니다.
'화해와 화친'입니다.
기브온 주민에게 배울 만한 것이 있습니다.
'하나님의 복을 받은 민족을 알아보는 눈'과
'그들과 가까이하는 일이 자신들에게 더 낫게 여기고 결정하는 판단',
볼 것을 보는 분별과 정해야 할 일을 정하는 판단이 지혜입니다.
'나를 지키기 위한 미련한 고집보다, 더 나은 나를 위한 용감한 포기!'
믿음의 출발점에 가장 필요한 지혜입니다.

🕯 오늘의 기도

주님, 나를 지키기 위한 미련한 고집보다 더 나은 나를 위한 용감한 포기,
시대의 흐름을 아는 지혜와 그에 걸맞은 용기 있는 결단!
하나님, 우리에게 선택과 집중할 수 있는 지혜와 믿음의 용기를 주옵소서. 아멘.

067

🐟 하루를 열며

짐이 무겁다고 여기면 점점 더 무거워집니다. 홀로 지는 짐이 아니라 여기면 무게는 여전해도 감당할 힘이 생깁니다. 주님이 곁에 계시며 우리를 도우십니다. 늘 고마움으로 살아갑니다.

오늘의 말씀

오늘 내가 팔십오 세로되 모세가 나를 보내던 날과 같이 오늘도 내가 여전히 강건하니 내 힘이 그 때나 지금이나 같아서 싸움에나 출입에 감당할 수 있으니 그날에 여호와께서 말씀하신 이 산지를 지금 내게 주소서

_수 14:10-12

🌿 묵상

"이 산지를 내게 주소서!"

갈렙을 생각하면서 부르는 찬송에 감동이 있습니다.

"내 나이 팔십오 세나 되었지만, 45년 전 모세와 함께 광야에서

하나님의 사람으로 살아갈 때와 같이 성실함이나 강건함이나 믿음이나,

하나님을 사랑하고 하나님의 사역을 감당하기에 한결같으니…

'산지'를 내게 지금 주십시오."

갈렙과 같은 '한결 같음'이 부럽습니다.

나이를 넘어선 '믿음과 용기'가 부럽습니다.

나이만 먹으면 늙어가는 것이요,

나이를 먹어가면서 인격과 신앙이 좋아지면 어른이 되는 것이겠지요.

갈렙은 참 훌륭한 믿음의 어른입니다.

🕯 오늘의 기도

주님, 하나님을 믿고 따르는 데 핑계 대지 않겠습니다.

환경과 상황 탓하지 않고 한결같은 마음으로 신앙의 길을 걸어 닮고 싶을 만한

믿음의 어른이 되게 하옵소서. 아멘.

068

/

∽ 하루를 열며

하나님을 마음에 두고 살아감으로 영근 믿음의 무게는 세찬 냇물에 떠밀리지 않고 시냇가 저편으로 건너갈 수 있게 합니다. 더 나아가 약한 이들도 도울 수 있는 힘이 됩니다. 든든한 믿음의 무게는 모든 이에게 힘이 되는 선한 힘입니다.

오늘의 말씀

이에 그들이 … 구별하였으니 이는 곧 이스라엘 모든 자손과 그들 중에 거류하는 거류민을 위하여 선정된 성읍들로서 누구든지 부지중에 살인한 자가 그리로 도망하여 그가 회중 앞에 설 때까지 피의 보복자의 손에 죽지 아니하게 하기 위함이라 _수 20:7-9

🌿 묵상

하나님께서 모세를 통해 6개의 도피성을 세워주십니다.

그 이름들이 다 특별합니다.

도피성의 이름들에 하나하나 하나님의 마음이 들어가 있는 듯합니다.

① 가데스 – (주님이 계시기에) 거룩한 곳

② 세겜 – (세상을 이길) 능력

③ 헤브론 – (주님과 친밀한) 사귐 · 친구

④ 베셀 – (주님 곁에서 누리는) 안식 · 평안함

⑤ 길르앗라못 – (하나님의) 영광

⑥ 바산 골란 – (참된) 행복

우리의 삶에 주님이 이와 같은 도피성이십니다. 우리도 그 누군가에게 도피성이 되고, 교회도 세상의 도피성이 되었으면 좋겠습니다.

부끄럽고 죄송하지만… 다시 한 번 힘을 내보겠습니다.

🕯 오늘의 기도

주님, 주님의 품에서 쉼과 힘을 얻기를 원합니다.
버거운 삶에서 잠깐이라도 벗어나 하나님의 위로를,
사랑으로 힘을 얻게 하옵소서. 아멘.

069

/

🐟 하루를 열며

믿음과 소망과 사랑의 가정이 되기를 바란다면, 하나님을 섬기는 믿음의 사람으로 살겠다고 결심하십시오. 한 사람으로 말미암아 우리의 가정이 믿음의 가정이 될 때, 하나님은 우리의 가정을 축복과 행복의 가정으로 가꾸어주실 것입니다.

오늘의 말씀

그러므로 이제는 여호와를 경외하며 온전함과 진실함으로 그를 섬기라 너희의 조상들이 강 저쪽과 애굽에서 섬기던 신들을 치워 버리고 여호와만 섬기라 _수 24:14

🌿 묵상

여호수아의 고별 설교를 듣습니다.

나이 많아 늙었어도 그의 믿음의 견고함은 더욱 강단있어 보입니다.

살아온 세월을 돌아보니

역시 하나님 안에 참된 삶의 행복과 구원의 기쁨이 있다는 고백입니다.

부끄러움 없는 신실한 믿음의 삶이 보입니다.

후회없는 삶을 살아온 노객의 '삶의 뿌듯함'이 느껴집니다.

거리낌없이 백성 앞에서 당당하게 서서,

지금껏 백성과 함께 살아온 삶이 거짓이 아니었고,

나뉘지 않은 하나된 마음으로 살아왔음을 증언합니다.

"이것이 나의 간증이요, 이것이 나의 찬송일세.

나 사는 동안 끊임없이 구주를 찬송하리로다."

여호수아가 부럽습니다.

🕯 오늘의 기도

주님, 한결같이 한 길을 걷는 순전한 믿음이고 싶습니다.

하나님 안에서 그와 같은 믿음으로 살아감으로써

저희의 마지막 모습에서 여호수아가 보이게 하옵소서. 아멘.

바라봄

요르단 2011

071

ᐁ 하루를 열며

한결같이 한 길을 걷는 순전한 믿음으로, 하나님을 우리의 삶에 가장 소중한 분으로 모시고, 그분의 말씀과 뜻을 잘 헤아리며 살아가십시오. 그것이 복입니다.

오늘의 말씀

그 세대의 사람도 다 그 조상들에게로 돌아갔고 그 후에 일어난 다른 세대는 여호와를 알지 못하며 여호와께서 이스라엘을 위하여 행하신 일도 알지 못하였더라 _삿 2:10

🌿 묵상

'다른 세대'(Different Generation), 여호와 하나님을 알지 못하는 다른 세대…
곧 그렇게 될지 모르겠습니다.
모세와 여호수아 같은 훌륭한 지도자를 두었던 이스라엘 백성들도
그 후에 일어난 세대가 다른 세대가 되었다고 합니다.
신앙이 이어져 신실한 신앙 공동체를 지켜낼 다음 세대를 키우지 못한 것입니다.
'다음 세대'여야 했는데… '다른 세대'가 되어버립니다.
광야시대를 이끌어 갈 리더십이 있었다면,
가나안 정복시대를 이끌어갈 리더십이 있었다면…
약속의 땅에서 하나님의 나라를 세워가야 할 사람들도 필요했습니다.
하지만 이스라엘은 자신들의 안일함으로 새로운 땅에서
자신들이 누구인지 잊어버리고 살아버린 것입니다.
가슴이 많이 아픕니다.

🕯 오늘의 기도

주님, 다음 세대에게 바른 믿음을 잘 물려주게 하옵소서.
혼란한 세상이요, 세상적인 경쟁에서 자유로울 수는 없겠지만
신실한 믿음만은 잘 지켜내게 하옵소서. 아멘.

072

/

기억은 과거를 회상함이 아니라 오늘과 내일을 온전히 살고자 하는 중심잡기입니다. 이전에 베푸신 하나님의 은혜를 기억하며 주님의 거룩한 빛을 내 안에 간직하고, 작은 조각 빛으로 살고 싶습니다.

오늘의 말씀

또 여룹바알이라 하는 기드온이 이스라엘에 베푼 모든 은혜를 따라 그의 집을 후대하지도 아니하였더라 _삿 8:35

🌿 묵상

기드온은 정말 위대한 사사였습니다.

신실한 300명의 용사와 함께 미디안의 위험을 이겨내는 데 앞장선

위대한 인물입니다.

그 후에 보여준 겸손과 인격과 믿음은 본받고 싶을 정도입니다.

그러나 그런 사사 기드온이 믿음의 가정을 세우는 데는 실패했습니다.

아내가 많았고, 그들에게서 70명의 자녀를 둔 것은

이후 심각한 불행의 원인이 됩니다. 갈등과 분란, 형제들 간에 살인…

믿음의 가정으로 신앙을 대물림하는 것, 그만큼 어려운 일입니다.

좋은 품성과 사랑으로 주님을 섬기는 귀한 가정으로 세워가는 것,

온 마음과 온 힘을 다하지 않으면 안 되는 일입니다.

주님, 우리 가정이 믿음의 가정 되게 하소서.

오늘의 기도

기드온을 통해 믿음은 우리의 모든 삶에 적용되는 구체적인 것임을 깨닫습니다. 말과 행실, 사람과의 관계와 일하는 태도, 자녀를 양육하고, 돈을 벌고 쓰는 일상의 모든 삶이 모두 신앙과 연결되어 있음을 배웠습니다. 영적인 민감함으로 깨닫게 하시고, 삶의 기민함으로 깨달은 바를 실천하며 살아가게 하옵소서. 아멘.

073

⌾ 하루를 열며

약속을 지키는 것이 인간관계뿐 아니라 하나님과의 관계에서
도 매우 중요한 신뢰의 기초입니다. 신앙생활은 하나님과의 약
속을 신실하게 이행하는 것입니다. 하나님은 그 약속을 아들까
지 내어주면서 지켜주셨습니다.

오늘의 말씀

그가 여호와께 서원하여 이르되 주께서 과연 암몬 자손을 내 손에 넘겨
주시면 내가 암몬 자손에게서 평안히 돌아올 때에 누구든지 내 집 문에
서 나와서 나를 영접하는 그는 여호와께 돌릴 것이니 내가 그를 번제물
로 드리겠나이다 _삿 11:30-31

묵상

아무리 원하는 것이 있어도,

그것이 백성을 위하고 하나님의 뜻을 위한 일이어도,

다른 이의 생명을 해치는 일이나 약속은 하지 말아야 됩니다.

그 생명이 천하보다도 귀하고,

사람의 생명이 목적을 위한 도구가 될 수 없고,

그 생명을 위해 주님이 십자가에 오르셨기 때문입니다.

사사 입다는 처절하게 후회합니다.

자신의 섣부른 허언으로 사랑하는 딸을 죽일 수밖에 없었습니다.

목적이 좋아도 그 과정이 선해야 합니다.

하나님께서 구원을 이루어가시는 방법입니다.

그래서 아들 예수가 십자가에 오르셨습니다.

아, 주님~!

오늘의 기도

주님, 말씀 앞에 겸손히 앉아 주님의 뜻을 헤아리며 기도하게 하시고, 나의 삶에서 빚어지는
하나님의 영광을 맛보게 하옵소서. 주님과 함께 걷는 믿음의 여정에 담대하게 하시고,
욕심을 내려놓고 담담히 걷게 하소서. 아멘.

074

/

🐟 하루를 열며

하나님이 지으신 생명과 지구 환경을 생각하며, 무분별했던 저희들의 삶과 생활 습관을 다시금 돌아봅니다. 부끄러운 마음으로 욕심과 남용을 내려놓고, 창조의 질서를 생각하며 회복과 치유의 역사를 기대합니다.

오늘의 말씀

그의 머리털이 밀린 후에 다시 자라기 시작하니라 _삿 16:22

🌿 묵상

거룩의 능력을 잃어버린 삼손은
더 이상 하나님이 맡기신 일을 할 수 없었습니다.
가슴 아픈 일입니다.
삼손의 능력은 밀린 머리털에 있었던 것이 아니라
하나님의 약속을 믿고 순종함에 있었습니다.
그러나 엔학고레, '부르짖음의 샘'에서 샘물을 터트려 주시듯이,
하나님은 삼손의 부르짖음에 응답하여 하나님을 조롱하는 세상 가운데 세우시고,
하나님의 능력을 회복한 사람의 힘을 다시 한 번 보이십니다. 은혜요 감사입니다.
거룩은 능력입니다.
세상에서 조롱이나 무시당하지 않고 세상을 압도해나가는 능력입니다.
말씀으로 나를 비끄러매고, 말씀으로 삶을 조율하겠습니다.

🕯 오늘의 기도

주님, 내가 가진 힘을 믿고 교만하지 않게 하옵소서.
일순간 모든 것이 다 허물어질 수 있음을 기억하게 하시고, 늘 하나님 안에서 겸손하게 하옵소서.
하나님의 사람으로 나를 지켜가는 하루로, 오늘도 복된 날 되게 하옵소서. 아멘.

075

/

◇ 하루를 열며

봄이 일어서니 내 마음도 기쁘게 일어섭니다. 봄에 일어서 그 누군가에게 봄이 되어 봅니다. 희망이 가꿔지고 평화가 찾아옵니다. 따뜻한 봄은 누구에게라도 좋은 것입니다. 봄을 누리며 봄이 되어주십시오.

오늘의 말씀

그때에 이스라엘에 왕이 없으므로 사람이 각기 자기의 소견에 옳은 대로 행하였더라 _삿 21:25

🌿 묵상

'자기의 소견대로 행하다, 자기의 생각대로 행하다, 자기가 옳은 대로 행하다,
자기의 뜻대로 살다, 자기 멋대로 살다.'
그런 삶의 끝은 갈등, 대립, 혼란, 분열, 전쟁이며,
일관성 없고, 흔들리고, 지칩니다.
자신이 지금 어떻게 살아가고 있는지 모르고,
그때 그때 주어진 삶을 상황에 따라 결정하고 살기 때문입니다.
이 모든 일이 사사기의 이야기입니다.
그들은 왕이 필요하다 외칩니다.
자신들을 충분히 제어할 수 있는 권한과 힘이 있는 왕!
그러나 세상 힘을 가진 왕이 더 큰 문제입니다.
우리의 '왕'은 주님뿐입니다.
십자가에 달리신 왕, 예수! 아멘.

오늘의 기도

주님, 오늘도 하나님의 뜻을 기억하며 하루를 살겠습니다.
나의 생각, 나의 뜻, 나의 힘이 아니라, 내 삶의 주인이 되신 하나님의 말씀에 따라 살아가겠습니다.
주님, 저희를 선한 길로 인도해주옵소서. 아멘.

076

/

🐟 하루를 열며

이 시대는 예기치 못한 코로나19라는 질병과 그로 인한 어려움으로 삶은 지치고 생활은 어려워져, 힘겨움 속에서 어느 것 하나 의지할 곳 없습니다. 하지만 우리에게는 구속자 하나님이 계십니다. 그분을 의지하십시오.

오늘의 말씀

여인들이 나오미에게 이르되 찬송할지로다 여호와께서 오늘 네게 기업 무를 자가 없게 하지 아니하셨도다, 이 아이의 이름이 이스라엘 중에 유명하게 되기를 원하노라 _룻 4:14

🌿 묵상

비련의 여인 나오미는 우리 시대 어머니의 모습입니다.

그 곁을 떠나지 않은 룻은 신실한 여인의 또 다른 이름입니다.

너그럽고 따뜻한 보아스는 공허와 절망을 채우는 희망이었습니다.

구약의 가장 어두운 시기였던 사사기 시대에 들려진 이 훈훈한 이야기는

시대적인 절망과 메마름을 사랑으로 채워가는 회복의 이야기입니다.

이와 같은 아름다운 이야기를 눈여겨 보면, 더 많은 이야기가 담겨 있습니다.

효와 사랑, 넉넉함과 너그러움, 이삭 남기기와 이삭 줍기,

이방인에 대한 차별과 환대, 성실의 열매 등등,

몇 장 안 되는 룻과 나오미의 이야기에서

예수님의 이야기도 볼 수 있습니다.

작지만 결코 작지 않습니다.

오늘의 기도

주님, 이런 신실함과 너그럽고 따뜻함으로 세상에 희망을 주며 살아가겠습니다.

저희의 작은 선행으로도 이루어가는 하나님 나라를 경험하게 하옵소서. 아멘.

077

/

샘과 나무

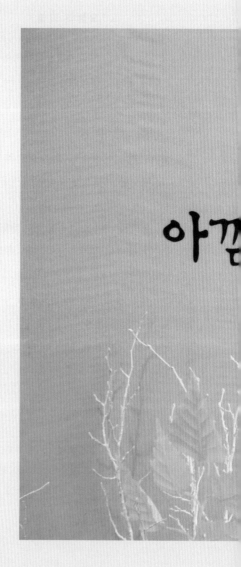

르지 않는 샘

이 주는 나무

078

/

∝ 하루를 열며

하나님께서 사무엘의 성장 가운데 함께 하셔서 존귀한 자녀로
세우셨습니다. 우리 자녀들의 삶에도 주님이 동행하셔서 사무
엘처럼 존귀하게 쓰임받길 원합니다.

오늘의 말씀

사무엘이 자라매 여호와께서 그와 함께 계셔서 그의 말이 하나도 땅에
떨어지지 않게 하시니 _삼상 3:19

묵상

사사시대를 넘어 선지자 시대로 넘어갑니다.
그 자리에서 하나님의 말씀을 붙잡고 그 시대와 민족을 다시 한 번 세워가는
'사무엘'선지자를 만나게 됩니다.
"그의 말이 하나도 땅에 떨어지지 않게 하셨다." 주님의 말씀이 사람의 마음에
속속들이 들이고 새겨져, 그 말씀의 씨가 심겨졌다는 너무 좋은 말씀입니다.
그렇게 하나님의 백성인 이스라엘은 말씀 안에서
'선민(選民)'과 '성민(聖民)'의 모습을 다시 갖추어갑니다.
오늘 말씀의 '자라매'는 나이나 키나 물리적인 세월이 주는 것이 아닌
'주님의 영과 말씀' 안에서 그의 마음과 믿음과 삶이 자람입니다.
우리도 주님의 말씀을 듣고 살아온 시간이 꽤 되었고,
'그리스도인'이라는 이름으로 살아온 세월이 있으니,
이제는 주님의 사람으로 '자라' 주님의 일을 담당할 만하면 좋겠습니다.

오늘의 기도

주님, 하나님의 말씀으로 뿌리내린 사람으로 살고 싶습니다. 시냇가에 심어진 나무처럼
말씀의 사람으로 설 수 있도록 도와주옵소서. 바람에 나는 겨와 같은 허접한 인생이 아닌
주님 안에서 살아온 햇수만큼 굵어진 나무로 든든히 서고 싶습니다. 아멘.

079
/

✎ 하루를 열며

초등학교에 입학한 아이가 잘하고 있는지, 사소한 걱정들로 매번 하교하는 아이에게 취조하듯 묻게 됩니다. 자녀인 우리들을 바라보시는 하나님의 마음은 어떠실까요? 때론 조마조마하고 때론 부족한 모습임에도 불구하고, 항상 변함없이 기다려주시는 하나님의 인내와 사랑을 생각합니다.

오늘의 말씀

여호와께서 사무엘에게 이르시되 백성이 네게 한 말을 다 들으라 이는 그들이 너를 버림이 아니요 나를 버려 자기들의 왕이 되지 못하게 함이니라 _삼상 8:7

🌿 묵상

하나님의 아픈 마음이 보입니다.

"저들이 너를 버림이 아니라 나를 버린 것이다."

가슴이 아프고 배신감으로 서운하셨지만, 하나님은 그들의 말을 들어주십니다.

화를 내고 역정 끝에 징벌하는 대신,

그냥 자신의 가슴을 쓸어안으며,

그러한 백성일 수밖에 없는 이스라엘을 향해 연민하십니다.

오늘 말씀으로 하나님의 마음을 살펴봅니다.

우리를 보시면서도 이렇게 마음 아파하지 않으실까요?

우리 또한 연약하고 이기적이지만…

주님을 버리고 다른 것으로 주인 삼는 어리석은 짓은 하지 않겠습니다.

이 약속을 지키도록 도와주시고, 힘이 되어주옵소서.

🕯 오늘의 기도

주님, 주님의 말씀으로 복된 삶을 살고 싶습니다. 당신의 평화로 세상을 가꾸어 가고,

내게 주신 은혜로 넉넉하게 하며, 말씀의 빛으로 내가 사는 주변을 밝게 하며 살고 싶습니다.

어떤 어려움이 있어도 결코 주님 곁을 떠나지 않고, 주님의 빛으로 빛나게 하옵소서. 아멘.

080

___/___

✚ 하루를 열며

하나님의 말씀과 함께 하루를 시작할 수 있어서 참 좋습니다.
혼자서는 게을러질 수 있지만, 함께 하기에 동기부여가 되어 꾸
준히 할 수 있는 것 같습니다. 말씀 가운데 하나님께서 주시는
지혜 얻기를 소망하며, 오늘 하루도 힘차게 시작해봅니다.

오늘의 말씀

그들이 이르되 당신이 우리를 속이지 아니하였고 압제하지 아니하였고
누구의 손에서든지 아무것도 빼앗은 것이 없나이다 하니라

_삼상 12:4

☘ 묵상

사무엘이 늙어 자신의 자리에서 떠나게 됩니다.
돌아보면, 어릴 적 어머니의 기도로 성전에 들어온 후
'하나님의 사람'으로 한평생을 살아온 느티나무와 같은 사람이었습니다.
백성에게 든든한 버팀목이고
새로운 시대를 건너는 안전한 다리와 같았습니다.
그런 사무엘도 자신의 삶을 돌아보면서
잘 살아온 것이 맞는지 그 백성에게 묻습니다.
"내가 잘 살아온 것 같은가?"
그 백성의 대답입니다.
"선생님의 삶은 정직하고, 진실하고, 하나님 앞에서 보기 좋았습니다."
그 대답을 들은 사무엘,
참 감사하고 감사했을 것입니다.

오늘의 기도

주님. 유익과 욕망에 따라 거칠게 살아가는 세상에서 나의 삶을 지켜내고
선한 능력으로 살기를 소망합니다. 나의 기도 가운데 하나님의 뜻이 있게 하시고
그 뜻을 이루기 위해 온 삶을 살아가고, 그 삶으로 인해 행복하게 하옵소서. 주님과 사람들 앞에서… 아멘.

081

◁ 하루를 열며

우리를 사망의 권세에서 살리셔서 부활의 기쁨을 누리게 하시고, 영원한 생명 가운데로 인도하신 예수님을 찬양합니다. 우리도 매일 새로 태어나는 마음으로 주님의 은혜에 감사하며 신실하게 살겠습니다.

오늘의 말씀

여호와께서 사무엘에게 이르시되 그의 용모와 키를 보지 말라 내가 이미 그를 버렸노라 내가 보는 것은 사람과 같지 아니하니 사람은 외모를 보거니와 나 여호와는 중심을 보느니라 _삼상 16:7

묵상

늘 알고 있던 말씀인데, 새롭게 눈에 들어옵니다.

중심을 보는 눈은 하나님의 눈입니다.

세상을 볼 때도 그 중심을 보시고,

사람을 볼 때도 그 중심을 보십니다.

그분은

거죽(겉)에 그려진 무늬를 보시는 분이 아니라

깊은 속에 들어 있는 진짜 알맹이를 보시는 분입니다.

그래서 부끄럽고, 불안하고, 고맙고, 도전이 됩니다.

주님의 눈으로 중심을 보며 사는 훈련을 해야 합니다.

나의 중심이 다른 이에게 들켰을 때, 부끄럽지 않게 해야 합니다.

중심과 중심이 만나는 소중한 만남을

소중히 여기겠습니다.

오늘의 기도

주님, 보이는 것으로 판단하지 않고 주님처럼 중심을 보며 살겠습니다.
저의 중심을 잘 가꿔, 하나님이 들여다보시고 다른 이에게 들켰을 때 부끄럽지 않도록,
늘 속 사람을 잘 돌보겠습니다. 아멘.

082

/

⊂⋉ 하루를 열며

자신의 욕심만을 추구하는 삶에는 희망이 없고 기쁨이 없습니다. 우리를 자신의 목숨보다 더한 사랑으로 품어주신 예수님의 은혜가 우리 안에 함께 하고, 서로에게 사랑을 표현하는 오늘이 되기를 바랍니다.

오늘의 말씀

요나단이 그에게 이르기를 두려워 하지 말라 내 아버지 사울의 손이 네게 미치지 못할 것이요 너는 이스라엘 왕이 되고 나는 네 다음이 될 것을 내 아버지 사울도 안다 하니라 _삼상 23:17

🌿 묵상

아버지의 원수가 아들의 친구가 됩니다.

두 사람에게는 이해관계를 넘어서 하나님의 큰 뜻 안에서

서로를 바라볼 수 있는 눈과 마음이 있었습니다.

원한은 삶을 속박하지만,

사랑은 삶을 자유롭게 합니다.

원한은 삶을 병들게 하지만,

사랑은 삶을 치유합니다.

요나단의 넓고 큰 사랑이

다윗이 하나님의 사람으로 서는 밑거름이 되었습니다.

하나님을 힘 있게 의지하는 삶(삼상 23:16)은

늘 감동입니다.

오늘의 기도

주님, 누군가에게 좋은 친구, 선한 친구가 되어 거룩한 우정을 나누게 하옵소서.

좋은 친구를 만나는 복을 넘어 좋은 친구가 되어 주는 기쁨과 감사를 누리게 하옵소서.

나로 인해 하나님을 알고 예수님과 동행하는 이들이 삶의 열매로 맺어지게 하옵소서. 아멘.

083 /

봄볕이 아름답고 꽃들이 피어납니다. 자연이 주는 생기는 큰 위로가 됩니다. 피어나는 꽃들 속에서 있는 모습 그대로 주위를 환히 밝히는 꽃처럼 사는 사람들이 떠오릅니다. 오늘 만나는 말씀이 우리의 삶에 꽃이 되고 빛이 됩니다.

오늘의 말씀

… 다윗이 일어나서 사울의 겉옷 자락을 가만히 베니라 그리 한 후에 사울의 옷자락 벰으로 말미암아 다윗의 마음이 찔려… _삼상 24:4-5

묵상

자신을 죽이고자 혈안이 되어 있는 사울에게 복수할 수 있는 기회가 왔습니다.

그러나 차마 사울을 죽일 수 없어 사울의 겉옷자락만을 베어냅니다.

얼마든지 죽일 수 있었지만, 그리 하지 않았다는 뜻이겠지요.

그런데 그로 인해 다윗이 힘들어 합니다.

죽이거나 해를 입힌 것도 아닌데,

단지 겉옷자락만 베어낸 것인데,

그것마저도 마음에 찔림이 된 것입니다.

자신이 추구하는 '하나님 앞에서 온전한 삶'을 살아가는데

그 옷자락 조금 벤 것조차 흠이 되고 만 것입니다

이 말씀 앞에 저희의 모습은 몹시도 부끄럽습니다.

너무나 아무렇지도 않게, 무덤덤하게 해왔던 일들이 생각납니다.

오늘의 기도

주님, 아주 작은 것마저도 살피며 살게 하소서.

악을 악으로 갚지 않고 선으로 악을 이기는 거룩한 삶을 살게 하옵소서. 아멘.

084

/ .

담다
닮다

뉴질랜드 2016

085

/

⌒ 하루를 열며

때론 그리운 이가 사무치게 보고 싶고 그리울 때가 있습니다.
그럴 때는 주변을 돌아보며, 가장 가까운 이에게 작은 감사와
작은 사랑의 실천으로 서로를 위로하며, 평강이 넉넉히 흐르는
하루로 살아 보십시오.

오늘의 말씀

이스라엘의 딸들아 사울을 슬퍼하여 울지어다 그가 붉은 옷으로 너희
에게 화려하게 입혔고 금노리개를 너희 옷에 채웠도다 _삼하 1:24

🌿 묵상

사울이 죽었습니다.
왕이었지만 왕답지 않았던 사울이 죽었습니다.
자신의 사위였지만 질투에 눈이 멀어 다윗을 죽이려 한 사울,
블레셋과의 전쟁에서 비참하게 전사합니다.
나라 구한 영웅을 정적으로 대하고 그를 돕는 자신의 아들마저 의심하다가
영적 파탄에 이른 불행한 왕 사울,
질투심, 의심, 피해망상으로 시달리다가 비참하게 몰락했습니다.
화려하게 시작했지만, 그 끝은 참혹합니다.
성령으로 시작했다가 육체로 끝낸 꼴입니다.
다윗은 그를 위해 노래를 지어 부릅니다.
그의 삶과 죽음이 안타까워서…
다윗의 마음이 돋보입니다.

오늘의 기도

주님, 한결같은 모습으로 신실하게 하소서.
시기와 질투에 나를 내어 주지 않게 하시고, 넉넉한 사랑과 주님 주신 지혜로 살게 하옵소서. 아멘.

116

086
/

🐟 **하루를 열며**

봄을 맞아 벚꽃이 휘날립니다. 연둣빛 여린 잎도 꽃처럼 곱게 움터옵니다. 찬란한 봄이기에 더욱 처연한 노란 리본의 향연이 가슴 아프게 합니다. 주님의 은총과 평강의 복을 구하는 오늘입니다.

오늘의 말씀

이제 청하건대 종의 집에 복을 주사 주 앞에 영원히 있게 하옵소서 주 여호와께서 말씀하셨사오니 주의 종의 집이 영원히 복을 받게 하옵소서

_삼하 7:29

🌿 **묵상**

다윗은 간절한 마음으로 여호와 하나님의 복을 구합니다.

"주 앞에 영원히 있게 하옵소서."

우리가 인생을 살아가면서 주님을 떠날 이유는 많습니다.

힘들 때, 벅찰 때, 지칠 때, 세상살이가 재미 있을 때,

의미가 없다고 느껴질 때, 상심될 때, 누군가에게 서운할 때, 교회가 싫어질 때,

자신을 잘 알아주지 않을 때, 마음 바쁘고 삶이 분주해질 때,

나의 기도가 잘 응답되지 않을 때,

의심이 생길 때, 때로는 모든 일이 잘 될 때,

그리고 아무런 이유도 없이 주님 곁을 떠나기도 합니다.

그래서 다윗이 기도 드린 것입니다.

🕯️ **오늘의 기도**

주님, 주 앞에 영원히 있는 복을 주옵소서. 아멘.

087

/

🐟 **하루를 열며**

우리는 약합니다. 그래서 매일매일 불안과 권태의 경계를 넘나들며 무너집니다. 나로 인함이 아닌 오직 주로 인하여 한 호흡, 한 걸음 세상과 맞서며 순전한 주님 닮길 원합니다.

오늘의 말씀

다윗이 행한 그 일이 여호와 보시기에 악하였더라 _삼하 11:27뒤

🌿 묵상

말씀 생각 하나, '다윗마저 그렇다면 나는?'

사람은 누구나 할 것 없이 다 죄 앞에서 무기력함을 느낍니다.

사람마다 약한 부분이 달라,

돈이 될 수 있고, 이성일 수 있고, 명예일 수 있고, 권력일 수 있겠지만…,

자신의 믿음을 칼날같이 세우지 않으면,

순식간에 넘어갈 수 있겠다는 생각이 듭니다.

말씀 생각 둘, '권력의 추한 모습'입니다.

사람에게 힘이 있다는 것은 참 좋은 것인데…,

그 누군가에게 잘못 들려진 힘은 사람을 죽일 수도 있고,

자기 자신마저 패망의 길로 들어서게 합니다.

주님께 기도합니다.

늘 나 자신을 하나님 앞에 세워, 주님의 사람으로 살아가게 하소서.

🕯 오늘의 기도

주님, 저희는 연약합니다. 작은 것에도 흔들리고, 때로는 솟구치는 욕망 앞에 무기력하게 나를 내어주기도 합니다. 죄와 잘못 앞에 너무 쉽게 나를 정당화하고, 이 정도는 괜찮겠지 하며 입 발린 다독임으로 내 영혼을 무감각하게 만들기도 합니다. 늘 깨어 기도하게 하시고 말씀으로 지켜내게 하옵소서. 아멘.

088

/

어려운 일상이 기약 없이 지속되고 있습니다. 그러나 사망의 음침한 골짜기를 다닐지라도 주께서 우리와 함께하심을 우리는 믿음의 눈으로 바라봅니다. 오늘도 우리의 일상 속에서 더 가까이 다가오실 주님을 기대하며 하루를 시작합니다.

오늘의 말씀

다윗이 감람산 길로 올라갈 때에 그의 머리를 그가 가리고 맨발로 울며 가고, 그와 함께 가는 모든 백성들도 각각 자기의 머리를 가리고 울며 올라가니라 _삼하 15:30

🌿 묵상

다윗이 슬퍼합니다.

자신의 왕좌를 빼앗기고 아들에게 쫓겨나서가 아닙니다.

그의 슬픔과 아픔은 이 모든 일이 자신의 죄와 잘못임을 깨닫고 뉘우침입니다.

맨발의 수치는 철저한 회개입니다.

모세처럼 하나님 앞에 다시 서서 새롭게 시작하고픈 마음뿐입니다.

죄는 싹만 자를 것이 아니라 그 뿌리까지 캐내어 버려야 합니다.

그래야 그곳에 의의 씨앗을 뿌리고

은혜와 사랑과 소망과 평화의 열매가 자랄 수 있습니다.

바로 우리가 해야 할 일입니다.

거룩함으로 죄를 이겨낼 수 있는 힘을 내야 합니다.

오늘의 기도

주님과 함께 깨어 있지 않으면 우리 삶은 엉망이 되기 쉽습니다. 아침에 주님의 말씀을 읽으며 마음을 새롭게 하고, 저녁에 주님 앞에서 하루를 돌아보며 나 자신의 모습을 더욱 신실하게 가꾸고 싶습니다. 우리를 도우셔서 부끄러움을 당하지 않게 하시고, 하나님의 자녀 된 행복을 풍성하게 누리게 하옵소서. 아멘.

089

/

하루를 주시는 하나님은 우리의 어떤 하루를 기대하실까요? 공동체를 세우며 불의한 세상에 도전하며, 하나님의 백성으로 살아가는 모습이겠지요. 일상이 그렇지 못한 저희의 모습이지만, 하나님의 도우심을 믿고, 오늘 새 날을 시작합니다.

오늘의 말씀

한 사람이 보고 요압에게 알려 이르되 내가 보니 압살롬이 상수리 나무에 달렸더이다 하니 _삼하 18:10

묵상

압살롬의 마지막 모습입니다.
폼 나는 자리가 멸망의 자리가 되었고,
폼 나는 머리털이 죽음의 끈이 되었습니다.
자신의 야망에 따라 왕이 되고자 했던 압살롬은 패망합니다.
압살롬은 외모가 탁월한 사람이었습니다.
하지만 그의 자랑은 죽음의 원인이 됩니다.
늘 기억해야 합니다.
자랑은 교만의 근거가 되고, 강함은 하나님을 무시하고,
자신을 주인 삼을 수 있습니다.
주님 앞에 서는 겸손과 나를 향한 소명에 대한 믿음이 없다면,
우리도 압살롬이 되고 말 것입니다.
'나'를 잘 지켜야 하겠습니다.

오늘의 기도

주님. 내 영은 깨어 있지만 육신이 약하여 넘어지기 쉽습니다. 주님의 손으로 견고히 붙잡아 주셔서 흔들리지 않게 하시고 시험과 유혹을 이겨내도록 도와주옵소서. 아멘.

090

〇<〉 하루를 열며

겸손은 고개를 숙이는 것이 아니고 마음을 숙이는 것입니다. 상대를 존중하고, 역지사지 마음으로 진솔하게 이해하고 인정하는 것이 겸손이죠. 삶을 복이 되게 살아가는 지혜입니다.

오늘의 말씀

요압이 왕께 아뢰되 이 백성이 얼마든지 왕의 하나님 여호와께서 백 배나 더하게 하사 내 주 왕의 눈으로 보게 하시기를 원하나이다 그런데 내 주 왕은 어찌하여 이런 일을 기뻐하시나이까 하되 _삼하 24:3

 묵상

다윗이 인구조사를 합니다.

백성 중에 군인으로 전쟁에서 싸울 사람들이 얼마나 되나 헤아려본 것입니다.

다윗의 행동이 한 나라를 책임지고 있는 왕으로서 이해가 되지만,

요압의 말을 들어보면 다윗은 믿음이 적었습니다.

'이 백성이 얼마든지'라는 숫자가 중요하지 않고,

'하나님을 신뢰하는 믿음'

그것이 승패를 가르는 핵심이라는 것입니다.

주님을 믿는 것이 먼저입니다.

그런 연후에 그 믿음에 따라 할 수 있는 행동과 일들을 살펴야 합니다.

왜냐하면,

그 믿음의 분량에 따라 말과 행동이 달라지기 때문입니다.

주님을 믿습니다.

오늘의 기도

하나님의 손길로 지음받은 온 피조 세계에 샬롬의 평화가 있게 하옵소서. 아픔과 슬픔이 없고 억울함과 절망이 없는, 서로 돕고 힘이 되어주며, 기쁨과 행복이 넘치는 하나님 나라의 아름다운 모습이 이곳저곳에 있게 하옵소서. 그 나라가 우리의 삶의 자리에서 우리의 기도와 선행으로 꽃피게 하옵소서. 아멘.

091

/

돌봄

임실 2013

/

생각을 관리하지 않고 그냥 놓아두면 부정적인 생각과 말을 할
수밖에 없습니다. 마음에 좋은 생각을 심기 위해 애써야 합니
다. 가장 좋은 방법은 매일매일 나의 마음에 진리의 말씀을 새
기고 주님과 깊은 대화를 나누는 일입니다.

오늘의 말씀

솔로몬이 이것을 구하매 그 말씀이 주의 마음에 든지라 _왕상 3:10

묵상

기도에 대한 깊은 생각입니다.

기도를 내가 하는 것이라 생각했고, 기도의 중심에 내가 있는 줄 알았습니다.

나의 기도, 내가 원하는 것, 나의 필요 … 기도의 중심에 내가 있었습니다.

그런데 오늘 중요한 말씀 하나를 얻습니다.

"주의 마음에 든지라."

기도는 주의 마음에 들어야 합니다.

'주님이 이 기도를 마음에 들어하실까' 하는 생각에서 좋은 기도가 드려집니다.

그 좋은 기도의 응답입니다.

"네가 자기를 위하여 장수나 부나 복수를 구함이 아니라 지혜(듣는 마음)를 구하니
네가 구하지 아니한 것도 주리라"(왕상 3:11~13 요약).

좋은 기도는 좋은 응답을 받습니다.

주님, 주님의 마음에 들고 싶습니다.

🕯 오늘의 기도

주님, 우리가 기도에 담아 주님께 드리는 우리의 슬픔과 아픔, 기대와 소망, 염려와 불안, 감사와 기쁨의
작은 조각까지 살펴주심을 믿습니다. 주님께 기도할 때 우리의 순수한 마음과 간절함을 보시고
하늘 양식, 하늘 행복을 허락하셔서 삶의 기쁨 넘치게 하옵소서. 아멘.

093
/

따뜻한 봄, 우리를 위해 다시 오신 주님을 찬양합니다. 향기로운 꽃처럼 그리스도의 향기가 되어 복음의 통로가 되고 싶습니다. 꽃을 찾는 나비처럼 예수님을 찾는 오늘이 되고 싶습니다.

오늘의 말씀

솔로몬이 자기의 왕궁을 십삼 년 동안 건축하여 그 전부를 준공하니라

_왕상 7:1

🌿 묵상

아버지 다윗의 꿈이었던 '성전 건축'을 솔로몬이 이룹니다.

20만 명이 7년 동안 장엄하고 화려한 예루살렘 성전을 세웠습니다.

솔로몬은 그 성전에 하나님이 거하시며 그 백성을 보살펴주시길 기도합니다.

그런데 아쉽습니다.

성전을 지으면서, 솔로몬의 마음에

저런 멋진 집에 자기도 살고 싶은 마음이 생겼습니다.

그 마음이 욕심이 되어, 성전 건축 기간보다 두 배나 긴 13년에 걸쳐,

자신을 위해 왕궁을 짓습니다. 욕심입니다.

하나님의 영광에 거하는 기쁨보다,

그 영광을 자신이 누리고 싶은 교만입니다.

그렇게 솔로몬의 죄의 싹은 움트기 시작했습니다.

주님, 늘 삶의 자리를 돌아보게 하소서

🕯 오늘의 기도

주님, 믿음과 삶이 하나가 되어야 하는데, 그렇지 못한 때가 많아 힘이 듭니다.

나의 삶이 믿지 않는 사람들과 별반 다르지 않은 모습에 때로는 지치기도 합니다.

주님, 자비를 베풀어주시고, 분별의 지혜와 실천의 용기로 주님 믿는 이답게 살아가게 하옵소서. 아멘.

094

하나님의 성전을 나의 삶에 건축합니다. 견실한 믿음의 터에 아름다운 믿음으로 바르게 세워, 내가 있는 이곳에 하나님께서 허락하신 거룩한 성전을 세우겠습니다.

오늘의 말씀

솔로몬이 마음을 돌려 이스라엘의 하나님 여호와를 떠나므로 여호와께서 그에게 진노하시니라 _왕상 11:9앞

🌿 묵상

7년 동안 하나님의 성전을 지으면서 꾸었던 꿈은,
'하나님의 거룩한 임재 가운데 드리는 예배와
그의 백성들이 누리는 구원의 기쁨'이었겠지요.
솔로몬은 13년 동안 자신의 왕궁을 지으면서 어떤 꿈을 꾸었을까요?
그곳에 채울 새로운 가구와 장식품들과
화려한 식탁에서 함께 식사할 여인들과
그에 어울리는 사치와 허영이었겠지요.
솔로몬은 하나님을 만나며 그분의 음성을 듣는 '지혜'와 영력을 잃어버리고
눈에 보이는 거짓 복에 그 신실한 마음이 녹아버렸습니다.
'우리의 마음이 어디를 향하고 있는가'가 소중합니다.
헛된 곳을 향한 우리의 마음을 돌려 주님을 향할 때
인생이 행복합니다.

🕯 오늘의 기도

주님, 하나님의 말씀 위에 저희의 삶의 집이 지어지길 소망합니다. 든든한 반석 위에 지어진 집처럼 요동치는 세상에서 변형되지 않고 하나님의 사람다운 모습을 늘 지니고 살아가는 기쁨과 행복을 누리길 원합니다. 욕심에 휘둘려 변심하지 않는 항심으로, 언제나 주님의 사람이게 하옵소서. 아멘.

095

/

~~~ 하루를 열며

하늘에 계신 우리 아버지 하나님, 그분만이 이 세상 어떤 좋은
것보다 더욱 좋은 분이며, 마음을 두고 의지하며 살아갈 든든한
산성이요, 우리 삶의 보호자임을 믿고 하루를 시작합니다.

오늘의 말씀

그의 하나님 여호와께서 다윗을 위하여 예루살렘에서 그에게 등불을
주시되 그의 아들을 세워 뒤를 잇게 하사 예루살렘을 견고하게 하셨으
니 _왕상 15:4

🌿 묵상

다윗의 이름이 다시 한 번 등장합니다.

다윗 이후의 모든 왕들의 판단 기준이 다윗입니다.

다윗은 왕들의 롤모델(Role Model), 닮고 살아가야 할 사람이 되었습니다.

물론 그에게 우리아의 일이라는 죄(5절)가 있었지만,

하나님은 그 외에는 정직하고 거역하지 않았다 칭찬합니다.

하나님은 그런 다윗을 용서하고 받아들여 '등불'을 주시고,

믿는 이들의 본으로 삼으셨습니다.

우리는 약하여 잘못도 하고 죄를 짓기도 합니다.

허나, 자비로운 하나님을 믿는 삶으로 돌이키면 주의 은총을 얻습니다.

주님을 본받아 본받을 만한 삶을 살아가는 일,

복된 일입니다.

🕯 오늘의 기도

주님, 말씀의 빛으로 내 안을 늘 밝고 빛나도록 가꾸게 하옵소서.
신실한 믿음의 여정으로 나의 가장 가까이 있는 이들에게
작은 다림줄과 같은 존경과 인정도 받는 기쁨을 주옵소서. 아멘.

096

/

〜 하루를 열며

매일의 일상이 시작되는 아침부터 손을 모아 감사드리는 밤까지 주님의 은혜로 살아갑니다. 내 힘과 내 뜻대로 할 수 있는 것은 아무것도 없고, 오직 하나님의 도우심 아래 있음을 고백합니다. 그 고백이 내일을 시작하는 겸손한 마음입니다.

오늘의 말씀

여인이 엘리야에게 이르되 내가 이제야 당신은 하나님의 사람이시요 당신의 입에 있는 여호와의 말씀이 진실한 줄 아노라 하니라 _왕상 17:24

🌱 묵상

"이제야…"

어떤 일로 하여 얻게 된 결론입니다.

목사의 마음으로 보아서 그런지, 이 단어가 먼저 저의 마음에 남습니다.

이런 말을 듣고 싶은 것이 욕심일까요.

물론 한도 끝도 없이 많아도 모자라겠지만,

이왕 이 길에 들어서서 말씀을 전하고,

그 말씀을 통해 하나님의 사람으로 살 수 있도록 돕는 사역을 하니,

이 말씀이 너무나도 부럽고 부럽습니다.

"이제야…" 당신은 하나님의 사람이요,

당신의 입에 있는 여호와의 말씀이 진실한 줄 알겠습니다.

많이 부러워하면서 마음에 깊이 새겨봅니다.

🕯 오늘의 기도

주님, 이와 같은 은혜를 주옵소서.

많이 노력하겠습니다. 더욱 더 많이… 아멘.

097

◁◁ 하루를 열며

꽃과 초록의 나뭇잎이 서로 어우러질 때 더욱 아름다운 것처럼,
마음속에서 피어나는 어두운 유혹과 욕심에서 벗어나 서로를
사랑으로 돌아보며, 주님의 말씀에 어우러지는 밝고 따뜻한 삶
으로 피어나고 싶습니다.

오늘의 말씀

네가 네 자신을 팔아 여호와 보시기에 악을 행하였으므로 _왕상 21:20뒤

묵상

엘리야가 아합에게 '죄를 행하는 데 자신을 팔아 넘긴 사람'이라 말합니다.

우유부단했던 아합,

그는 하고 싶었지만 차마 하나님이 두려워 할 수 없었던 일을

아내 이세벨의 충동질에 마지못한 척하며 따라갑니다.

파우스트처럼 악한 영에 영혼을 팔아 욕망을 채운 꼴입니다.

우리는 주인 허락 없이 사고 팔 수 있는 존재가 아닙니다.

우리의 주인은 주님입니다. 우리의 영혼도 주님의 것입니다.

주님의 숨결이 우리 안에 있으니, 주님이 주인이십니다.

숨이 붙어 있는 한 내 속에 있는 영의 주인을 인정하고,

그분의 말씀을 따라야 합니다.

그것이 하나님의 자녀인 우리의 모습이요 '살 길'입니다.

주여, 내가 주인 삼은 모든 것 내려놓고 주님만 따르겠습니다.

오늘의 기도

주님, 하나님의 선한 능력에 제 자신을 맡깁니다. 어려운 이를 위해 기도하고 돕는 일, 세상을 조금 더 나은
곳으로 만들어가는 일에 작지만 힘을 보태는 일, 내가 있는 삶의 자리를 하나님의 나라의 아름다운 정원
이 되게 하는 일, 주님의 선한 손길로 살아가는 기쁨과 행복을 누리게 하옵소서. 아멘.

098

/

애
도

스페인 2013

099

/

⌒ 하루를 열며

먹고 마시고 입고 누릴 수 있는 것들이 많아 넉넉한 시대를 살아가고 있습니다. 그런데 마음은 더욱 빈곤해지고 영혼은 점점 더 빈약해지는 것은 무슨 까닭인지요. 사랑과 나눔, 돌봄과 사귐이 더욱 소중해집니다.

오늘의 말씀

엘리야가 엘리사에게 이르되 나를 네게서 데려감을 당하기 전에 내가 네게 어떻게 할지를 구하라 엘리사가 이르되 당신의 성령이 하시는 역사가 갑절이나 내게 있게 하소서 하는지라 _왕하 2:9

 묵상

엘리사가 하늘로 올라가는 엘리야를 향하여 구합니다. '갑절의 영력'
'갑절의 영력'이 아니면 엘리야에 이어 맡겨진 일을 감당하기 벅찼기 때문이겠죠.
주님의 일을 하기 위해서는 영적인 능력이 필요합니다.
하늘의 진리를 깨닫고, 그 깨달음으로 용감히 일하고, 모진 어려움 속에서도
벗어나지 않고 견디고 이겨내, 끝내 승리하는 영적인 능력이 필요합니다.
엘리사처럼 구해봅니다.
"주님. 저희에게 적어도 열 곱절의 영력을 주셔야겠습니다.
예배 가운데 하나님을 경험하고,
기도 중에 주님의 뜻을 헤아려 알고, 말씀 안에서 갈 길과 살 길을 찾고,
그리스도인으로 살아가기 참 힘든 삶에서 휩쓸리지 않는 믿음으로 나를 지켜내고,
가정과 교회와 일터에서 복음으로 살아내고 싶습니다.
열 곱절의 영력을 주셔서 신앙의 여정을 견실히 가게 하옵소서."

🕯 오늘의 기도

주님. 모세처럼 보이지 않는 것을 보는 믿음으로 하나님의 길을 걷게 하시고,
여호수아처럼 담대한 마음과 치우치지 않는 분별력을 갖게 하시고
엘리야처럼 엘리사처럼 하나님께 쓰임 받게 하옵소서. 아멘.

100

/

🐟 하루를 열며

가야 할 곳의 길을 알면 가는 길이 단순해집니다. 길을 제대로
알지 못하면 헤매고 지치기 쉽습니다. 인생 여정, 길입니다. 길
되신 예수님을 따르는 일은 힘들고 어렵지만 단순하고 분명합
니다. 오늘도 야무진 믿음의 마음으로 그 길을 걸어갑니다.

오늘의 말씀

그때에 왕이 하나님의 사람의 사환 게하시와 서로 말하며 이르되 너는
엘리사가 행한 모든 큰 일을 내게 설명하라 하니 _왕하 8:4

🌿 묵상

왕이 엘리사의 사환 게하시에게 묻습니다.

"엘리사에 대해서 나에게 이야기하라."

사람의 모습은 곁에서 가까이한 사람이 더 잘 알 수 있습니다.

내가 아는 나보다 다른 이의 눈에 비친 그 모습이 더 바른 모습일 수 있으니까요.

더 좋게 보이려고 꾸미지 않은 맨얼굴이 드러나겠지요.

물론 한두 해 정도로는 안 되겠지요.

그의 삶의 우여곡절, 반전과 역전, 회심과 고백, 좌절과 절망 그리고 그 늪에서

주님의 손길을 붙잡고 일어나 다시 힘차게 살아가는 삶의 모든 모습을 알려면…

코람데오(CORAM DEO), 하나님 앞에서…!

나의 모습은 그분이 속속들이 잘 알고 계실 것입니다.

하나님께 신실하여 부끄러움이 없고, 이웃에게 진실하여 거리낌이 없고,

나에게 성실하여 후회함이 없는 삶을 살고 싶습니다.

🕯 오늘의 기도

주님, 하나님 앞에서 그렇게 살게 하소서. 아멘.

101

___/___

~~ **하루를 열며**

원하는 대로 되지 않으면 마치 하나님이 계시지 않은 것처럼 행동하고 말할 때가 많았습니다. 부끄럽고 낙심되지만, 다시 무릎을 꿇고 하나님께 자백하며 은혜를 구합니다. 연약한 육신과 흔들리는 영혼을 온전히 맡길 수 있는 분은 하나님밖에 없습니다.

오늘의 말씀

여호야다가 왕과 백성에게 여호와와 언약을 맺어 여호와의 백성이 되게 하고 왕과 백성 사이에도 언약을 세우게 하매_왕하 11:17

🌿 묵상

살해되다, 살해되다, 죽다, 살해되다.

계속되는 비극 속에 한 사람이 나옵니다.

'여호야다, 하나님의 약속을 소중히 여긴 제사장입니다.

그는 하나님과의 언약을 기억하고,

이 백성이 여호와 하나님의 백성이 되게 하기 위해서 날선 개혁을 펼칩니다.

덕분에 40년을 여호와 보시기에 정직하게 행한 '요아스'를 왕으로 세울 수 있었고,

끈질긴 악의 뿌리를 끊어낼 수 있었습니다.

주님의 언약은 소중합니다.

그 언약을 마음에 두고 지켜낸 사람이 중요합니다.

약속은 지킬 때 의미가 있는 것처럼,

약속을 지킨 사람들을 통해서 하나님 나라가 이어지고

든든히 세워지게 됩니다.

오늘의 기도

주님, 오늘도 저의 마음과 삶을 하나님의 선한 능력으로 지켜주시길 빕니다.

하나님의 약속을 믿고 하나님의 선한 뜻을 펼쳐가게 하옵소서. 아멘.

102

/

〜 하루를 열며

진정한 사랑을 가르쳐주신 하나님께 감사합니다. 사랑보다 이 세상을 더 아름답고 진실되게 만드는 것은 없을 것입니다. 예수님은 사랑입니다. 그분에게서 배운 사랑이 진정한 사랑입니다.

오늘의 말씀

마침 사람을 장사하는 자들이 그 도적 떼를 보고 그의 시체를 엘리사의 묘실에 들이던지매 시체가 엘리사의 뼈에 닿자 곧 회생하여 일어섰더라

_왕하 13:21

🌿 묵상

기적입니다.

무덤에 묻힌 엘리사의 뼈에 던져진 시체가 다시 살아났습니다.

엘리사는 죽어서도 사람을 살리는 갑절의 영감을 가진 이였습니다.

예수님의 옷자락에 손을 대자 그 몸의 질병이 낳은 여인이 생각나고,

죽음의 십자가 위에서 죽음의 길로 가던 강도에게 구원의 빛을 비추신

주님이 생각납니다.

십자가는 죽음의 상징입니다.

하지만 그 십자가가 사람을 살리고, 시대와 역사를 살립니다.

죽음을 넘어 부활의 은총입니다.

이천 년 전 죽음이 시대와 역사를 넘어 사람을 살리고,

세상을 살리고 있습니다.

오늘의 기도

저는 작고 작은 당신의 피조물입니다. 작은 일에도 몇 번씩이나 넘어지고 좌절하는 연약한 사람입니다. 진흙 같아 깨지기 쉽고 부서지기 쉽습니다. 토기장이 되시는 하나님, 당신의 손길로 다시 빚어주셔서, 그분의 사랑과 은총으로, 예수 그리스도의 십자가의 은혜로 새 생명을 얻게 하여 주옵소서. 아멘.

103

☙ 하루를 열며

하나님, 세상을 사랑하여 아버지 말씀대로 살지 못했음을 고백합니다. 오늘 주시는 주님의 말씀이 제 삶의 부족함과 연약함을 이기는 능력이 되게 하소서.

오늘의 말씀

오직 너희 하나님 여호와만을 경외하라 그가 너희를 모든 원수의 손에서 건져내리라 하셨으나 그러나 그들이 듣지 아니하고 오히려 이전 풍속대로 행하였느니라 _왕하 17:39-40

🌿 묵상

'그러나', 순종이 아니라 불순종입니다.
하나님 안에서 고귀한 존재들이 세상의 맛과 멋에 취하여
하찮은 인생이 되어 버립니다.
주님의 말씀을 따라 살아가는 데는 '비장함'이 필요합니다.
결코 이 자리를 떠나지 않겠다는 비장함,
하나님만이 나의 주님이심을 믿고 변치 않는 비장함,
주님의 은혜로 주어진 '자유와 생명'을 결코 헐값에 팔아먹지 않고
온전히 누리는 참 신앙의 삶을 살아가겠다는 비장함입니다.
이스라엘 백성들은 그 비장함이 없었습니다.
주의 은혜를 모르는 배은망덕한 백성이 되고 말았습니다.
'그러나'가 아닌 그 '비장함'입니다.
그 비장한 각오와 마음으로 주님을 따르겠습니다. 주님, 도우소서!

오늘의 기도

주님, 말씀 안에서 얻은 지혜로 순간적 즐거움에 취하지 않게 하시고
하늘 행복을 맛본 주님의 백성으로 살게 하옵소서. 아멘.

104
/

⌒ 하루를 열며

지금까지 은혜를 베풀어 주신 하나님 아버지께 감사와 찬송을
올립니다. 저희에게 아버지 말씀이 항상 있게 하셔서, 세상에서
길을 잃지 않고 인생 끝날까지 동행하게 하소서.

오늘의 말씀

왕이 율법책의 말을 듣자 곧 그의 옷을 찢으니라 _왕하 22:11

🌿 묵상

"하나님의 말씀은 날선 검과 같아서

혼과 영과 관절과 골수를 쪼개고

마음의 생각과 뜻을 판단하나니"(히 4:12).

요시야왕 때 성전을 수리하다가 숨겨져 있던 율법책을 발견합니다.

요시야왕은 그 말씀을 들으며 옷을 찢습니다.

자신의 부족함과 부끄러움과 죄를 찢은 것입니다.

그 말씀 앞에 온전히 엎드림으로

요시야 왕은 서른한 해 동안 치우치지 않는 선한 왕으로

여호와 보시기에 정직한 왕이 될 수 있었습니다.

주의 말씀은 내 발의 등불이요 내 길의 빛이 됩니다.

 ## 오늘의 기도

주님, 오늘도 주님이 주신 말씀 안에서 지혜와 힘을 얻습니다. 살 길과 갈 길을 밝히 보여주시는 하나님을
만나는 기쁨이 있습니다. 주님, 회개하는 심령으로 마음을 찢고, 하나님 앞에 온전히 서는 모습으로 하나
님의 마음에 기쁨을 드리게 하시고, 그런 삶이 저희의 행복이게 하옵소서. 아멘.

105

/

나의 주님

베들레헴 2011

106

/

창조주 하나님 아버지께 감사드립니다. 지금까지 살아온 날들의 굽이굽이마다 하나님의 자비와 섭리 가운데 있음을 고백합니다. 하나님의 은총이 모든 신앙 공동체 위에 항상 함께 하게 하소서.

오늘의 말씀

아담, 셋, 에노스, 게난, 마할랄렐, 야렛, 에녹, 므두셀라, 라멕, 노아, 셈, 함과 야벳은 조상들이라 _대상 1:1-4

🌿 묵상

역대기는 바벨론 포로 후에 돌아와 기록한 책입니다.

식민지 포로로 살던 지난날 동안

하나님의 약속된 백성으로서의 자존감은

회복되기 힘들 정도로 희미해졌습니다.

그래서 다시 뿌리를 찾습니다.

"우리는 아담의 자손이다. 우리 안에 창조주 하나님의 손길이 있다.

그분의 뜻이 우리에게 있고, 우리를 향한 계획이 있다.

지금은 황량한 벌판, 불모지에 서 있지만, 우리는 하나님의 백성이다."

허물어진 자존감을 세우고 다시 하나님의 백성으로 시작하고 싶은 간절함입니다.

그 간절함으로 역사를 써내려갑니다. 역대기가 그런 내용입니다.

그 간절함으로 황량하게 무너진 터에서

하나님의 나라를 향한 발걸음을 다시 시작합니다.

오늘의 기도

주님, 우리도 주님께 뿌리내린

하나님의 백성입니다. 아멘.

107

∾ 하루를 열며

아침에 눈을 뜨며 오늘은 주님께서 어떻게 인도하실지 설레는 마음으로 기도합니다. 하루에도 몇 번씩 하나님께 여쭤어보지만 항상 같은 답을 주십니다. 항상 선하고 옳은 길로 인도하시는 하나님께 감사드리며, 샬롬의 하루를 시작합니다.

오늘의 말씀

야베스가 이스라엘 하나님께 아뢰어 이르되 주께서 내게 복을 주시려거든 나의 지역을 넓히시고 주의 손으로 나를 도우사 나로 환난을 벗어나 내게 근심이 없게 하옵소서 하였더니 … _대상 4:10

🌿 묵상

야베스는 '아픔, 고통'이라는 이름을 갖고 태어났습니다.
많은 신학자들은 그 이름 때문에
난산 끝에 장애를 갖고 태어난 아이일 것이라 여깁니다.
그가 '형제보다 귀하다'는 것은
연약하기에 하나님의 은혜와 자비가 더욱 필요하다는 의미요,
'내가 수고로이 낳았다'는 것은 그를 난산 끝에 얻은 어미의 안타까운 마음입니다.
'주께서 내게 복을 주시려거든'은 주님을 향한 애절한 기도요,
'나의 지역을 넓혀 주시길' 비는 것은
내 안에 있는 열등한 마음을 주님이 돌아보시고 힘이 되어주셔서,
세상을 향해서 담대한 마음으로 용기를 내서 살고자 하는
간절한 마음의 기도입니다. 그 기도에 대한 주님의 응답입니다.
"하나님이 그가 구하는 것을 허락하셨더라." 아멘.

🕯 오늘의 기도

주님, 야베스, 연약한 이가 드리는 그 기도에 주님이 응답해주시길 원합니다.
그 고통과 아픔과 상처와 슬픔을 위로해주시고, 주님의 손길로 베푸시는 그 능력으로
새 힘과 소망을 얻게 하여 주옵소서. 주님, 늘 우리 곁에서 우리와 함께하시옵소서. 아멘.

108

⚓ 하루를 열며

주님께서 주신 말씀과 은혜 안에서 자라가십시오. 함께 살아가는 기쁨을 누리고, 한발 앞서 섬기는 선한 삶의 모범을 보이십시오. 여러분을 통해 하나님의 나라가 이루어지고, 여러분의 삶에는 기쁨과 보람과 감사가 가득할 것입니다.

오늘의 말씀

또 찬송하는 자가 있으니 곧 레위 우두머리라 그들은 골방에 거주하면서 주야로 자기 직분에 전념하므로 다른 일은 하지 아니하였더라

_대상 9:33

🌿 묵상

찬송하는 레위인,

골방에 거주하면서 주야로 자기 직분에 전념하고 다른 일은 아니합니다.

피아노 조율로 이름이 나 있는 분의 이야기입니다.

그 분은 조율하기 전날 자신의 방에 소음을 단절하고 귀를 쉬며

온몸의 감각을 유지한답니다.

자신의 힘과 마음을 헛되이 쓰지 않고 정말 필요한 곳에 집중하겠다는 의지입니다.

한적한 곳에 나가 기도하시는 예수님,

예수님의 발을 씻기는 여인의 손길,

하나님의 전에 자신의 전부인 두 렙돈을 드리는 홀로 된 여인의 마음,

'힘과 뜻과 마음을 다해 하나님을 사랑하는 일념'(하나된 마음)입니다.

그 일념으로 다시 돌아온 척박한 땅을 하나님 나라로 일으켜 세웁니다.

일념이기에 가능한 일입니다.

🕯 오늘의 기도

주님, 모든 선함과 의로움과 신실한 믿음 하나로 살아가도록
온 힘을 다하겠습니다. 아멘.

109

🐟 하루를 열며

하나님께서는 우리가 허영이나 가식 없이 진심과 열심으로 하나님의 일을 하기를 원하십니다. 우리를 위해 자신의 모든 것을 내어주신 주님을 기억하며 하루를 시작합니다.

오늘의 말씀

이 세 사람이 블레셋 사람들의 군대를 돌파하고 지나가서 베들레헴 성문 곁 우물 물을 길어가지고 다윗에게로 왔으나 다윗이 마시기를 기뻐하지 아니하고 그 물을 여호와께 부어드리고 _대상 11:18

🌿 묵상

다윗은 행복합니다. 아둘람 굴, 숨어 지내는 삶의 위험 속에서
생명을 나눌 수 있는 벗들이 있어 행복합니다.
혹여 다윗이 지치고 낙심하지 않을까 걱정이 된 벗들이 생명을 걸고
베들레헴 우물에서 샘물을 떠옵니다.
차마 그 물을 마시지 못하고 하나님께 드린 다윗,
그는 이미 그 물을 마셨습니다.
외롭고 허전한 마음이 벗들의 마음으로 새 힘과 용기를 얻은 것입니다.
신앙 공동체는 이렇게 마음을 나누고 힘이 되는 곳입니다.
주님을 믿는 가정과 교회가 아둘람 굴이면 좋겠습니다.
서로의 외로움을 보듬고 마음 깊이 살피고 서로에게 힘이 되는 곳,
위기와 위험 속에서도 서로의 존재만으로 위로가 되고 힘을 얻는 곳,
아둘람 굴의 뜻깊은 우정은 이스라엘 건립의 토대가 되었습니다.

🕯 오늘의 기도

주님, 하루하루 주님과 함께 하는 시간이 늘어날수록
주님의 모습이 우리 안에 더욱 가득해지는 기쁨과 복을 주옵소서. 아멘.

110

/

 하루를 열며

많은 일 가운데도 변함없이 하나님께서 허락하신 푸르른 날들이 오고 있습니다. 오늘도 주와 같은 이가 없다고 고백하는 다윗처럼 주님의 백성으로 살아가는 힘찬 날이 되십시오.

오늘의 말씀

다윗 왕이 여호와 앞에 들어가 앉아서 이르되 여호와 하나님이여 나는 누구이오며 내 집은 무엇이기에 나에게 이에 이르게 하셨나이까
_대상 17:16

묵상

다윗의 기도입니다. 자신이 지나온 삶의 여정을 돌아봅니다.

돌아보니 하나님이 베푸신 그 사랑이 너무 커 애절히 드리는 감사 기도입니다.

씻을 수 없는 죄도 지었고, 이것저것 부족한 것 투성인데…

하나님은 그렇게 작은 이를

하나님의 사랑을 듬뿍 받은 귀한 자리에 세워주셨습니다.

보잘것없는 나를 지켜주시고,

그 거룩한 손으로 잡아 일으켜 세우시고,

주님의 사람으로 들어 쓰시는 하나님을 바라보면서,

감격하며 감사 기도를 드립니다.

믿음의 철이 들었습니다.

감사를 알고 은혜를 아는 일!

그곳이 바로 진정한 믿음의 시작되는 자리입니다.

오늘의 기도

주님, 하나님의 은혜에 감사하는 이로 사는 복을 누리게 하옵소서.

감사함으로 주님의 은총의 자리에 들어가게 하시고, 감사를 아는 주님의 백성으로 하나님이 맡기신 소중한 사명을 기쁨으로 감당하게 하옵소서. 아멘.

111

/

어느 날 갑자기 이루어지는 꿈은 없습니다. 의미 없이 지나가는 것 같아 보이는 작은 일 하나하나가 모여 큰 의미를 만듭니다. 작은 것을 소중히 여기는 마음이 큰 마음입니다.

오늘의 말씀

다윗이 이르되 내 아들 솔로몬은 어리고 미숙하고 여호와를 위하여 건축할 성전은 극히 웅장하여 만국에 명성과 영광이 있게 하여야 할지라 그러므로 내가 이제 그것을 위하여 준비하리라 하고 다윗이 죽기 전에 많이 준비하였더라 _대상 22:5

묵상

아버지의 마음은 다 같은 모양입니다.
자신의 뒤를 이어 왕이 될 솔로몬이 짊어질 짐이 버거울까 보아
'많이' 준비해줍니다.
어린 아들의 입지를 든든히 다져주고,
성심을 다해 성전을 건축할 준비도 해줍니다.
다윗은 자녀로 인해 참 마음이 많이 아팠던 사람입니다.
아버지로 자격이 있나 늘 미안한 마음을 가졌습니다.
그래서 조금이라도 더 해주려 합니다.
아버지 다윗에게서
아버지 하나님의 사랑을 봅니다.

 ## 오늘의 기도

주님, 우리는 '홀로'가 아닙니다. 하나님이 늘 함께 계시기 때문입니다.
우리는 하나님의 세계에서 사는 주님의 자녀들입니다. 온누리에서 하나님의 손길을 경험합니다.
감사한 마음으로 더욱 힘을 내서 하나님의 자녀다운 품위를 지키겠습니다. 아멘.

112

/

기
도

노르웨이 2007

113

___
/

◇ 하루를 열며

하나님께서는 이런 부모님도 제게 주시고 모든 것을 주셨는데
감사보다는 불평만 하던 저희의 모습을 돌아봅니다. 다윗처럼
주님께 감사드리며 늘 사랑과 정성으로 돌보아 주신 부모님의
사랑에 감사하다는 말을 전하는 하루가 되기를 바랍니다.

오늘의 말씀

나의 하나님이여 주께서 마음을 감찰하시고 정직을 기뻐하시는 줄을
내가 아나이다 내가 정직한 마음으로 이 모든 것을 즐거이 드렸사오며
이제 내가 또 여기 있는 주의 백성이 주께 자원하여 드리는 것을 보오니
심히 기쁘도소이다 _대상 29:17

🌿 묵상

왕으로 살아간 다윗보다 하나님의 사람 다윗이 더욱 깊이 와닿습니다.
늘 하나님 앞에서 자신을 세우는 믿음으로
악을 악으로 갚지 않고 사랑과 너그러움으로
주어진 일에 최선을 다하는 성실함으로,
비천과 절망의 구덩이에서 희망을 잃지 않는 인내와 용기로
성전 건축이 허락되지 않음에도 분노하지 않고
다음을 위해 성실하게 준비하는 모습으로,
죽음을 앞에 두고 그 백성들에게 고마워하는…
그런 다윗이 마음에 더 와닿고 좋아집니다.

🕯 오늘의 기도

주님, 다윗의 인간적인 모습이 친근하게 다가옵니다.
온갖 어려움을 다 당했지만 자신이 하나님의 사람임을 잊지 않고 살아온 다윗.
그의 영성을 닮고 싶습니다. 아멘.

114

∽ 하루를 열며

코로나19가 장기화되어 몸과 마음이 지쳐가지만 새로운 희망
과 새로운 힘을 주시는 하나님의 사랑을 기억하며 하루를 시작
합니다. 주님은 어려움을 이기게 하는 가장 강력한 힘이십니다.

오늘의 말씀

두 기둥을 성전 앞에 세웠으니 왼쪽에 하나요 오른쪽에 하나라 오른쪽
것은 야긴이라 부르고 왼쪽 것은 보아스라 불렀더라 _대하 3:17

🌿묵상

야긴과 보아스, 성전을 받치고 있는 두개의 기둥 이름입니다.

야긴은 '안전'이요, 보아스는 '안정'입니다.

야긴은 하나님이 세우시니 안전하다는 뜻이고,

보아스는 하나님의 능력 아래 있기에 평안이 있다는 의미입니다.

우리 인생, 하나님이 세워주시면 안전합니다.

그분의 든든한 힘에 기대어 힘찬 삶을 살아갈 수 있으니까요.

우리 인생, 하나님께서 지켜주시니 평안합니다.

불안한 나보다 하나님의 선한 능력에 맡길 때

더욱 가치있고 복 있는 삶을 살게 되니까요.

이것이 믿음이겠지요.

제 인생의 집에 두 기둥을 세우고

주님의 성전으로 살고 싶습니다.

🕯️오늘의 기도

주님, 저희의 삶을 든든히 세워주시고 지켜주셔서

저희의 인생이 하나님이 세우신 집처럼 안전하고 안정되게 하옵소서.

늘 우리 곁에서 우리와 함께 하시옵소서. 아멘.

115

/

∞ **하루를 열며**

지금도 살아계셔서 역사하시는 하나님 아버지, 지금까지 살아
온 삶이 아버지의 은혜임을 고백합니다. 오늘 주시는 말씀으로
저희의 부족함과 연약함을 이길 수 있는 능력을 주옵시며, 주의
말씀으로 저희 영혼이 항상 깨어 있게 도와주옵소서.

오늘의 말씀

당신의 하나님 여호와를 송축할지로다 하나님이 당신을 기뻐하시고 그
자리에 올리사 당신의 하나님 여호와를 위하여 왕이 되게 하셨도다

_대하 9:8앞

🌿 묵상

스바 여왕은 솔로몬 왕이 누리는 영화가 다 하나님의 은혜요
하나님의 은총임을 인정합니다.
하나님이 도와주시지 않았다면…
불과 얼마 전까지 이집트의 노예였던 히브리 민족이 강대한 나라를 이루고
이집트와 견줄 만한 나라가 될 수 없었기 때문입니다.
이 놀라운 사실을 이방의 왕들과 여왕까지 다 아는데…
정작 솔로몬은 그 하나님의 은혜를 잊었습니다.
모든 것이 자기의 힘으로 된 줄로 착각한 것이죠.
그 망각과 착각이 하나님의 말씀에서 벗어나
우상숭배와 교만의 길을 걷게 합니다.
받은 은혜는 꼭 기억해야 합니다.

 오늘의 기도

주님, 저희가 은혜를 아는 이로
살게 하소서. 아멘.

116

/

❍ 하루를 열며

매일의 일상에서 우리는 미처 예상치 못한 고난과 아픔을 경험
하기도 합니다. 신앙을 가진 우리들도 예외는 아니어서 가시밭
길 없이 풍족한 삶만 펼쳐지지 않습니다. 그래서 언제 어떻게
다가올지 모르는 주위의 유혹과 고난 앞에서 담대할 수 있도록
신앙의 뿌리를 더욱 깊이 내리는 일상이 소중합니다.

오늘의 말씀

여호와의 눈은 온 땅을 두루 감찰하사 전심으로 자기에게 향하는 자들
을 위하여 능력을 베푸시나니 _대하 16:9앞

묵상

하나님의 사람 하나니가
세상의 힘에 기대어 하나님을 멀리한 왕 아사에게 경고하며 말합니다.
"하나님은 모든 것을 다 아시는 분입니다.
누가 주님을 사랑하고 주님의 뜻을 소중히 여기는지를…
누가 어려움 가운데서도 하늘의 뜻을 펼치며 살아가고 있는지를…"
'하나님은 모든 것을 아시고 구별하여 선한 능력을 주시는 분'이라는 말씀입니다.
이 말씀으로 우리는 용기를 내어 다짐합니다. 누가 보든지 보지 않든지,
알든지 알지 못하든지, 하나님을 사랑하는 일에, 주님의 뜻을 헤아리는 마음에,
선하게 살아가는 삶에, 참 구원의 복음을 전하는 삶에,
하나님의 나라를 펼쳐가는 일에 힘을 다하겠습니다.
여호와의 눈은 온 땅을 살피시는 분이시니,
언제나 어디서나 주를 향한 자로 살겠습니다.

오늘의 기도

주님, 하나님의 말씀으로 늘 저 자신의 마음과 삶의 자리를 지키며 살아가게 하옵소서.
우리가 어디까지 이르렀든지 정결한 신앙의 모습으로 여전히 행할 수 있는
믿음의 꾸준함을 주옵소서. 아멘.

117

/

오랜 시간 코로나로 인해 일상이 변해갑니다. 힘들고 어렵지만 우리 인간에게 생각할 수 있는 시간을 준 것은 유익입니다. 코로나가 인간 욕망의 결과인지를 깊이 생각하고, 변화 속에서 바른 길을 찾는 기회가 될 수 있기를 원합니다.

오늘의 말씀

너희는 너희 하나님 여호와를 신뢰하라 그리하면 견고히 서리라 그의 선지자들을 신뢰하라 그리하면 형통하리라 _대하 20:20뒤

묵상

한 사람의 영과 삶이 살아 있기 위해서는 그 안에 주님의 말씀이 있어야 합니다.
그렇듯 한 공동체가 바로 서기 위해서도 말씀을 가지고 살아가며
이 시대를 깨우는 맑은 영혼을 가진 사람들이 있어야 합니다.
선지자(예언자)들이 바로 그런 사람입니다.
자신을 하나님의 말씀으로 지키고, 이 세대와 풍조에 휩쓸리지 않는
맑은 영성으로 살아가며, 또 살아가도록 온 힘으로 돕는 사람들입니다.
가정도, 교회도, 사회도, 민족도
신뢰받는 이들이 있어야 합니다.
그래야 설 수 있고 살 수 있습니다.
이 시대의 선지자는 '우리 그리스도인'이어야 하는데…
오늘 말씀을 뼛속 깊이 새겨봅니다.
하나님을 신뢰하고 살아가는 우리를 세상도 신뢰할 수 있게 되기를 기도합니다.

오늘의 기도

주님, 어둠을 깨우는 한줌 작은 빛과 같은 사람이 되길 원합니다.
마른 목을 축일 수 있는 한 그릇 맑은 샘물과 같은 사람이 되길 원합니다.
주님의 말씀을 따라 살아감으로 예수님이 생각나는 사람이 되길 원합니다. 아멘.

118

/

주님, 현재 우리가 살면서 겪는 고난이 저희를 겸손하게 하기
위한 주님의 사랑임을 깨닫습니다. 고난 없는 일사천리의 성장
보다, 고난으로 인해 하나님 앞에 겸손하고 성숙한 신앙을 갖고
믿음의 지조를 지킬 수 있도록, 주님 도와주옵소서.

오늘의 말씀

그때에 제사장들과 레위 사람들이 일어나서 백성을 위하여 축복하였으
니 그 소리가 하늘에 들리고 그 기도가 여호와의 거룩한 처소 하늘에 이
르렀더라 _대하 30:27

묵상

히스기야 왕 때 성전이 깨끗해지니
성전에서 일하던 자들이 자신의 자리로 돌아갑니다.
레위인들과 제사장은 자신의 몸과 마음을 깨끗하게 하고
제물을 하나님께 드리며 기도 드립니다.
성심성의껏, 온 마음으로 주님을 예배합니다.
하나님께 예배함으로 예루살렘은 이전에 없었던 기쁨을 찾았고,
온 유다 백성들은 함께 사는 나그네들과
주님께서 베푸신 은혜를 누리며 즐거워합니다.
마음 담긴 예배는 기쁨이 있습니다.
그 기쁨으로 기도 드리니 하늘에 이르고 하늘이 화답합니다.
온전한 예배는 하늘과 땅,
하나님과 그분의 백성이 하나되어 즐기는 은총의 자리입니다.

오늘의 기도

나의 모든 것을 주님께 맡깁니다. 나의 생각, 나의 마음, 나의 결정까지 하나님의 옳고
온전하신 손으로 다스려 주옵소서. 그분의 인도하심에 나의 인생을 맡기고 살아가는 믿음과,
그 삶의 끝에서 누릴 수 있는 풍성한 기쁨과 감사가 가득하게 하옵소서. 아멘.

119

/

노란 리본

———

광주 2016

120

/

흩어져 있지만 하나님의 무리로 함께 하며, 말씀에 비추어 하나님을 떠나지 않고, 하나님께서 인도하시는 그 길을 감사하며 따르는 하루가 되기를 기도하며 새 날을 시작합니다.

오늘의 말씀

이와 같이 요시야가 이스라엘 자손에게 속한 모든 땅에서 가증한 것들을 다 제거하여 버리고 이스라엘의 모든 사람으로 그들의 하나님 여호와를 섬기게 하였으므로 요시야가 사는 날에 백성이 그들의 조상들의 하나님 여호와께 복종하고 떠나지 아니하였더라 _대하 34:33

묵상

요시야가 하나님의 말씀을 듣습니다.
요시야는 그 말씀에 정직하게 응답하고 말씀에 합당하게 살기 위해
온 힘을 다합니다.
요시야의 모습은 그의 백성 이스라엘에게 복이 되었습니다.
왕이 하나님의 말씀의 사람이 되니 그 민족이 복된 백성이 됩니다.
사람이 중요합니다.
신실한 말씀의 사람이 있으면 그가 있는 모든 곳이 복의 자리가 됩니다.
오늘 말씀이 기도가 되어 제 안에 자리 잡습니다.
주님, 부족하지만 저희가 있는 그 자리가
하나님의 은총을 입은 복된 곳이 되게 하소서.
저희로 인해, 저희와 가깝게 있는 이들이
하나님을 더욱 깊게 만나게 하소서.

오늘의 기도

주님, 세상이 어두워질 때 내 안에 말씀의 빛을 밝혀 주십시오.
그 빛으로 길을 잃지 않고, 어두운 길을 걷는 이들에게 길잡이가 되게 하옵소서. 아멘.

121

/

⌒ 하루를 열며

예루살렘에 성전을 재건하기 시작한 이스라엘 백성들은 성전의 기초가 놓인 곳을 보고 여호와를 찬송하며 큰 소리로 기뻐합니다. 우리에게도 무너진 성전을 다시 세우고 하나님과의 교제를 회복하는 기쁨이 있기를 소망합니다.

오늘의 말씀

제사장들과 레위 사람들과 나이 많은 족장들은 첫 성전을 보았으므로 이제 이 성전의 기초가 놓임을 보고 대성통곡 하였으나 여러 사람은 기쁨으로 크게 함성을 지르니 _스 3:12

묵상

오늘, 예루살렘에 성전을 재건하기 시작한 이스라엘 백성들에게서
눈물과 기쁨이 뒤범벅이 되어 함성이 나왔습니다.
실로 오랜만에 성전의 첫돌이 다시 놓였습니다.
무너진 터에 다시 세워질 거룩한 성전의 첫돌이 놓인 것입니다.
구원의 기쁨의 회복입니다. 정한 심령의 회복입니다.
단절되었던 하나님과의 대화의 회복입니다. 눈물의 회복입니다.
다시 첫돌을 놓는 마음으로 주님을 향해 마음을 드립니다.
세상에 시달리며 메말라버린 심령이 촉촉해집니다.
나도 모르게 눈물이 흐르며 눈물을 타고 주의 은총이 넘칩니다.
주님 안에서 우리의 심령이 회복되어
진실한 눈물 가운데 주님을 만나는 기쁨입니다.

🕯 오늘의 기도

주님, 저희의 마음을 주님께 드립니다. 주님과 함께 한 그 기쁨을 간직하고
어떤 상황과 형편에도 그 기쁨과 감격을 잃어버리지 않게 하옵소서. 아멘.

122
/

말에는 힘이 있습니다. 다짐하는 말, 약속하는 말은 더욱 힘이 있습니다. 지키고 싶고 지켜야겠다는 마음을 더해주기 때문입니다. 오늘은 여러분의 마음에 소중한 다짐과 약속의 말로 시작해보면 어떨까요. 나의 삶이 더욱 소중해지고 하나님께 기쁨이 될 수 있는 말이면 더욱 좋겠지요.

오늘의 말씀

그러므로 우리가 이를 위하여 금식하며 우리 하나님께 간구하였더니 그의 응낙하심을 입었느니라 _스 8:23

묵상

황량한 포로의 땅, 아하와 강가에서 예루살렘을 향해 먼 길을 떠납니다.
에스라는 함께 떠날 사람을 모읍니다.
"허물어진 성전 터에 다시 하나님을 예배할 거룩한 성전을 세우고
말씀을 전할 사람들은 나와 함께 가십시다.
먼 길 험한 길이지만, 약속의 땅으로…"
지혜로운 이들, 지도자들, 성전을 사랑한 일꾼들이 모입니다.
18명, 20명, 220명… 말씀을 따라 모인 그들과 함께 금식을 선포하고
하나님 앞에 엎드려 기도 드립니다.
'주님의 성전을 회복하는 길을 가게 하옵소서.'
그 간절한 기도에 하나님 응답해주셨고
예루살렘을 향해 감격의 귀환을 하게 됩니다.
그 마음이 하나님의 마음이었습니다.

오늘의 기도

주님, 아침 햇살 속에서 주님의 얼굴을 만나고 저녁 노을에서 하나님의 품을 느끼길 원합니다.
매일매일 새롭게 하시는 하나님의 은총 안에서 위로받게 하시고 힘을 얻게 하시고
사랑과 진실함으로 살게 하옵소서. 아멘.

123

/

하루를 열며

공감을 의미하는 심패시(sympathy)는 '함께'를 뜻하는 심(sym)과 '느낌과 감정'을 가리키는 패이소스(pathos)로 이루어져 있습니다. 예루살렘의 어려움을 들은 느헤미야는 유다 사람들의 어려움을 자신의 일처럼 함께 아파했습니다. 공감이 힘입니다.

오늘의 말씀

기도하여 이르되 하늘의 하나님 여호와 크고 두려우신 하나님이여 주를 사랑하고 주의 계명을 지키는 자에게 언약을 지키시며 긍휼을 베푸시는 주여 간구하나이다 _ 느 1:4-5

묵상

느헤미야는 한번도 가보지 못했던 나라, 조국의 소식을 들었습니다.

조국 땅의 참담한 현실을 들으니 슬펐고, 아팠고, 힘이 듭니다.

하나님의 나라가 잿더미 위에 앉아 있다는 사실에 참담해 합니다.

그 참담함은 눈물이 되고, 기도가 되고, 회복에 대한 열망이 되었습니다.

생각해보면, 이것은 남의 일이라면 할 수 없었던 일입니다.

어쩌면 그 자신과 상관없는 일일 수 있었습니다.

하지만 느헤미야는 그것을 자신이 감당해야 할 일로 받아들였습니다.

그렇게 사명이 되고,

느헤미야는 1300킬로미터를 넘어 예루살렘으로 향합니다.

공감하는 마음,

하나님의 나라를 이 땅에 세워가는 길입니다.

오늘의 기도

주님, 주님의 사랑에 감사하며 만족한 삶을 살아가는 데 그치지 않고
우리도 주님의 마음으로 연약한 자와 힘든 이들을 돌아보겠습니다.
주님, 도와주시고 힘이 되어 주옵소서. 아멘.

124

✄ **하루를 열며**

우리가 정결한 마음으로 주님을 예배할 때 주님은 기뻐하시고 우리의 예배를 받아주십니다. 예배 드림 속에 주님과 우리가 하나가 되고, 주님의 뜻과 나라를 향한 우리의 발걸음이 힘을 얻습니다. 예배 드림이 늘 기쁨이 됩니다.

오늘의 말씀

내가 이와 같이 그들에게 이방 사람을 떠나게 하여 그들을 깨끗하게 하고 또 제사장과 레위 사람의 반열을 세워 각각 자기의 일을 맡게 하고 또 정한 기한에 나무와 처음 익은 것을 드리게 하였사오니 내 하나님이여 나를 기억하사 복을 주옵소서 _느 13:30-31

🌿 묵상

느헤미야! 모든 것이 보장된 삶을 내려놓습니다.

용기 있게,

하나님의 큰 뜻과 계획을 이루기 위해서입니다.

그는 제대로 알았습니다.

모든 것이 보장된 것처럼 보이는 삶이 원래 불안한 삶이요,

아무것도 보장된 것 같지 않지만 하나님을 의지하는 삶이 진정 안전한 삶임을…

그래서 그는 그 믿음 하나로 낯선 예루살렘으로 멀고 험한 길을 떠났습니다.

보장된 자리도 안정된 삶도 자신이 누릴 수 있는 것을 포기하고,

불안해 보이지만 의미 있고 뜻있는 미래를 선택한 것입니다.

그의 선택이 옳았습니다. 그의 기도가 뜻 깊습니다.

"내 하나님이여, 나를 기억하사 복을 주옵소서."

하나님은 그의 기도에 백배로 천배로 응답해주셨습니다.

오늘의 기도

주님, 우리의 마음을 늘 하나님의 선한 손길로 가꾸어주셔서

선택과 결정에서 하나님의 선한 뜻과 능력을 의지하게 하옵소서. 아멘.

125
/

오늘은 주님께 착한 아이의 기도로 시작합니다. "주님을 사랑하고 주님께 사랑 받는 하루 되게 해주세요. 하나님이 함께 계셔서 온 하루가 주님의 은혜 가운데 이루어지게 해주세요."

오늘의 말씀

이 때에 네가 만일 잠잠하여 말이 없으면 유다인은 다른 데로 말미암아 놓임과 구원을 얻으려니와 너와 네 아버지 집은 멸망하리라 네가 왕후의 자리를 얻은 것이 이 때를 위함이 아닌지 누가 알겠느냐 _에 4:14

🌿 묵상

모르드개의 신앙고백이 놀랍습니다.

"하나님께서 구원하시고자 하시면 어떤 방법으로라도 구원하실 것입니다."

하나님의 구원에 대한 신뢰입니다.

하나님의 구원의 역사는 숱한 방해와 어려움 속에서도

강물처럼 도도하게 흘러갑니다. 우리에게 중요한 것은

'그 흐르는 강물과 같은 구원의 역사 속에 함께 하는가'입니다.

에스더는 모르드개의 말을 듣고 결단합니다.

"하나님의 구원을 이루는 길이 세찬 강물과 같더라도 제 몸을 던지겠습니다."

"죽으면 죽으리라!"

"제가 이 자리에 있음이 바로 이 일을 위함입니다." 영적인 도전이 됩니다.

하나님이 이끌어가시는 역사에 대한 관심을 갖게 합니다.

그분이 이루시는 역사 속에 온전한 믿음과 담대한 용기로 참여하게 하옵소서.

🕯️ 오늘의 기도

주님, 더 나은 일, 더 가치 있는 일, 하나님께서 이루어가시는 그 구원의 역사에 함께 참여함으로 참된 삶을 누리고 싶습니다. 아멘.

126

/

생명의 양식

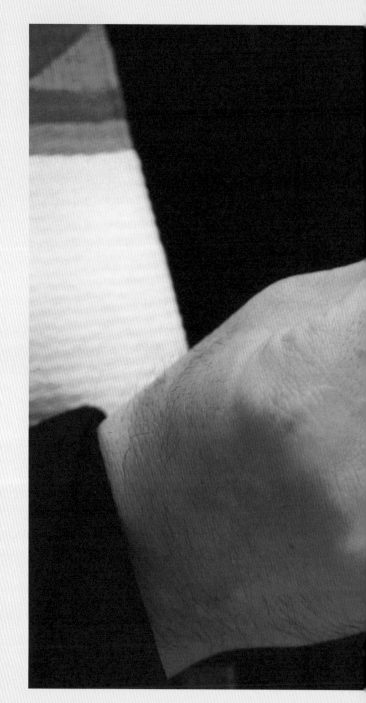

광주다일교회 2016

127

/

∝ 하루를 열며

하나님과 함께라면 우리의 하루는 늘 기쁨으로 가득 찰 수 있습니다. 우리의 슬픔을 기쁨으로 변하게 해주시는 주님의 사랑을 생각하며 하루를 시작합니다

오늘의 말씀

이 달 이 날에 유다인들이 대적에게서 벗어나서 평안함을 얻어 슬픔이 변하여 기쁨이 되고 애통이 변하여 길한 날이 되었으니 이 두 날을 지켜 잔치를 베풀고 즐기며 서로 예물을 주며 가난한 자를 구제하라 _에 9:22

🌿 묵상

읽고 읽고 또 읽었습니다.

기도하는 마음으로…

슬픔과 애통이 있는 분들을 생각하고 기억해내면서 읽고 또 읽습니다.

기도하는 마음으로…

주님, 슬픔은 변하여 기쁨이 되게 하시고,

주님, 애통은 변하여 길한 날이 되게 하옵소서.

오래 전 포로의 땅 수산성에서 에스더의 믿음과 목숨 건 용기로

모든 것을 새롭게 하셨듯이,

그 은혜를 우리에게 베풀어 주옵소서.

어둡고 무서운 날들이 지나가고

밝고 감사한 새 날이 되게 하옵소서. 주여!

🕯 오늘의 기도

주님, 우리의 삶의 주인 되신 주님을 찬양합니다. 주님의 선한 능력에 우리의 삶을 맡기고 그분의 말씀의 지혜로 살아가게 하옵소서. 어두운 마음에 나를 옭아매지 않고 하나님의 빛나는 영광 속에 머물며, 빛으로 살게 하옵소서. 빛나는 주님 안에 머물며 그 빛으로 빛나게 하옵소서. 아멘.

128
/

∽ 하루를 열며

고단한 인생에서, 사라져가는 희망 앞에서도, 우리는 예수님을
믿고 따르는 사람들입니다. 하나님에 대한 희망을 가진 사람은
그 희망의 빛으로 고단함도 절망도 이겨낼 수 있습니다.

오늘의 말씀

이르되 내가 모태에서 알몸으로 나왔사온즉 또한 알몸이 그리로 돌아
가올지라 주신 이도 여호와시요 거두신 이도 여호와시오니 여호와의 이
름이 찬송을 받으실지니이다 _욥 1:21

🌿 묵상

욥의 믿음을 닮고 싶습니다.

하지만 욥이 당한 아픔과 고난은 저에게 일어나지 않았으면 좋겠습니다.

이것이 솔직한 저의 마음이요 우리의 마음입니다.

왜냐하면… 욥처럼 그 고통스러운 삶을 감당해낼 자신이 없습니다.

그 힘겨운 고난 중에도 욥은 하나님을 향한 마음을 지켜냈습니다.

처절한 고난도 이해하기 어렵지만…,

그 고난 가운데 보여준 욥의 믿음 또한 이해하기 쉽지 않습니다.

그런데 어쩌면 그것이 당연합니다. 믿음은 이해되는 것이 아니기 때문이겠죠.

욥의 믿음을 닮고 싶습니다. 이해의 틀에 갇혀 절망하지 않고,

믿음의 눈으로 하나님의 은총의 손길을 경험하는

그 욥의 믿음과 삶을 닮고 싶습니다.

주님, 참 어렵습니다. 도와주옵소서.

오늘의 기도

삶의 무게에 눌려 쉽게 지치지 않게 지켜 주시고, 내 안에 충만하게 주시는 하나님의 은혜와 사랑으로 모
든 환경과 상황을 넘어서게 하여 주옵소서. 말도 안 되는 십자가의 죽음을 묵묵히 받아들여 온 세상을 구
원하시는 하나님의 빛을 밝히신 주님, 예수 그리스도의 삶을 깊이 새기며 살아가게 하옵소서. 아멘.

129

/

⊱ 하루를 열 며

올바르고 필요한 말도 적절한 때와 태도가 중요합니다. 그래서
말에 대한 절제와 훈련이 필요합니다. 성경의 좋은 가르침을 배
워 적절하고 지혜로운 선한 말을 하는 삶이 필요합니다.

오늘의 말씀

내 혀에 어찌 불의한 것이 있으랴 내 미각이 어찌 속임을 분간하지 못하
랴_욥 6:30

🌿묵상

욥의 상황에 대해 친구들이 한마디씩 합니다. 무언가 잘못을 하고 불의한 일로 인
해 이런 고난을 받게 된 것이니 잘 살펴보라는 말입니다. 이에 대한 욥이 억울한 마
음으로 답합니다. "혀가 그 미각을 유지하듯 늘 하나님의 말씀으로 선악을 분별하려
애써왔소." 그를 왜 '온전하고 정직하며 악에서 떠난 자'(욥 1:1)라 하였는지 알게 합
니다. 혀가 미각을 유지하듯 하나님의 말씀으로 선악을 분별하려는 삶의 노력, 우리
에게 꼭 필요한 신앙의 자세입니다.

옳고 그름의 분별과 가야 할 길과 가지 말아야 할 길을 분별하는 것, 내 기준의 구별
과 차별이 아닌 하나님의 말씀으로 분별하는 것, 나를 하나님 앞에 잘 머물게 하는
힘이 됩니다. 혀의 미각이 살아 있어야 맛을 구별할 수 있듯이,

말씀으로 나 자신을 조율하며 삶의 미각을 잃지 않고 살아야겠습니다.

많은 것이 섞이고 혼재되어 구별과 분별이 어려운 시대에, 하나님의 말씀의 촉각을
더욱 민감하게 해야 하는 이유가 여기에 있습니다. 주님, 애쓰겠습니다.

🕯 오늘의 기도

주님, 보이는 것을 섣부르게 판단하기보다, 하나님의 뜻을 더욱 깊이 알아가길 원합니다.
보이지도 않을 만큼 미미해져버린 영혼을 민감하게 하시고, 빈약한 믿음을 하늘 양식으로
가득 채워주셔서, 하늘의 뜻을 온전히 깨닫게 하옵소서. 아멘.

130

/

지혜로운 사람의 사랑이 담긴 말은 다른 사람의 허물을 덮어주고 참되고 진실한 말로 다른 사람의 생명을 살리는 샘이 됩니다. 오늘도 주님의 말씀 가운데, 살아계시는 하나님께서 여러분의 삶에 함께 하시기를 원합니다.

오늘의 말씀

네 시작은 미약하였으나 네 나중은 심히 창대하리라 _욥 8:7

🌿 묵상

오해가 많은 말씀입니다.

이 말은 욥의 고백이 아니라 친구인 빌닷이 고난 가운데 있는

욥에게 한 말입니다.

빌닷이 재물을 잃고 가족도 잃고 건강까지 다 잃어버린 욥에게 충고합니다.

"그대의 영적인 빈약함으로 이런 어려움을 겪게 되었으니 이제 다시 돌이켜 시작하라. 그러면 지금은 미약하지만 훗날 창대해질 것이다."

회사나 개업하는 가게 벽에 걸어 놓기에 잘 어울리는 말씀은 아닌 듯 합니다.

이 말은 '보이지도 않을만큼 미미해져버린 영혼과 믿음을 키워가라'는 뜻의

충고이기 때문입니다.

오늘 주신 이 말씀으로 두 가지를 배웁니다.

"사람에게는 그 때에 맞는 적절한 말이 필요하다."

🕯 오늘의 기도

주님, 어려움에 있는 이들을 향해 해왔던 저의 말과 행동을 돌아봅니다. 혹여 성급한 판단과 섣부른 말과 행동으로 마음을 더 아프고 힘들게 하지는 않았는지요. 반성하고 돌아보며 주님께 구합니다. 예기치 않은 어려움으로 인해 힘들어 하는 이들의 곁에서, 진심 어린 말로 위로하고 격려하게 하옵소서. 아멘.

131

/

∝ 하루를 열며

지혜의 근원이시며 세상을 디자인하신 엘샤다이(El-shadi) 전
능하신 하나님이 오늘 하루를 우리에게 선물로 주셨습니다. 그
분을 경외하는 마음으로 소중히 살아가기 바랍니다.

오늘의 말씀

그에게서 눈을 돌이켜 그가 품꾼같이 그의 날을 마칠 때까지 그를 홀로
있게 하옵소서 _욥 14:6

🌿 묵상

제 아무리 하찮은 품꾼이라 해도 가끔은 주인의 눈길에서 벗어나
한적하고 조용한 곳에서 쉬고 싶을 때가 있습니다. 힘들고 지치고
모든 것이 다 무겁게 느껴질 때이겠지요. 지금 욥의 심정이 그렇습니다.
아무리 나를 사랑하고 위로하고 지켜주실 분이시지만,
그런 하나님께 부탁합니다.
"나를 잠시나마 홀로 있게 해주시면 고맙겠다."는 간절한 요청입니다.
홀로 있고 싶을 때가 있습니다. 영적인 침체요 자신의 한계를 느낄 때입니다.
너무 힘들어 그저 아무 생각없이 홀로 있고 싶은 그런 절박함입니다.
욥이 하나님께 은혜를 구합니다.
'지금은 혼자 있고 싶습니다. 잠시만이라도 홀로 있게 하옵소서.'
'키리에 엘레이손.' 그리스도시여, 자비를 베풀어주옵소서.

🕯 오늘의 기도

주님, 우리가 길을 알지 못하고 헤맬 때 올바른 길로 인도해주시고, 바른 말로 조언해주십시오. 우리가 어
려움에 처할 때에 주님 안에 견고하게 서서 흔들리지 않게 해주십시오. 허나, 때로 너무 지쳐 홀로 있고 싶
을 때 조용히 제 안에 계시면서 따뜻하고 잔잔한 위로와 자비를 베풀어 주옵소서. 아멘.

132

/

◇< **하루를 열며**

우리의 믿음이 더욱 견고해지는 하루가 되길 원합니다. 주님이
주시는 지혜로 주님을 알게 하시고 굳게 세워지는 믿음을 갖게
하시며, 주님의 은혜를 충만이 받는 오늘이 되게 인도하여주시
길 기원합니다.

오늘의 말씀

내 얼굴은 울음으로 붉었고 내 눈꺼풀에는 죽음의 그늘이 있구나 그러
나 내 손에는 포학이 없고 나의 기도는 정결하니라 _욥 16:16-17

🌿 묵상

'그러나' 앞뒤 문장을 연결해주는 반전 접속사입니다.

말 못할 고통 속에 있고, 소중히 여기던 모든 것이 다 사라지고,

세상 사람들에게 모욕당하고 수치를 당하며,

절망의 어둡고 깊은 바다로 빠져 들어가는 상황!

'그러나' 그를 일으켜 세우고 힘을 낼 수 있었던 힘이 있었습니다.

지난 날 선하게 살았던 삶의 기억,

약자를 괴롭히지 않고 너그럽게 대한 모습,

그리고 정결하고 진실하게 하나님께 드린 기도입니다.

땅이 무너져 내리는 것 같은 삶의 상황을 이겨낼 수 있는 힘이 여기에 있습니다.

진실된 삶, 거짓 없는 믿음, 정결한 기도, 선하게 베풀고 나누었던 삶…

선한 일상이 힘이 됩니다.

일상이 신앙이 되니 힘겨운 고난을 이기게 됩니다.

🕯 오늘의 기도

주님, 매일 주님과 함께 하며 영혼이 밝아지게 하시고, 마음의 어두운 그늘을 없애고,
사랑과 소망으로 우리에게 주어진 일상을 기쁨과 감사로 살게 하옵소서. 아멘.

133

/

연
단

거제 2013

134

/

∝ 하루를 열며

신록의 계절에 사방은 온통 초록의 바다를 이루고 우리의 마음
을 포근하게 합니다. 우리의 마음이 푸르른 계절에 풍성한 주님
의 말씀으로 넉넉해지는 하루가 되기를 빕니다.

오늘의 말씀

나를 용납하여 말하게 하라 내가 말한 후에 너희가 조롱할지니라
_욥 21:3

🌿 묵상

욥은 친구들의 말을 듣는 것이 힘이 듭니다. 참다 못해
자신 안에 가득 찬 고통과 분노를 추스르며, 욥이 친구들을 향해 말합니다.
"제발, 건성으로 듣지 말고 내 말을 좀 경청해주시오."
성미 급한 친구들은 욥의 말을 듣기보다 자기가 하고 싶은 말만 했습니다.
대화의 기본은 먼저 잘 듣는 것인데, 이 친구들은 들으려 하지 않았습니다.
"내 말을 들으라. 그러면 그것이 내게 유일한 위로가 될 것이다"라는 번역은
답답한 욥의 마음을 이해할 수 있도록 도와줍니다.
들어만 주어도 위로가 되고 치유가 되는 순간이 있습니다. "주님… 아버지…"
그분의 이름을 부르고, 아무런 말도 하지 못한 채 기도의 자리에 머물기만
할 때가 있습니다. 아무런 말도 듣지 못하지만,
그분의 이름을 부르는 것만으로도 마음에 힘을 얻습니다.
어려움을 당한 이에게는 입보다 귀가 더 필요할 때가 있는 것 같습니다.

🕯 오늘의 기도

주님, 우리 곁에 계셔서 고맙습니다. 부를 수 있는 이름이 있어서, 기댈 수 있는 어깨가 있어서,
안길 수 있는 품이 있어서 감사합니다. 우리를 향한 주님의 사랑이 크고 큽니다. 아멘.

135

안개가 가득하면 길을 찾기 어렵습니다. 거짓과 위선으로 가득 찬 세상에서 바른 길을 찾기란 여간 어려운 일이 아닙니다. 그 길을 아는 분을 따르는 것이 지혜라면 희뿌연 안개로 가득 찬 인생의 여정은 길 되신 예수님과 함께 걷는 것이 지혜입니다.

오늘의 말씀

내 발이 그의 걸음을 바로 따랐으며 내가 그의 길을 지켜 치우치지 아니 하였고 _욥 23:11

🌿 묵상

욥은 지금 길을 잃은 채 어둠 속에서 방황하고 있습니다.

지금 겪고 있는 시련이 그저 연단의 과정이길 바라는 마음입니다.

하지만 결코 쉽게 끝날 것 같지 않은 거친 고난이

어느새 그 삶의 주인이 되어버렸습니다.

고난이 주인이 된 삶은 무겁고 버겁습니다.

홀로 버티고 견뎌낼 수 있는 무게가 아닙니다.

욥은 더 이상 버틸 힘이 없어 보입니다.

그러나 욥은 안간힘을 다해 길을 찾습니다. 자신의 발을 하나님의 발에 비끌어 매고 아버지의 발에 맞춰 온 힘 다해 걸어갑니다.

아빠의 발등에 자신의 작은 발을 올려 놓고,

그 움직임에 맞춰 춤을 추는 아이와 같아 보입니다.

내가 가는 길을 아시는 그분과 함께 고통 중에 온 힘을 다해 걸어갑니다.

🕯️ 오늘의 기도

주님, 주님이 어디로 가시든지 주님을 따를 것입니다.

주님께서 저를 소유로 삼으셨으니 고마운 마음으로 영원히 주님 곁에 머물겠습니다. 아멘.

136

/

어두운 밤 하늘에 별빛을 의지하고, 새벽녘 찬 이슬을 맞아가며 잃어버린 한 마리 양을 찾아나선 예수님을 생각합니다. 목자는 그런 '선한' 마음을 지녀야 합니다. 선한 이들이 우리가 사는 세상에 많았으면 좋겠습니다.

오늘의 말씀

나를 태 속에 만드신 이가 그도 만들지 아니하셨느냐 우리를 뱃속에 지으신 이가 한 분이 아니시냐 _욥 31:15

🌿 묵상

욥은 참 선한 사람이었습니다.

하나님의 칭찬과 인정이 틀리지 않았고, 자랑할만했습니다.

어려운 사람을 잘 돌보며 힘으로 누르지 않았습니다.

여성이나 아이들이나 사회적 약자들을

하나님의 형상을 지닌 형제 자매로 여기며 선을 베풀었습니다.

나를 만드신 이가 그(녀)도 만들었다는 고백은

우리를 만드신 하나님에 대한 경외함입니다.

힘든 고난 중에 자신의 삶을 돌아보며

이렇게 아름다운 기억을 떠올릴 수 있음이 복입니다.

욥은 하나님이 소중히 여기며 사탄에게도 자랑할만한 사람입니다.

이런 아름다운 삶의 기억을 갖고 사는 이는 복이 있습니다.

오늘의 기도

주님, 우리가 길을 알지 못하고 헤맬 때 올바른 길로 인도해주시고 바른 말로 조언해주십시오. 우리가 어려움에 처할 때 주님 안에 견고하게 서서 흔들리지 않게 해주십시오. 하나님을 경외하는 마음으로 삶을 가꾸고 믿음 있는 행실로 하늘 기쁨, 하늘 행복을 누리며, 복 있는 삶을 살게 하옵소서. 아멘.

137

/

하루를 열며

내 의가 앞선 열심은 욕심과 독선으로 변하기 쉽습니다. 공의를
뒤로 한 만족은 우리의 삶을 나태하고 교만하게 합니다. 삼가
조심하면서, 하나님의 자녀의 모습을 지키며 살아야겠습니다.

오늘의 말씀

내 속에는 말이 가득하니 내 영이 나를 압박함이니라 보라 내 배는 봉한
포도주통 같고 터지게 된 새 가죽 부대 같구나 네가 말을 하여야 시원할
것이라 내 입을 열어 대답하리라 _욥 32:18-20

묵상

엘리후는 말하지 않으면 죽을 것 같답니다.

속에 하고 싶은 말이 가득해 마치 발효된 포도주처럼 터질 것 같다 합니다.

가슴에 복음이 차 있는 이는 생명을 전하고,

가슴에 생명이 차 있는 이는 구원을 전하며,

가슴에 구원의 복음이 차 있는 이는 사람과 세상을 살리는데,

엘리후의 가슴에는 사람의 말만 차 있습니다.

열정도 있고 지식도 있지만, 분별력과 지혜가 없으니

다른 사람의 마음에 아픔만 줍니다.

우리 가슴은 무엇으로 채워야 하는지요.

예레미야와 바울의 가슴을 뜨겁게 한 하나님의 말씀으로,

십자가, 그 참담한 자리에서도 잃지 않은 예수님의 사랑으로

우리의 가슴이 가득해지기를 빕니다.

오늘의 기도

주님, 저의 입술에 사랑, 평화, 용서, 격려하고 용기를 주는 선한 능력이 담기게 하옵소서.
말만 많은 이 세상에서 말씀으로 살게 하시고, 세상의 소음에 귀 기울이기보다
주님의 복음에 마음을 두고 살아가게 하옵소서. 아멘.

138
/

〜 하루를 열며

땅의 시간은 속절없이 흐르지만 하늘의 시간은 차곡차곡 쌓여
갑니다. 우리가 쌓아가는 이 시간에 사랑과 평화와 아름다운 덕
이 차곡차곡 쌓여 악취 없는 향기를 내길 원합니다.

오늘의 말씀

욥이여 이것을 듣고 가만히 서서 하나님의 오묘한 일을 깨달으라
_욥 37:14

🌿 묵상

욥을 향한 엘리후의 말입니다.
하나님은 전능하신 분이시며 절대적으로 선한 분이시기에
그분이 행하시는 일은 조금도 실수가 없으신 분이라고 찬양합니다.
욥은 그의 말이 힘들고 괴롭기만 합니다.
게다가 엘리후는 한술 더 떠, 욥을 향해 고통스럽다고 투덜거리지 말고
곰곰히 생각해보라 합니다. 하나님의 창조 질서에 대해 깊이 생각하다보면
자신이 얼마나 무지하고 불의한 자인지 알게 될 것이라는 말입니다.
맞는 말이요 옳은 말입니다.
그런데 그 말을 듣고 있는 욥은 힘들고 괴롭습니다.
우리는 알아야 합니다. 옳은 이야기가 때로는 비수가 될 수도 있음을…
사랑이 모든 것을 이깁니다. 고통도 아픔도 슬픔도 절망까지도…
사랑이 모든 것을 이길 힘입니다.

🕯️ 오늘의 기도

주님, 주님의 사랑으로 살게 하옵소서. 오래 참고 온유하며, 시기하지 않고 자랑하지 않고, 교만하지 않고
무례하지 않고, 자기의 유익을 구하는 이기적인 마음을 내려놓고, 쉽게 화내지 않고 악한 것을 생각하지
않으며, 불의한 일은 멀리하고 진리와 함께 살아가는 삶을 기쁘게 하옵소서. 아멘.

139
/

분주한 일상을 잠시 멈추고 주님께로 나아옵니다. 풍성한 기쁨과 평안으로 채워주십시오. 세상의 무성한 소리로부터 벗어나 주님의 음성에 귀 기울이며, 그 안에 담긴 사랑을 듣게 해주십시오.

오늘의 말씀

그때에 여호와께서 폭풍우 가운데에서 욥에게 말씀하여 이르시되
_욥 38:1

🌿 묵상

폭풍우 가운데 하나님께서 나타나셨습니다.

욥에게 지난 잘못을 묻지도 않고 우리가 생각한 어떤 말씀도 하지 않습니다.

그분은 그에게 창조세계의 기묘함과 경이로움,

욥을 둘러싸고 있는 신비를 보여주실 뿐입니다.

그리고 그 이해할 수 없는 창조의 중심에 '나 여호와'가 있다 말씀해주십니다.

이는 욥을 향한 배려입니다. 논리보다는 마음, 설명보다는 품입니다.

많이 아파하는 아이를 그냥 가슴 열어 안아주며,

'내가 많이 사랑한다'고 속삭이는 엄마처럼… 주님은 그냥…

힘겨운 고난 중에 있었던 욥을 힘껏 안아주고 싶으셨습니다.

온 천지 만물의 신비한 생명의 기운과

오묘한 빛으로 안아주고 싶으셨습니다.

주님, 고맙고 고맙습니다.

🕯 오늘의 기도

주님, 주님을 바라보며 살겠습니다. 힘들 때 기도하고, 기쁠 때 찬양하며 믿음의 길을 힘차게 걸어가겠습니다. 주님의 빛을 나타내며 긍휼과 자비로 살아가겠습니다. 아멘.

140

/

은총
—
크로아티아 2014

141

/

꼬리✕ 하루를 열며

마음으로 자기의 길을 계획할지라도 그의 길을 인도하시는 이는 여호와시니라. 깨닫지 못한 저희를 용서하시고 저희에게 알게 하옵소서. 몸과 마음 다하여 주님을 찬양하게 하옵소서.

오늘의 말씀

내가 주께 대하여 귀로 듣기만 하였사오나 이제는 눈으로 주를 뵈옵나이다 _욥 42:5

🌿 묵상

제가 욥이 아니고 욥이 겪은 그 힘겨운 고난이 저에게 있는 것은 아니었지만,
마음에 전해오는 고통과 아픔은 읽는 것만으로도 버거웠습니다.
그러나 욥기는 유익했습니다.
그 아픔과 고난 속에서 불굴의 정직과 인내로 하나님을 만나고,
아무리 힘겨운 고난 속에서도 결코 나를 잊지 않으신 신실한 하나님을 만나고,
그분을 신뢰하며 믿음 하나로 버텨낸 든든한 한 사람을 만난 것이
'복'이었습니다.
욥기는 귀로 듣던 주님을 눈으로 보고 삶으로 느끼게 하는 유익이 있었습니다.
그리고 이 시대의 욥과 같은 사람들,
갑자기 닥친 영문 모를 어려움에 처한 이들을 위해 기도하는 시간도 가졌습니다.
힘들었지만, 욥기는 참 고마운 책입니다.

🕯 오늘의 기도

주님, 우리의 마음과 영혼과 삶을 돌아보아주옵소서. 빈약한 영혼에 힘을 주셔서, 온갖 어려움을 견디고 이겨나갈 힘을 갖게 하옵소서. 주님의 평화로 가련한 우리의 마음에 위안을 얻고, 선한 능력에 힘을 내서 주님의 뜻을 이루는 거룩한 일에 참여하게 하옵소서. 아멘.

142

∝ 하루를 열며

마음에 시를 담고 살아가는 이는 넉넉하고 행복합니다. 150편의 시편은 우리를 하늘 행복을 누리며 살아가게 합니다. 시편과 함께 하늘 행복 누리소서.

오늘의 말씀

그는 시냇가에 심은 나무가 철을 따라 열매를 맺으며 그 잎사귀가 마르지 아니함 같으니 그가 하는 모든 일이 다 형통하리로다 _시 1:3

🌿묵상

복있는 사람은 사시사철 하는 '모든 일이 다 잘될 것'이라 합니다.

듣기 좋지만 마음 한편은 불편합니다. 욥기를 통해 인과응보의 지혜사상이

얼마나 인생을 모르는 단편적 생각인지를 배웠는데,

모든 일이 마음 먹은대로 다 잘 되는 것만이 복이라면

그렇지 않은 이들은 진정 '복 없는 사람들'일까요. 마음먹은 대로…

그런데 말씀을 여러 번 곱씹어 깊게 읽으니, 그 의미를 알 것 같습니다.

'다 잘된다'는 것은 내 욕망이 이루어진다는 뜻이 아니며

어떤 환경, 어떤 조건에도 하나님의 말씀 위에 서서

그 길을 걸어가는 삶을 말합니다.

그래서 다 잘 된다… 그것이 복이랍니다.

변화무쌍한 세상을 살아가는 우리에게 꼭 필요한 복입니다.

주님, 그런 복이 우리에게 있어서 형통하게 하소서.

🕯️오늘의 기도

주님, 하나님의 생명 샘에 삶의 뿌리를 내리고,

그 뿌리로부터 공급 받은 믿음과 소망과 사랑으로 풍성한 열매 맺고

그 열매로 세상을 풍요롭게 하소서. 아멘.

143

/

∝ **하루를 열며**

우리의 마음은 갈대와 같아서 늘 망설이고 후회하고 결심하고 또 후회하는 반복의 삶을 살아갑니다. 머리로는 믿는다 하면서 몸과 마음은 믿음이 없는 사람처럼 행동합니다. 흔들림 없는 주님께 붙어 그분의 가지가 되는 일만이 해결책입니다.

오늘의 말씀

주께서 생명의 길을 내게 보이시리니 주의 앞에는 충만한 기쁨이 있고 주의 오른쪽에는 영원한 즐거움이 있나이다 _시 16:11

🌿 묵상

모든 것이 흔들리고 불확실한 시대를 살아갑니다.

우리를 든든히 붙잡아주시는 분이 계신다는 것만으로도 마음이 놓입니다.

나뭇가지와 같아 약하게 불어오는 바람결에도 흔들립니다.

그것이 바로 우리 인생입니다.

문득 떠오른 생각과 갑작스러운 상황은 간신히 눌러 앉힌 염려와 불안을 자극하고,

갑자기 마음은 조급해지고 삶은 흔들립니다. 우리의 모습입니다.

오늘 말씀에서 시인은 고백합니다.

"주님께 뿌리를 내린 자는 흔들리지 않습니다."

"나는 주님께 뿌리를 내린 그분의 사람입니다."

주님께 뿌리를 내렸으니, 이제 작은 것에 연연하지 않고

그분이 보여주신 길을 즐겁게 걸어갈 수 있습니다.

 오늘의 기도

주님, 눈으로 보이지 않고 실감나게 느껴지지 않아도,

우리가 살아가는 세상은 하나님이 지으시고 살피시는 거룩한 나라임을 믿습니다.

주님, 그 믿음만큼은 꼭 지니고 살게 하옵소서. 아멘.

144

🐟 하루를 열며

우리가 외로울 때나 괴로울 때나 주님의 은혜를 구하며, 모든 근심을 주님께 내어놓습니다. 고난에서 끌어 올려주시길 바라는 마음으로 주님을 바라보고 기도합니다. 주님의 손길은 늘 우리를 향해 있기 때문입니다.

오늘의 말씀

여호와는 나의 목자시니 내게 부족함이 없으리로다 _시 23:1

🌿 묵상

왜 부족함이 없었을까요? 광야의 삶은 늘 눈물겹고 부족한 것 투성일 텐데요.
하지만 욕망의 관점이 아니라 감사의 눈으로 삶을 살펴보면 달라집니다.
일용할 양식이 있고, 마실 맑은 물이 있고,
마음 나눌 사람들이 있고, 하나님의 사랑이 있으니
삶의 그릇은 늘 넉넉할 수 있습니다.
비록 가진 것 넉넉하지 않아도, 불평하고 불퉁거리며 살 이유가 없습니다.
하루 한 홉의 양식만으로도 감사하며 사는 이들이 지구에는 생각보다 많고,
불안과 삶의 위협 가운데 있는 이들이 가까운 곳에 있기 때문입니다.
그렇기에 우리 삶은 더욱 조심스러워야 하고,
감사와 더 너른 사랑으로 살아야 합니다.

오늘의 기도

주님, 주님의 사랑, 은혜, 진리를 먹고 산다면 아마 더 바라는 것이 없을 것입니다.
하나님 안에서 소중한 것을 소중히 여기며 살기를 원합니다. 우리를 새롭게 해주시고,
순간적인 변화를 넘어서 믿음의 우직함과 든든함으로 살아가는 저희가 되도록 인도하여 주옵소서. 아멘.

145

/

길이 없는 광야에서 어디로 가야 할 갈 바를 모를 때 우리에게 주의 길을 보여주십니다. 빈 마음에 주의 도를 가르치시니 주의 진리를 깨달아 하나님 나라를 향해 주님과 함께 걷는 기쁨을 누립니다. 신앙의 여정은 늘 기쁨입니다.

오늘의 말씀

주는 내 구원의 하나님이시니 내가 종일 주를 기다리나이다 _시 25:5뒤

🌿 묵상

기다림은 희망입니다.

그리워하며 간절히 기다리는 이가 있는 사람은 행복합니다.

하나님의 사람들은 다시 오실 주님을 기다리는 사람들입니다.

주님이 오심으로 틀어지고 굽어지고 말라버린 모든 곳에

생명의 기운이 솟구칩니다.

다시 희망, 다시 평화, 다시 사랑,

다시 정의로 세워지는 그 나라를 기다립니다.

"사노라면 언젠가는 밝은 날도 오겠지 흐린 날도 날이 새면 해가 뜨지 않더냐

쩨쩨하게 굴지말고 가슴을 쫙 펴라 내일은 해가 든다 내일은 해가 뜬다."

지금도 가끔 불러보는 이 노래는 '희망가'입니다.

주님, 내가 종일 주님을 기다립니다.

우리가 끝까지 부를 온 삶의 희망가입니다.

🕯 오늘의 기도

주님을 바라보고 말씀에 따라 살고자 했지만, 길을 잃고 세상에 현혹되어 살기도 했습니다. 정신 없이 빠른 속도로 분주하게 돌아가는 세상에 휩쓸려 중심을 잃어버릴 뻔 하기도 했습니다. 하나님의 자녀임을 잊지 않게 해주셔서 감사합니다. 꾸준하게 가야 할 그 길을 갈 수 있도록 힘이 되어주옵소서. 아멘.

146

〜 하루를 열며

여호와 하나님으로 인하여 감사하고 기뻐하며 경배드리는 소중한 하루가 되기를 소원합니다. 오늘도 말씀 가운데 살아계시는 하나님께서 여러분의 삶에 함께하시기를 기도합니다.

오늘의 말씀

온 땅은 여호와를 두려워하며 세상의 모든 거민들은 그를 경외할지어다
_시 33:8

🌿 묵상

경외는 공경하고 두려워한다는 의미입니다.
또한 그 말에는 '우리 삶의 주인이 누구인지 알아, 그분 앞에서 내 삶을
단정하게 하고 그분의 말씀에 귀를 기울인다'는 뜻도 담겼습니다.
두려움도 세상의 두려움과는 다른 느낌입니다.
칼이나 죽음이나 실패 앞에 느끼는 두려움이 아니라
우리 생각의 지평 너머에 계시는 그분에 대한 두려움입니다.
우리의 사랑은 감히 넘볼 수도 없고, 우리의 지식으로는 감히 헤아리기도 힘든
우주 같은 크기와 넓이의 사랑으로 다가오시는 하나님에 대한 마음입니다.
그 두려움과 경외함이 우리를 겸손하게 하고,
그분의 백성으로 담대하게 합니다.
그런 생각이 힘이 되고 겸허하게 합니다

🕯 오늘의 기도

주님, 우리가 길을 알지 못하고 헤맬 때 말씀으로 길을 보여주시고 인도해 주옵소서. 어려움에 처할 때에도 하늘의 은총을 구하고, 주님의 말씀으로 견고하게 서서 흔들리지 않게 하여 주옵소서. 무너진 곳이 있다면 바로 세우게 하시고, 흔들리는 마음과 삶은 하나님의 굳건한 사랑으로 바로 잡아주옵소서. 아멘.

147
/

함
께
섬

광주다일교회 2013

148
/

아무것도 손에 잡히지 않고 왠지 모르게 마음이 불안한 날이 있습니다. 이유를 모를 때 마음을 들여다봅니다. 분주하게 살지 않았는지, 마음의 중심이 흩어져 부질없는 일에 허둥대며 살지는 않았는지… 나의 삶을 잘 들여다보며 하루를 시작합니다.

오늘의 말씀

나를 기가 막힐 웅덩이와 수렁에서 끌어올리시고 내 발을 반석 위에 두사 내 걸음을 견고하게 하셨도다 _시 40:2

묵상

기가 막힐 웅덩이와 수렁에 빠졌습니다.

예기치 않아 당황스럽기만 한 상황에서 할 수 있는 일이 아무것도 없습니다.

기가 막힙니다. 하늘이 무너지고 땅이 꺼지는 듯합니다.

가슴이 턱 막히고, 무슨 말을 해야 할지 말문도 막히고,

눈 앞이 캄캄해지는 일이겠지요.

그때 그 수렁을 향한 손길이 있습니다.

온 힘을 다해 하나님의 손을 붙잡으면 그 손길로 그 수렁에서 꺼내주십니다.

감사 또 감사입니다.

두 발이 반석 위에 놓이니 노래가 나옵니다.

깊은 수렁과 같은 상황에서 부르는 '아이고~ 아이고~'가 아니라

어둠 속 별빛과 같은 주의 은총을 바라며 부르는 '아멘. 할렐루야~'입니다.

우리가 하나님을 만나 부르는 새 노래입니다.

오늘의 기도

주님, 우리의 삶이 반석 위에 세워진 집처럼 모든 풍랑과 굵은 빗줄기를 이길 수 있는 견고한 집이면 좋겠습니다. 그 안에 살며 하늘을 향해 새 노래를 부르며 살아가는 기쁨이 있게 하여 주옵소서. 아멘.

149

/

🐟 **하루를 열며**

'할 수 있는가'보다 '유익한지'가 먼저입니다. 능력보다 지혜로 세상을 이롭게 하고 조화롭게 하는 이가 필요한 세상입니다. 오늘 주시는 주님의 말씀으로 삶의 지혜를 얻습니다.

오늘의 말씀

바닷물이 솟아나고 뛰놀든지 그것이 넘침으로 산이 흔들릴지라도 우리는 두려워하지 아니하리로다 셀라 _시 46:3

🌿 묵상

하나님이 내 곁에 계시니 늘 든든합니다.

피난처가 되어주시니 그 품에서 마음 놓고 쉼과 힘을 얻을 수 있습니다.

참 좋은 찬송의 한 구절입니다.

"그 사랑 앞에는 풍파도 그치며 어두운 밤도 환하니 그 힘이 큽니다."

풍파를 그치게 하는 사랑, 어두운 밤도 환하게 하는 사랑,

그 사랑으로 하나님은 우리 곁에 '늘' 계신다 말씀해주십니다.

우리는 그 곁을 떠나지 않으면 되고,

그분의 품에 안기면 됩니다.

세상이 겨울 마룻장처럼 차가워도

시린 영혼 안아주시는 그분의 품을 피난처 삼아 살아갑니다.

그분이 우리 하나님이시니 겁나지 않습니다. 셀라!

🕯️ 오늘의 기도

주님, 우리의 기도를 들어주옵소서. 우리를 긍휼히 여겨주셔서 주님의 얼굴을 등지고 살지 않게 하여 주옵소서. 주님의 입에서 나오는 말씀에 귀를 기울이게 하시고, 그 말씀으로 제 안에 정하고 정직한 마음을 가져, 우리의 삶이 새롭게 되게 하옵소서. 아멘.

150

/

사람이 선한 관계를 맺고 살기 위해 두 가지가 중요합니다. 거짓이 없는 진실된 사랑이 있어야 하고, 또 하나는 함께 선한 일을 하면서 기쁨과 보람을 누려야 합니다. 이 두 가지로 인해 그 만남은 귀해지고 벅찬 감사가 넘치게 됩니다.

오늘의 말씀

하나님이여 내게 은혜를 베푸소서 내게 은혜를 베푸소서 내 영혼이 주께로 피하되 주의 날개 그늘 아래에서 이 재앙들이 지나기까지 피하리이다 _시 57:1

묵상

다윗은 사울을 피해 동굴로 숨었습니다.

위기에 빠져, 어두운 굴 속에서 숨소리도 죽이고 인기척조차 낼 수 없습니다.

그러나 그 동굴 속에서 그의 곁에 계시는 하나님의 손길을 경험합니다.

그러고 나니 그 어두운 동굴이 주님의 날개 그늘로 느껴집니다.

어두운 동굴은 하나님이 그의 생명을 지켜주기 위해 마련해주신

피난처가 되었습니다.

어두운 동굴에서 다윗은 찬양을 드립니다. 이 찬양이 참 좋습니다.

"주 날개 밑 내가 평안히 쉬네 밤 깊고 비바람 불어쳐도

아버지께서 날 지켜주시니 거기서 평안히 쉬리로다."

주님 날개 그늘에서 참 쉼 (숨, 쉼, 섬)을 누립니다.

오늘의 기도

주님, 감사합니다. 우리를 깊은 지혜와 밝은 빛으로 인도하셔서 선하고 신실한 하나님의 뜻을 간직하고 하나님 나라로 나아가는 즐거움도 맛보게 하옵소서. 아멘.

151

_____
/

〰 하루를 열며

감사는 믿음의 표현입니다. 우리가 희망을 품게 하시고, 믿음으로 그 희망을 삶으로 만들어가게 하시니 감사합니다. 믿음으로 걸음을 걷고, 그 걸음 속에서 감사를 체험하는 하루가 되게 하소서.

오늘의 말씀

내 마음이 약해 질 때에 땅 끝에서부터 주께 부르짖으오리니 나보다 높은 바위에 나를 인도하소서 _시 61:2

🌿 묵상

하나님의 성전에서 멀리 떨어져 있기에
늘 그립고 외로워하는 시인의 마음이 오늘 노래 속에 담겨 있습니다.
부모를 멀리 떠나 있는 자녀의 마음은 늘 불안하기만 합니다.
혹시라도 어렵고 큰 일이 생기면 어떡하나 하는 염려로
마음은 늘 떠 있는 것 같고, 그 삶은 안정되기 어렵습니다.
신앙도 그렇습니다.
하나님을 떠나 있는 마음은 늘 불안할 수밖에 없습니다.
하나님을 떠나 있으면 그 어디나 땅끝입니다.
위태롭고 불안합니다.
주님께 그 마음을 그대로 드립니다.
우리를 안전한 곳으로 인도해주옵소서.

🕯 오늘의 기도

하나님께서 저희에게 하신 일은 모두 좋은 일이요 유익한 일입니다. 우리를 기만하지 않으시는 하나님께서 이 모든 일을 통해 우리를 선하고 복된 길로 인도해주십니다. 하나님의 선한 뜻을 믿고 나아가게 하옵소서. 그 길에서 하나님의 뜻을 찾게 하시고, 그 뜻을 구하며 믿음의 여정으로 나아가게 하옵소서. 아멘.

152

내 마음의 황폐함을 오직 주님께서 주시는 긍휼함으로 구원해
주소서. 나의 삶에 무너진 성전을 회복하고 진실된 예배로 주님
과 깊은 사귐을 갖게 하소서.

오늘의 말씀

날마다 우리 짐을 지시는 주 곧 우리의 구원이신 하나님을 찬송할지어
다 _시 68:19

🌿 묵상

주님은 우리의 짐을 대신 져주시는 분입니다.

무거운 짐 진 자, 그분께 나아와 내려놓으면 쉼을 주시겠다 약속하신 분입니다.

주님의 약속을 믿고 나의 짐을 내려놓습니다.

삶에 대한 염려, 가족들에 대한 걱정, 건강에 대한 불안함,

마음대로 되지 않는 삶에 대한 힘겨움, 자꾸 조급해지고 서둘게 되고,

그러다 후회만 많아지는…

나 자신이 마음에 들지 않아 속상하다 괜히 남 탓, 세상 탓…

삶이 위축되고, 사는 게 버겁고 지쳐서 내려놓고 싶은 마음도 듭니다.

그런 나에게 주님은 말씀하십니다.

"날마다 너의 짐을 져주겠다, 그러니 걱정하지 말아라."

고맙습니다. 주님.

제 짐을 내려놓고 힘을 내겠습니다. 셀라!

🕯 오늘의 기도

주님, 어려움이 닥칠 때 '왜 이런 일이 저에게 있나요' 불평하고 원망하기도 하지만,

그 시련을 통해 주님께서 나에게 보여주시는 그 뜻을 알아가게 하시고

하나님의 마음에 기쁨으로 기억되는 삶으로 회복되어 살아가는 소중한 계기가 되게 하옵소서. 아멘.

153

〰 하루를 열며

하나님이 주시는 평온함으로 나의 마음이 온전히 주님을 향하는 오늘이 되고 싶습니다. 하나님이 허락하신 햇빛이 모든 사람에게 비추고 있다는 하나님의 섭리를 알아가는 오늘이 되고 싶습니다. 오늘도 말씀과 함께 살라 하십니다.

오늘의 말씀

내가 내 마음을 깨끗하게 하며 내 손을 씻어 무죄하다 한 것이 실로 헛되도다 _시 73:13

🌿 묵상

오늘 말씀을 보이는 대로 읽으면 정직하고 선하게 살아간 이의 후회처럼 보입니다.
다른 성경은 오늘 말씀을 "내가 깨끗한 마음으로 살아온 것과 내 손으로 죄를 짓지 않고 깨끗하게 살아온 게 허사라는 말인가?"라고 자신에게 질문하며 갈등합니다.
다른 이의 마음 아프지 않게 애쓰고, 매사 조심하고 욕심을 절제하고,
하나님의 뜻에 따라 살려 애쓴 이가 정반대의 현실 앞에서 느끼는 갈등입니다.
그 갈등 끝에 하나님께 고백합니다.
"내 육체와 마음은 쇠약해도
하나님은 내 마음의 반석이요 영원한 분깃입니다"(시 73:26).
아무리 생각하고 또 생각해보아도 선한 길에 서 있는 것이 복이 됩니다.
하나님 계신 그곳이 복된 곳이기 때문입니다.
아멘. 아멘. 아멘.

🕯 오늘의 기도

우리의 연약함을 아시는 주님께서 우리의 마음과 삶을 지켜주시기를 기도합니다.
악인의 번영을 부러워하거나 불평하지 않게 하시고, 주님을 알게 되고 믿게 됨에 감사하고
그분의 말씀 안에서 찾은 진리의 길을 온전히 갈 수 있는 믿음과 용기를 주옵소서. 아멘.

154

/

빔
—
뉴질랜드 2015

155

꙳ **하루를 열며**

저희를 향한 주님의 신실하심을 늘 깨닫게 해주시고, 그 안에서
흔들리지 않는 믿음의 길을 걷게 해주십시오. 주님으로 인하여
세상을 하나님의 나라로 일구어 가며, 평화와 사랑의 씨앗을 심
는 삶이 되게 해주십시오.

오늘의 말씀

나의 하나님이여 그들이 굴러가는 검불 같게 하시며 바람에 날리는 지
푸라기 같게 하소서 _시 83:13

🌿 묵상

나를 못살게 구는 이들을 향해 보복을 바라는 구절입니다.
짓눌림당하고 억울함에 남아날 속이 없게 된 분풀이요,
약한 내 힘으로는 어찌 할 수 없는, 힘 없는 이의 하소연 같기도 합니다.
그러나 그 안에 하나님에 대한 신뢰가 보입니다.
"하나님의 뜻으로 살지 않은 자는 그 삶이 엉망이 될 것이다!
'굴러가는 검불' 같고 '바람에 날리는 지푸라기' 같이 될 것이다!"
이런 믿음으로 자신이 보복하기를 포기합니다.
하나님께 맡기면 하나님이 알아서 해주실 것이라는,
역사의 주권자에 대한 믿음입니다. 이런 믿음이 필요합니다.
그래야 비교하며 낙심하지 않고, 억울한 분노에 내 삶을 태우지 않습니다.
그 믿음의 추동력으로, 지금 여기에서 선함으로
곧고 힘차게 살아갈 수 있기 때문입니다. 주의 나라 믿으며!

🕯 오늘의 기도

주님, 분주함 속에서 주님께서 걸으신 길을 묵상하며 그 길을 따라 사는 삶을 살겠습니다.
흔들리지 않게 붙잡아주시고, 주님과 함께 하는 길 위에서 기쁨과 감사함으로 걷도록
저희를 맑고 깊은 은혜로 인도해 주십시오. 아멘

156

 하루를 열며

말씀과 기도로 하루를 시작하는 우리의 삶에 주시는 선물이 있
습니다. 하나님의 은혜와 진리, 의와 화평이 가득하여 하나님이
기뻐하시는 백성으로 살아가는 복된 삶입니다.

오늘의 말씀

인애와 진리가 같이 만나고 의와 화평이 서로 입맞추었으며 진리는 땅
에서 솟아나고 의는 하늘에서 굽어보도다 _시 85:10-11

묵상

오늘 말씀이 정말 좋습니다.

제가 청년 시절부터 좋아해서 마음에 새기고 기도하고 꿈꾼 말씀입니다.

왜 시인이 이 말씀을 하게 되었는지를 알게 된 후에는 마음에 다짐도 생겼습니다.

정말 힘들고 어려워 절망할 수밖에 없었던 날에 하나님을 찾았습니다.

하나님은 그들의 마음을 어루만져주시며 은혜를 베풀어주십니다.

너무 고마워 그 백성들이 묻습니다.

"주님의 은혜를 무엇으로 갚아야 할까요?"

하나님께서 하시는 말씀을 듣게 된 후에 드리는 다짐입니다.

"예, 주님. 인애, 진리, 의, 화평이 입맞추고 진리가 땅에서 솟아나

하늘의 의가 함께 어울려 춤을 추는 주님의 나라를 이루겠습니다."

하나님의 은혜를 아는 자로 살아가는 길이 여기에 있습니다.

오늘의 기도

주님, 메마른 땅 앞에서 하나님의 희망을 보게 하옵소서. 이룬 것 같으나 허망하고, 얻은 것 같으나 비어 있
는 듯한 공허한 삶은 하나님이 계시지 않는 성공의 특징입니다. 주님, 인애와 진리가 저희 안에 있게 하시
고 의와 화평이 우리를 살려 이 땅에서 하늘 백성으로 살아가는 기쁨으로 충만하게 하옵소서. 아멘.

157
/

우리의 연수가 칠십이요 강건하면 팔십이라 합니다. 선물과 같이 주신 오늘 하루, 주님이 주시는 지혜로 주어진 시간을 잘 활용하고, 하나님과 동행하는 신앙의 여정이 되길 바라며 하루를 엽니다.

오늘의 말씀

우리에게 우리 날 계수함을 가르치사 지혜로운 마음을 얻게 하소서
_시 90:12

🌿 묵상

모세의 기도입니다.

그에게는 하루하루가 선물이었습니다. 불 붙은 떨기나무에서 하나님을 만나고 새롭게 살게 된 날이 얼마나 소중하고 귀했을까요. 미디안 광야의 40년의 외로움과 처량함 끝에 맞이한 하루였기에 가슴이 뜨거웠습니다.

80세 육신의 나이는 쇠약해졌지만, 호렙산 기슭 하나님의 부르심으로 맞이한 새 날은 그 무엇과도 바꾸고 싶지 않은 보물이었습니다.

그 보물과 같은 날을 원망이나 칭얼거림이나 게으름이나 불평으로 보낼 수 없었습니다.

사랑하고 꿈을 꾸고 하나님의 뜻을 이루기에도 부족한 날인데요.

그 마음으로 살아가니, 모세는 하나님의 사람으로 우뚝 서게 됩니다.

하루를 소중히 여기니 그 삶이 소중해집니다. 이것이 날을 계수하는 지혜입니다.

오늘은 하나님의 놀라운 구원을 이루는 하루입니다.

🕯 오늘의 기도

주님, 문득문득 인생이 덧없게만 느껴지고 허망한 마음이 들 때가 있습니다.

제 능력을 과시하며 살아왔던 지난날의 실패를 잊지 않게 하시고,

하나님의 그 밝은 빛에 거하며, 나의 삶을 더욱 빛나게 살아가는 지혜를 얻게 하옵소서. 아멘.

158
/

주님의 사랑은 우리의 아주 미세한 기도 소리에도 반응해주시는 사랑입니다. 걸음마를 막 배운 아이에게서 눈길 한 번 떼지 않는 사랑입니다. 그 사랑으로 맞이하는 평안함이 감사할 뿐입니다.

오늘의 말씀
나의 괴로운 날에 주의 얼굴을 내게서 숨기지 마소서 _시 102:2앞

묵상

"세상 모든 풍파 너를 흔들어 약한 마음 낙심하게 될 때에
내려주신 주의 복을 세어라 주의 크신 복을 네가 알리라."
이 찬송은 우리에게 참 의미있는 제안을 합니다.
힘들고 낙심될 때가 있다면 주님이 주신 복을 헤아려보라는 것이지요.
그대로 해보았습니다. 정말 기대하지 않았던 하나님의 평강과 감사가
제 마음에 차올라 이겨낼 만한 힘을 얻곤 했습니다.
시인은 괴로운 날에 주님의 얼굴을 떠올립니다.
너무 힘들어 하나님의 부재를 느끼곤 하지만
숨바꼭질처럼 나의 기도와 간절함에 반응하시는 하나님을 찾아내곤 합니다.
숨어계시는 듯함은 우리의 느낌이었습니다.
주님을 늘 그 자리에 계셨습니다.

오늘의 기도

주님 없이 시련과 고난을 겪어내야 한다면 더욱 두려울 것입니다. 우리 곁에 계셔서 외롭고 힘겨운 날들을 견디고 이겨낼 수 있도록 도와주옵소서. 그렇게 만난 주님의 힘으로 역경에 맞선 다른 이들을 도우며 그들에게 힘이 되어서, 저를 이끌어주신 하나님의 손길을 그들도 경험할 수 있도록 도와주옵소서. 아멘.

159

◁ **하루를 열며**

새로운 한 날을 주셔서 감사드립니다. 새로운 날은 새로운 '말·기·찬'으로…, '말씀·기도·찬양'으로 하루하루 주님과 함께 시작합니다.

오늘의 말씀

여호와를 경외함이 지혜의 근본이라 그의 계명을 지키는 자는 다 훌륭한 지각을 가진 자이니 여호와를 찬양함이 영원히 계속되리로다

_시 111:10

묵상

오늘 시편에서 잠언을 느낍니다.

여호와를 경외함이 지혜의 근본이라 말씀합니다.

우리가 삶을 통해 얻게 되는 가장 소중한 지혜는

공부를 한다고 해서 얻어지는 것이 아니며, 삶을 통해 우리에게 다가옵니다.

이 말을 달리하면 주님의 계명을 지키려고 애를 쓰는 과정을 통해

바른 깨달음을 얻게 된다는 뜻입니다.

소중한 진리 하나를 마음에 담습니다.

"지혜가 있어서 주님을 따름이 아니라, 주님을 따르니 지혜를 얻게 됩니다."

그래서 우리는 주님을 따르겠습니다.

주님을 바라보며 한 걸음 한 걸음 어디까지 이르렀든지 주님을 따르겠습니다.

하나님께 가까이함이 복이요 지혜입니다.

오늘의 기도

주님, 주님을 온전히 만남으로 내 안에서 일어나는 변화에 주저하거나 두려워하지 않게 하시고

하나님의 은혜가 내 안에 채워져 나타나는 선한 힘에 순종하게 하옵소서.

보다 더 소중한 하나님의 자녀로 살아가는 결단과 믿음의 용기를 저희들에게 더하여 주옵소서. 아멘.

160

✆ **하루를 열며**

하나님을 알기 전에 알았던 복과 아버지를 알게 된 후에 복의 개념은 너무 달랐습니다. 하나님을 알아가는 것이, 배워가는 것이 복이었습니다. 그 복을 모든 이가 다 누려 행복하고 복이 되는 삶을 살면 좋겠습니다.

오늘의 말씀

나의 발걸음을 주의 말씀에 굳게 세우시고 어떤 죄악도 나를 주관하지 못하게 하소서 _시 119:133

묵상

하나님의 말씀의 힘! 창조하시고, 치유하시고, 북돋아주시고, 깨우쳐주시고, 지켜주시고, 인도하십니다.

몹시 어려운 일을 겪은 선배의 이야기입니다. 그 일은 짧지도 않았고 가정과 교회와 개인적 삶까지도 많이 힘들게 했습니다. 힘겨운 상황에서도 그분의 태도는 겸손했고 표정은 매우 부드러웠고, 이겨내는 모습은 의연했습니다. 어떻게 그런 힘과 태도로 그 어려움을 견디고 이겨낼 수 있을까 존경스러웠습니다. 그분의 모습에서 어려움 앞에서도 흔들리지 않는 바위 같은 모습을 느꼈고, 환경과 상황에 밀려가지 않는 든든함을 보았기 때문입니다. 시간이 지나고 그분께 들은 말이 있습니다.

"정말 힘들고 어려웠습니다. 그런데 내가 예수님을 믿는 사람이라는 것이 얼마나 큰 힘이 되었는지 모릅니다. 그분의 말씀 한 줄 한 줄이 내 삶에서 살아나, 그 모든 어려움을 버티고 이기게 하는 힘이 되었습니다"

"어려운 일 당할 때 나의 믿음 적으나 의지하는 내 주를 더욱 의지합니다."

오늘의 기도

주님, 주님의 복된 자녀로 살아가게 하옵소서. 헛된 곳에 마음을 두지 않고 허망한 삶에 끌려 다님이 없이 하나님께서 보여주신 그 복된 길에서 소중히 맺어지는 그 열매로 기뻐하는 삶을 살게 하옵소서. 아멘.

161

/

위로

변산 2009

162

/

⌒ **하루를 열며**

우리의 삶 가운데 하나님께서 주시는 은혜들이 참 많이 있습니다. 그 많은 은혜들을 하나하나 소중히 여기면서 감사를 마음껏 표현하십시오. 오늘 내게 주어진 일들을 하나님 앞에 감사로 표현하며 살아간다면, 그날이 기적의 날이요 감사의 날입니다.

오늘의 말씀

눈물을 흘리며 씨를 뿌리는 자는 기쁨으로 거두리로다 울며 씨를 뿌리러 나가는 자는 반드시 기쁨으로 그 곡식 단을 가지고 돌아오리로다

_시 126:5,6

🌿 묵상

씨 뿌림은 노동입니다. 땀을 흘리고 수고를 해야 하는 일입니다.

땅 속에 씨앗을 심고 뿌리며 훗날 거둘 결실을 기대함은 희망입니다.

그런 수고를 결코 허망하게 하지 않으시겠다는 하나님의 약속은

우리에게 기다리고 참아낼 수 있는 힘을 주십니다.

이 약속을 믿고 살아간 이들이 믿음의 증거자들입니다.

신실한 농부처럼 그 믿음과 희망으로 견뎌내고 살아 내셨습니다.

오늘 말씀을 생각하며 찬양을 부릅니다.

"눈물로 씨를 뿌리며 지나온 수난의 세월 / 보아라 우리 눈 앞에 새 하늘이 활짝 열린다 / 희년을 향해 함께 가는 길 주의 약속 굳게 믿으며 / 일곱 번씩 일곱 번 넘어져도 약속을 굳게 믿으며"(류형선 곡, '희년을 향한 우리의 행진' 중에서 2절).

십자가는 이 땅에 눈물과 수고로 뿌려진 생명의 씨앗입니다.

그 씨앗을 뿌리렵니다. 주님의 약속 믿으며…

🕯 오늘의 기도

작게 보이는 씨앗이 온 들녘을 생명의 물결로 수놓음을 봅니다. 선한 능력으로 살아가려 애쓰는 작은 몸짓이 하나님의 나라를 이루는 씨앗입니다. 열매를 맺기까지 지치지 않게 하시고, 씨앗을 뿌리는 농부의 마음을 간직하고 믿음의 힘찬 걸음을 걷게 하옵소서. 아멘.

163

∝ 하루를 열며

찬양 할렐루야! 아버지의 이름을 부를 수 있는 오늘에 감사합니다. 하나님 아버지의 이름을 알 수 있는 오늘을 살고 있음을 감사합니다. 어제도 오늘도 내일도 부를 수 있는 그 이름을 찬양합니다. 할렐루야!

오늘의 말씀

상심한 자들을 고치시며 그들의 상처를 싸매시는도다 그가 별들의 수효를 세시고 그것들을 다 이름대로 부르시는도다 _시 147:3,4

🌿 묵상

시편을 마치면서 마음에 새기는 말씀입니다.

'마음이 상한 자를 고치시는 주님' 찬양이 입 안에 가득합니다.

이스라엘은 바벨론의 포로로 살면서, 들짐승처럼, 우는 까마귀 새끼처럼(9절) 살던 백성이었습니다. 그들을 불쌍히 여기신 하나님이 그들을 불러 세워 치유하시고 희망을 주십니다. 그리고 그의 이름을 다시 찾게 해주셨습니다. 하나님 안에서…

그들은 더 이상 포로, 노예, 나라를 잃은 백성, 하나님께 버림받은 이들이 아닙니다. 사랑이 많고 위대하신 하나님의 백성입니다.

상한 마음 위로해주시는 하나님, 인생의 굽이굽이 힘이 되어주신 하나님, 연약한 무릎에 힘을 주셔서 다시 일으켜주신 하나님, 보잘것없는 우리 인생이 복되고 귀하다 말씀하시며 용기를 주신 하나님, 상한 갈대와 같은 우리를 들어 아름다운 풀피리로 노래 부르게 하신 하나님, 꺼져가는 등불 같은 우리를 두 손으로 지켜주시며, 어둠을 밝히는 빛으로 삼아 주신 하나님, 우리는 그와 같으신 분, 하나님의 자녀입니다.

🕯 오늘의 기도

주님, 감사합니다.

주님을 영원히 노래하며 하나님의 자녀로 살겠습니다. 아멘.

164

/

⌇ 하루를 열며

이육사의 시 '청포도'가 생각나는 날입니다. 은쟁반 같은 식탁
은 사라지고 없어도 고달픈 손님에게 두 손을 함뿍 적셔 은쟁반
에 청포도를 내어주던 귀한 마음은 우리에게 남습니다. 우리가
지킬만한 것 중에 더욱 우리 마음을 지켜야만 할 이유입니다.

오늘의 말씀

모든 지킬 만한 것 중에 더욱 네 마음을 지키라 생명의 근원이 이에서 남
이니라 _잠 4:23

🌿 묵상

하루에도 몇 번씩 흔들리고 휘둘리는 것이 사람의 마음입니다.
희망과 절망, 감사와 불평, 기쁨과 슬픔이 오갑니다.
그런 마음을 힘을 다해서 지켜야 한다고 말씀합니다.
"만물보다 거짓되고 심히 부패한 것이 마음이라 그 누구도 알 수 없다"(렘 17:9).
예레미야 선지자의 말을 빌지 않아도
'내 마음조차 나도 모르는' 그 마음을 반드시 지키며 살아야 한다고 권합니다.
왜냐하면 '마음이 바로 생명의 근원'이기 때문입니다.
마음을 잃으면 생명을 잃는것이요, 마음을 지키면 생명을 지킵니다.
"너희 안에 이 마음을 품으라 그리스도 예수의 마음이니."
내 안에 예수님의 마음을 품고 온 힘을 다해 그 마음을 지키는 것,
이 길밖에 없습니다. 이 길만이 살 길입니다.

🕯 오늘의 기도

주님, 저희들의 삶 가운데 어떤 어려움과 유혹이 있어도 주님을 향한 마음을 지키고
온전히 따르게 하옵소서. 주님의 말씀이 내 마음에 계셔서 나를 새롭게 해주시고,
오늘도 제 삶의 자리에서 하나님의 나라를 이루며 살아가게 하옵소서. 아멘.

165

⌀ 하루를 열며

미국의 시인 메리 올리버(Mary Oliver)의 말입니다. "이 우주에
서 우리에겐 두 가지 선물이 주어진다. 사랑하는 능력과 질문하
는 능력, 그 두 가지 선물은 우리를 따뜻하게 해주는 불인 동시
에 우리를 태우는 불이기도 하다." 사랑과 질문, 잘 해야겠네요.

오늘의 말씀

내가 내 집 들창으로, 살창으로 내다 보다가 어리석은 자 중에, 젊은이
가운데에 한 지혜 없는 자를 보았노라 _잠 7:6-7

🌿 묵상

창문을 통해서 밖을 살핍니다.

하는 행동을 보니 어리석고, 나이는 젊어도 마음 씀씀이가 별로입니다.

지혜없는 자가 틀림없습니다.

지혜는 살아가는 길(道, The Way of Life)입니다.

헛된 길은 피하고, 잘못된 길을 막아서고, 참된 길을 걷게 하는 힘이

지혜에 있습니다.

겹겹이 쌓인 흙더미 속에서 보물을 캐듯이, 역사의 무게를 버텨내고

많은 이들을 가치있는 삶으로 이끌어준 것이 지혜입니다.

그 지혜는 이 땅을 만드신 하나님의 말씀과 그분의 가르침으로부터 왔습니다.

그래서 '지혜로운 이'는 하늘의 소리를 마음에 담고 살아가는 사람입니다.

"하나님을 경외하는 것이 지혜의 근본입니다"(잠 9:10).

🕯 오늘의 기도

주님, 주님 안에서 지혜롭게 하소서. 아멘.

166

/

◯ 하루를 열며

인류는 세대에서 세대로 전하는 지혜로 문명을 이어가고 있습니다. 우리가 이어올 세대에게 전하고 싶은 지혜와 문명은 무엇인지요. 더욱 가치 있고 하늘의 뜻을 담고 세상을 풍요롭게 할 지혜를 남겨야 하겠지요.

오늘의 말씀

유순한 대답은 분노를 쉽게 하여도 과격한 말은 노를 격동하느니라
_잠 15:1

🌿 묵상

잠언(箴言) 잠(箴)은 바늘, 침의 뜻을 가지고 있는 한자입니다.

하늘의 지혜는 자연스럽게 내 안에 새겨지는 것이 아니라

한 침 한 침 날카롭게 새겨야 한다는 뜻이겠지요.

그래서 잠언을 읽을 때는 그저 스쳐지나가듯 고개만 끄떡이며 읽어서는 안됩니다.

"지당하신 말씀입니다." 맞장구를 치면서 쉽게 읽어서도 안 되는 말들입니다.

눈으로 보았고 귀로 들었으니, 마음에 새기고 온 힘을 다해

그렇게 살아야겠다고 다짐하며 읽어야 합니다.

오늘 말씀도 그렇습니다. '유순한 대답', 절대 쉬운 일이 아닙니다.

과격한 말과 험한 응대에 익숙한 우리가 가슴과 입술에 새겨야 할 말입니다.

분한 마음에 그저 뱉어내는 과격한 말이 아니라

유순한 대답이 그 분노를 삭히고 관계를 회복하게 도와줍니다.

하늘의 지혜가 담긴 잠언을 말씀의 침으로 깊게 찌르고 새겨봅니다.

🕯 오늘의 기도

주님, 주님의 말씀이 내 안에 계시며, 나를 새롭게 해 주셔서,

오늘도 저의 삶의 자리에서 하나님의 나라를 이루며 살아가게 하옵소서. 아멘.

167

/

코로나19로 인한 사회적 거리두기가 길어지면서 공동체에 대해 다시 한 번 생각해봅니다. 사랑의 거리, 따뜻한 마음의 거리까지 멀어지지는 않았는지요. 바뀐 일상이지만 공동체를 지키는 소중한 삶의 모습은 잃어버리지 말아야겠습니다.

오늘의 말씀

명철한 사람의 입의 말은 깊은 물과 같고 지혜의 샘은 솟구쳐 흐르는 내와 같으니라 _잠 18:4

묵상

오래 전 듣고 마음에 새긴 말입니다.

특별히 늘 말을 해야 하는 저에게 주시는 말씀같이 느껴집니다.

홍수 속에 마실 물이 없듯이

말이 많아졌는데 진정 말씀이 희박해졌다는 말입니다.

말씀이 필요한 때에 하늘의 소리를 득음하여

지혜롭고 복된 이의 길을 걸어야 하는데, 세상 소음에 정신 팔려

생각만 많아지고 허접한 곳에 마음을 두고 살아가지 않는지

제대로 살펴보라는 꾸지람 같습니다.

나를 두고 한 이야기는 아니지만, 저에겐 그리 들렸습니다.

진정 깊은 물과 같고 솟구쳐 흐르는 내와 같은 말씀을 전하고 싶습니다.

목사의 말만 그래야 하나요? 하늘의 지혜로 살아가는 우리 모두의 말이

깊은 물과 같고 솟구쳐 흐르는 내와 같아야겠지요.

오늘의 기도

주님, 입술과 혀를 주님의 말씀으로 다스리겠습니다. 지혜와 구원의 비밀을 전하고 하나님의 영광을 드러내기 위해 힘을 다하겠습니다. 아멘.

168

/

쉼

베트남 2017

169

/

◇ 하루를 열며

힘든 시간입니다. 오늘은 우리 모두에게 '힘내!'라고 격려해봅니다. 스스로는 쥐어짤 힘도 없을 때, 극심한 고통 중에 있을 때, 그만 무기력한 심정이 되었을 때, 우리는 하나님의 은총을 구합니다. 우리 힘의 원천인 하나님을 의지하며 하루를 시작합니다.

오늘의 말씀

네가 만일 음식을 탐하는 자이거든 네 목에 칼을 둘 것이니라 _잠 23:2

🌿 묵상

섬뜩합니다. '네 목에 칼을 두라' 하니 말입니다.
목에 칼을 둔 것 같이 탐욕을 다스리라는 절제에 대한 말씀입니다.
잘 읽어보면 식탐뿐 아니라, 돈과 명예 등 사사로운 욕심에 대한 권면입니다.
해녀 엄마가 해녀 딸에게 말합니다.
"얘야 너무 욕심내지 말고 네 숨만큼만 있다 나오너라."
춘천 호숫가, 어느 카페 앞에 붙어 있던 글입니다.
"우리 카페는 해 떨어지면 쉽니다."
비오는 날 솜씨 좋은 미장 아저씨의 말입니다.
"오늘은 하늘이 쉬었다 하라네요."
지혜는 사사로운 욕심을 채우는 요령이 아니라
하늘 뜻을 펼쳐가는 길에서 얻어진 진리입니다.

🕯 오늘의 기도

주님, 주의 말씀이 내안에 계시고 나를 새롭게 해주셔서,
오늘도 저의 삶의 자리에서 하늘의 지혜로운 삶으로, 하나님의 나라를 이루며 살아가게 하옵소서. 아멘.

170

⌒ 하루를 열며

"빨랫줄에 두 다리를 드리우고 흰 빨래들이 귓속 이야기하는 오후, 쨍쨍한 칠월 햇발은 고요히도 아담한 빨래에만 달린다." 윤동주 시인의 시 '빨래'입니다. 반복되는 일상이 거칠수록 하늘과 별을 올려다보는 시간이 필요합니다.

오늘의 말씀

너는 내일 일을 자랑하지 말라 하루 동안에 무슨 일이 일어날는지 네가 알 수 없음이니라 _잠 27:1

🌿묵상

분주한 저희들의 마음에 주셨습니다.
작은 성과에 우쭐거리는 저희들에게 주셨습니다.
모든 일이 다 너희의 마음대로 되는 것이 아니니 '겸손하라' 하십니다.
"네가 알 수 없는 그 일들을 나는 알고 있다"라는 하늘의 충고처럼 들립니다.
성경은 '내일', 즉 아직 이루어지지 않은 일들은
자랑할 것도 염려할 것도 못 된다 합니다.
왜냐하면 '내일'은 인간에게 속한 것이 아니라
하나님께 속한 것이기 때문이랍니다.
전도서 지혜자의 말씀을 겸허하게 듣습니다.
"하나님이 하시는 일의 시종을 사람으로 측량할 수 없게 하셨도다."
하루하루를 주님 주신 선물로 여기고
감사하며 살아가는 삶이 선한 삶입니다.

🕯️오늘의 기도

주님, 염려도 자랑도 않고
선물로 주신 '오늘'을 감사히 살겠습니다. 아멘.

171

/

❧ 하루를 열며

살아가면서 깊이 깨닫습니다. 일 분 일 초도 당연한 것이 아니
며 하나님께서 주신 선물입니다. 오늘을 선물로 주신 하나님을
만남으로 하루를 시작합니다. 복이 됩니다.

오늘의 말씀

내가 해 아래에서 행하는 모든 일을 보았노라. 보라 모두 다 헛되어 바람
을 잡으려는 것이로다 _전 1:14

🌿 묵상

삶이 헛되게 느껴지는지요?

전도서의 말씀들이 공감이 되어, 내 말인 것같이 느껴지는지요.

전도서를 조금 더 깊이 읽어보기 바랍니다.

전도서를 읽으면 헛됨이 많아 허무해진다고들 합니다.

그러나 잘 읽으면 그 헛됨 속에서 헛되지 않은 삶을 보여주고 계십니다.

'잡을 수 없는 바람을 잡으려고 하는 삶'의 부실함을 넘어서

'하나님이 허락하신 참된 삶에서 참 나를 찾아가는' 신실함을 보여주십니다.

어떤 삶이 나의 마지막 시간에 기쁨과 감사와 보람으로

내 인생의 그릇을 채워지는지에 대한 바른 지혜를 보여주십니다.

가까이 있는 것부터 찬찬히 돌아보며, 조금 멀리 느껴지는 것을 준비합니다.

오늘의 일상을 정성껏 살아가면 언젠가 만날 마지막 때에 감사와 보람과 기쁨이

가득하겠지요. 헛헛한 삶을 잘 살게 하는 힘, 하나님 안에 있습니다.

🕯️ 오늘의 기도

주님, 하나님과 함께 행복하고
감사한 인생을 살게 하소서. 아멘.

172 /

날로 예측하기 힘든 풍랑 같은 이 시기에 믿음의 벗들과 동행함이 복입니다. 우리 신앙 공동체가 서로에게 기댈 어깨가 되어 한 사람도 낙오가 없는 든든한 안전띠가 되기를 소망합니다.

오늘의 말씀

두 사람이 함께 누우면 따뜻하거니와 한 사람이면 어찌 따뜻하랴. 한 사람이면 패하겠거니와 두 사람이면 맞설 수 있나니 세 겹 줄은 쉽게 끊어지지 아니하느니라 _전 4:11-12

묵상

"빨리 가려면 혼자 가고 멀리 가려면 함께 가라." 오래 전에 듣고 기억 속에 넣고, 삶에서나 목회에서 그렇게 하려고 애쓰는 말씀입니다.

이와 느낌이 같은 말씀을 오늘 만났습니다. 신약 성경에서 자주 만날 수 있는 단어가 서로가 함께(kai allelon)입니다. 서로 위로하고, 서로 사랑하고, 서로 짐을 져주고, 서로 힘이 되고… 함께 울고, 함께 기뻐하고, 함께 하나님의 나라를 세워가고… 같은 뜻을 품고 하나님의 나라를 함께 이루어갑니다.

함께 가는 좁은 길이 멋스럽습니다

"이제야 비로소 우리는 알았네 / 작고 작은 이 세상 / 산이 높아 험해도 /
바다 넓고 깊어도 / 우리 사는 이 세상 아주 작고 작은 곳 /
사랑은 입에 있지 않으며 / 이웃을 위해 움직이는 것 /
평화가 넘치는 세상을 위하여 / 우리 나아가리라"(쉐만 곡, '작은 세상')

오늘의 기도

주님, 서로 함께 힘이 되어
하나님 나라 이루게 하옵소서. 아멘.

173

/

∝ 하루를 열며

무엇이 은혜일까요? 무엇이 지혜일까요? 우리를 사랑하는 하나님의 품 안에서 모든 것이 은혜임을 깨닫고 겸손하게 살아가는 삶이 지혜이겠지요. 그 마음으로 하루를 열어봅니다.

오늘의 말씀

지나치게 악인이 되지도 말며 지나치게 우매한 자도 되지 말라 어찌하여 기한 전에 죽으려고 하느냐 _전 7:17

🌿 묵상

'과유불급'(過猶不及). '지나침은 부족함과 다르지 않다'라는 말이 생각납니다.
오늘 말씀은 '꿩잡는 게 매'라고 믿고, 할 수 있는 것을 다해
목적을 이루며 사는 사람들이 들어야 합니다.
모질게 살아가는 이들을 향해 '그렇게 사는 게 행복하냐'라고 묻고,
'지금은 행복하다'라고 하면, 언젠가 진리를 깨닫게 되기를 바라는
기도의 마음 한쪽을 놓고 돌아서면 됩니다.
왜냐하면 지금 모르는 것을 언젠가 알 때가 있기 때문입니다.
그것이 하늘을 통해 얻은 지혜요 그분의 자녀로 알게 된 진리입니다.
지나침으로 급한 인생이 아니라
말씀의 속도에 삶의 속도를 맞춰 살아가는 삶이 평안합니다.
Simple, Slow, Seek, 단순하고 느리지만 진리를 추구하며 살아갑니다.
이것이 하늘 지혜로 살아가는 법입니다.

🕯 오늘의 기도

주님, 지나치지 않도록 절제할 수 있는 용기를, 제 분수를 알고 살아가는 겸손을, 길의 끝을 늘 살피며 바른 길로 가는 지혜로 살고 싶습니다. 주여 도와주소서. 아멘.

174

/

기꺼이 내놓은 다섯 개의 떡과 두 마리의 생선이 모두의 허기를 채우고 모두의 기쁨과 새로운 소망이 되었습니다. 지금은 작고 큼이 중요한 게 아니라, 작은 것이라도 드릴 수 있는 소중한 마음과 그마음을 표현하는 실천이 필요한 때입니다.

오늘의 말씀

풍세를 살펴보는 자는 파종하지 못할 것이요 구름만 바라보는 자는 거두지 못하리라 _전 11:4

🌿 묵상

저는 오늘 해야 할 일을 내일로 미루다가

아무 일도 하지 못한 이들을 여럿 보았습니다.

나누며 살 수 있는 여력이 있는데도

나중에 틀림없이 좋은 일을 하겠다며 다짐했던 분들이

안타깝게도 자기의 다짐대로 할 수 없었던 경우를 여럿 보았습니다.

오늘은 결코 기다려주지 않는 시간입니다.

소중한 것이 있으면 오늘 해야 합니다.

가족 사랑도, 신앙 생활도, 교회 봉사도, 이웃 섬김도,

자신의 삶을 더욱 가치있게 만들어가는 일도,

오늘이 가장 적절한 때입니다.

피자 왕도 커피 왕도 그런 다짐은 했을 것입니다.

다만 지금 돈이 더 좋았을 뿐!

🕯️ 오늘의 기도

주님, 때를 읽는 지혜를 주옵소서.

때를 알고 적실하게 응답하며 나의 삶에서 정교한 실천을 하게 하옵소서. 아멘.

175

/

예
배

거룩한 교회, 다시 세상 속으로

176

∝ **하루를 열며**

부드럽고 상냥한 시선으로 우리를 바라보시는 예수님의 눈길로 가족과 이웃을 바라보며 한 주를 시작합니다. 우리의 눈길을 통해 주님의 사랑과 위로가 전해지기 원합니다.

오늘의 말씀

내 사랑하는 자는 내게 속하였고 나는 그에게 속하였도다 그가 백합화 가운데에서 양 떼를 먹이는구나 _아 2:16

🌿 묵상

'님은 나의 것이요, 나는 님의 것입니다.'
님 계신 백합화 정원에서 양 떼를 먹이는 아름다운 꿈을 꿉니다.
님을 그리는 여인의 사랑 노래 같은 아가서는
하나님과 그의 백성이 나누는 사랑의 노래입니다.
그리스도의 신부가 되는 꿈이 우리의 삶을 정결하게 하듯이,
님을 그리는 한 여인의 마음은 한결같고 절절합니다.
"주님은 포도나무, 나는 그분의 가지, 내가 그분 안에, 그분이 내 안에 있습니다."
하나된 마음으로 하나님을 애타게 기다리는 한 여인의 마음이
우리의 마음이면 좋겠습니다.
주님과 함께 하는 깊은 사귐의 기쁨이 우리 안에 있습니다.

오늘의 기도

주님, 십자가의 사랑은 우리를 향한 온전한 사랑입니다. 그에 비하면 주님을 향한 우리의 마음과 정성은 한없이 작고 부끄러울 따름입니다. 주님을 온전히 사랑하며 살게 하옵소서.
그 사랑 안에서 기쁨을 누리며 살아가는 행복한 주님의 신부가 되게 하옵소서. 아멘.

177

/

∼ 하루를 열며

세상 어떤 유혹에도 바꿀 수 없는 하나님의 그 영원하신 사랑
으로 순결한 신부가 되고 싶습니다. 세상 어떤 것과도 타협하지
않는 주님으로 충분하고, 주님으로 충만한 오늘의 귀한 삶이 되
기를 소망합니다.

오늘의 말씀

솔로몬 너는 천을 얻겠고 열매를 지키는 자도 이백을 얻으려니와 내게
속한 내 포도원은 내 앞에 있구나 _아 8:12

🌿묵상

솔로몬이 가진 포도원이 아무리 크고 아름다워도 나는 나의 포도원이 가장
소중하다는 고백입니다. 비교를 통해서 갖게 된 열등감이나 피해의식이 아닙니다.
'나는 나요', '나는 나의 사랑으로 사랑하며 살아가리라'는 당당한 모습입니다.
하나님은 우리를 이 모습 이대로 사랑하십니다.
하나님의 눈에는 그 누구도 아름답지 않은 이가 없습니다.
그분을 닮은 형상이 우리 안에 있기 때문이겠지요.
우리를 볼 때마다 십자가와 아들이 생각나서겠지요.
우리는 이 모습 이대로 주님 앞에 나아가면 됩니다.
하나님의 자녀 된 그 모습으로…,
돌아온 둘째 아들처럼… 하나님의 온전하신 사랑을 믿고…
차별없이 모든 이를 향해 열려 있는 하나님의 사랑의 힘을 믿으며…
고맙습니다. 주님

🕯오늘의 기도

주님, 사랑의 힘으로 온갖 시련과 풍파를 이기게 해주시니 고맙습니다.
사랑의 품으로 지치고 상한 우리를 안아주시고 위로해주시니 고맙습니다.
사랑의 빛으로 어두운 밤과 같은 인생 여정을 환히 밝혀주시니 고맙습니다. 아멘.

178

/

⟨× 하루를 열며

우리는 부족함이 없는 하나님의 은혜를 입었습니다. 그분의 은혜와 사랑과 보호하심 안에서 우리의 아름다운 열매를 드리는 오늘이 되기를 소망합니다.

오늘의 말씀

너희는 인생을 의지하지 말라 그의 호흡은 코에 있나니 셈할 가치가 어디 있느냐 _사 2:22

🌿 묵상

예언서의 첫번째 책인 이사야에서 전도서 느낌이 나는 말씀을 만납니다.

예언자는 하나님께 맡겨진 사람입니다. 하나님의 뜻을 자신의 뜻으로 삼고

하나님의 마음을 품고 그 시대를 살아간 이가 예언자입니다.

혼미한 중에 받은 알지도 못하는 말씀을 되뇌이는 자가 아니라,

맑은 정신으로 하나님의 말씀을 받은 자가 예언자입니다.

그 말씀으로 세상의 흐름을 역류하고 세상의 힘에 역린하여

하나님의 나라를 올곧게 세워가는 이들입니다.

예언자 이사야, 소란하고 소음 가득한 세상에서

하늘의 소리를 듣고 살아가는 삶이 쉽지 않았습니다.

그러나 보여지는 코끝 숨이 아니라 하나님의 손길로 세워질

하나님의 생명의 역사에 순종합니다.

그래서 예언자 정신은 시대를 살아있게 하는 불꽃 정신이라 하는가 봅니다.

🕯 오늘의 기도

주님, 우리 안에 하늘의 숨결을 불어 넣어주옵소서.

바람같이 바다같이, 우리를 자유로운 하나님의 백성으로 살게 하옵소서. 아멘.

179

/

주님이 부르실 때에 나의 발걸음은 어디로 향하고 있는지요. 나의 눈으로 볼 수 없고 나의 귀로 들을 수 없지만, 나의 마음에 들려주시는 주님의 음성을 향하여 나아갑니다. 오늘도 주를 향해 열린 마음으로 살게 해주십시오.

오늘의 말씀

내가 또 주의 목소리를 들으니 주께서 이르시되 내가 누구를 보내며 누가 우리를 위하여 갈꼬 하시니 그 때에 내가 이르되 내가 여기 있나이다 나를 보내소서 하였더니 _사 6:8

🌿 묵상

웃시야 왕이 죽은 후에 성전 예언자인 이사야는 기댈 언덕을 잃었습니다.
하지만 그때서야 비로소 자신이 기댈 진정한 언덕을 만나게 됩니다.
여호와 하나님입니다!
사람의 힘에 기대어 살던 삶이 바뀌어
하나님께 자신의 삶을 맡기고 살아가는 하나님의 사람으로 살아갈 수 있었습니다.
잃음은 새로운 것을 찾음입니다.
위기는 새로운 삶을 찾는 기회입니다.
비로소 이사야는 해야 할 말을 하게 됩니다.
"주여, 내가 여기 있나이다. 나를 보내소서!"
주님의 부르심을 소중히 여기고
그에 합당한 삶이 위기 속에서 시작되었습니다.

🕯 오늘의 기도

주님, 오늘 저에게 주신 하나님의 은혜와 사랑을 기억하겠습니다.
조용히, 겸손히 주님의 음성을 듣습니다. 나를 향하신 하나님의 부르심에 정직하고
진실되게 응답하고 따르게 하옵소서. "주여 내가 여기 있나이다. 나를 보내소서." 아멘.

180

____/____

∽ 하루를 열며

'하늘에는 영광, 땅에는 평화' 빛으로 오신 영광의 주님을 찬양합니다. 진정한 구원을 이루기 위해 오신 평화의 주님을 찬양합니다. 오늘도 말씀 가운데 살아계시는 하나님과 함께 빛나는 하루 되기를 기도합니다.

오늘의 말씀

남은 자 곧 야곱의 남은 자가 능하신 하나님께로 돌아올 것이라

_사 10:21

🌿 묵상

하나님의 희망은 남은 자에 있습니다.

그들만 있다면 모든 절망스러운 상황에서도

새로운 세상에 대한 구원의 꿈은 다시 시작할 수 있기 때문입니다.

노아 방주의 8명처럼, 엘리야 시대의 무릎 꿇지 않은 칠천 명처럼,

오늘의 남은 자는 마치 얼어붙은 땅 속에 있는 생명의 씨앗입니다.

우리가 그 씨앗이 되면 좋겠습니다.

거룩과 성결로 하나님의 백성 됨을 지키고, 진심과 따뜻한 가슴을 품고,

세상이 얼어 딱딱하게 굳어갈 때, 작은 한 구석이라도 녹여가며

새로운 생명을 열어가는,

뜨거운 하나님의 사람이 되면 좋겠습니다.

이런 마음으로 오늘도 기도하고, 말씀으로 하루를 시작합니다.

🕯 오늘의 기도

주님, 지금은 힘들어도 하나님의 말씀과 함께 선한 삶을 지켜내며,

오늘도 저의 삶의 자리에서 하나님의 나라를 이루며 살아가게 하옵소서. 아멘.

181

🐟 **하루를 열며**

하나님 덕분에 사랑을 알았습니다. 하나님 덕분에 가까운 이와 먼 이를 차별없이 사랑하는 법도 배웠습니다. 하나님 덕분에 제가 조금 더 나은 삶을 살게 되었습니다.

오늘의 말씀

나의 쫓겨난 자들이 너와 함께 있게 하되 너 모압은 멸절하는 자 앞에서 그들에게 피할 곳이 되라 _사 16:4

🌿 묵상

쫓겨난 자들에게 피난처가 되어주는 일,

어려운 이들에게 쉴 곳을 마련해주고 안전한 삶을 제공하는 일,

너무 좋은 일이요 고마운 일이며, 하나님께서 우리에게 원하시는 일입니다.

오늘 말씀에서 모압은 그렇게 살지 못했습니다.

힘든 전쟁으로 인해 이리저리 떠돌이 신세가 된 백성들에게 피난처가 되어주고

그 그늘 아래에서 쉼과 힘을 얻게 하라 하셨는데, 자기만 생각했습니다.

누군가의 고난을 보면서 그들을 불쌍히 여기고

그들에게 피할 그늘이 되어주는 일은

신실하신 하나님의 자녀들이 해야 할 일입니다.

어려운 이를 돕는 데는 인종도 종교도 지역도 중요하지 않습니다.

내 안에 주님을 닮은 선한 마음과 의지, 그것이 가장 중요합니다

오늘의 기도

주님, 하나님이 아름답게 지어주신 세상에서 저만 생각하며 살지 않고 싶습니다.

주님을 생각하고 삶으로 주신 말씀을 기억하면서,

어질고 넉넉하게 담대하고 용기 있게, 하나님의 자녀답게 살게 하옵소서. 아멘.

182

/

평화
—
이스라엘 2011

183

___/___

∾ **하루를 열며**

어둔 밤에 이슬이 조용히 내려앉고 한여름 뙤약볕 곁에 나무 그
늘 하나 있어 무더위를 식혀 주듯이 하나님은 늘 우리 곁에 계
시는 분입니다. 안 계신 것같이 계시는 그분의 은혜에 감사하는
오늘입니다.

오늘의 말씀

여호와께서 내게 이르시되 내가 나의 처소에서 조용히 감찰함이 쬐이는
일광 같고 가을 더위에 운무 같도다 _사 18:4

🌿 묵상

하나님의 말씀입니다.

하나님께서 그분의 자리에서 우리의 삶을 지켜보고 계십니다.

따뜻한 햇살과 같이 고요히…

가을 추수 때의 이슬처럼 조용히…

있는 듯 없는 듯, 주님은 때에 따라 우리의 삶에 오셔서 가지도 쳐주시고

새로 난 연한 가지를 솎아주시며, 우리라는 나무를 돌보아주셨습니다.

들녘 논밭을 돌보는 농부처럼…

어린 양떼를 돌보는 목자처럼…,

하나님은 늘 우리 곁에 계셨습니다. 조용히 고요히…

그래서 우리는 안심하고 살아갈 수 있습니다.

고맙습니다. 주님.

그 마음 지니고 참되게 살겠습니다.

🕯 오늘의 기도

주님, 우리 곁에 계신 주님을 느낍니다. 숨어 계시는 듯 우리를 보살펴주시는
하나님의 눈길과 손길을 느끼며 감사를 드립니다. 고맙습니다. 아멘.

184
/

🐟 **하루를 열며**

주님, 오늘도 눈물과 무릎으로 주님 앞에 나아갑니다. 영혼 구원을 위해 애타게 부르짖던 주님의 뜨거운 가슴으로 주님 앞에 나아갑니다. 오늘도 말씀 가운데 살아계시는 하나님께서 여러분의 삶에 함께하시길 기도합니다.

오늘의 말씀

주께서 이같이 내게 이르시되 품꾼의 정한 기한같이 일 년 내에 게달의 영광이 다 쇠멸하리니 게달 자손 중 활 가진 용사의 남은 수가 적으리라

_사 21:16-17앞

🌿묵상

'품꾼의 정한 기한같이.'

모든 것에는 다 정해진 기한이 있습니다. 어려움도 지나가고, 고통도 지나가고, 뜨거운 바람 같은 힘겨운 시간도 다 지나갑니다.

백성들을 괴롭히는 사막의 불한당인

"게달의 오만과 잔인함도 곧 끝장날 것이다"라고 하나님이 말씀하십니다.

그러니 기다리면 됩니다. 참고 기다리면 하나님이 정하신 때가 올 것입니다.

주님의 약속을 믿고 견디면 하나님의 백성들이 환호할 그날이 분명 올 것입니다.

끝이 있음을 믿을 때, 우리는 소중한 것을 지켜낼 수 있습니다.

"선한 일을 하다가 낙심하지 맙시다"(갈 6:9).

오늘의 기도

주님, 견고한 믿음으로 이기게 하옵소서. 아멘.

주님의 약속을 믿고 견디어 내어, 주님의 날에 기쁨의 노래 부르게 하옵소서. 아멘.

185

하루를 열며

지쳐가는 일상에 하나님이 예비하신 은혜를 기대합니다. 연약한 이스라엘에 응답하시는 하나님의 참되심을 찬양하며, 하나님과의 관계가 좀 더 가까워지길 소망합니다. 오늘을 시작하는 저희의 마음입니다.

오늘의 말씀

주의 죽은 자들은 살아나고 그들의 시체들은 일어나리이다 티끌에 누운 자들아 너희는 깨어 노래하라 주의 이슬은 빛난 이슬이니 땅이 죽은 자들을 내놓으리로다 _사 26:19

묵상

하나님의 때가 이르면 일어날 일들입니다.

죽음은 절망이지만 생명은 소망입니다.

티끌은 허무함이지만 빛난 이슬은 희망입니다.

새벽의 빛나는 이슬처럼, 티끌에 누운 죽은 자들을 다시 영롱하게 하시겠다는

하나님의 언약입니다. 소망의 날에 대한 약속입니다.

'주 안에서 죽은 자는 복되다'는

'신앙을 가지고 죽은 자는 복되도다'라는 정도로만 알았는데

그것이 아니었습니다.

'주님의 뜻을 품고 진리의 길을 걸어간 이들을 새벽이슬처럼 빛나게 할 것이다.'

주님의 뜻을 따라 살아가는 이를 향한 축복의 약속이었습니다.

그 길을 걷겠습니다.

주님 나라 향하여 진리의 길을 힘차게 걷겠습니다.

오늘의 기도

주님, 새벽의 빛나는 이슬처럼 다시 영롱하게 하시겠다는 주님의 약속을 굳건히 믿고 살겠습니다.
하나님을 신뢰하고 그분의 뜻을 따르는, 복이 되는 삶을 살게 하옵소서. 아멘.

186

◁ 하루를 열며

하나님을 기다리고 기다립니다. 주님과의 첫 만남을 기억하며
하나님과 함께하는 아름다운 동행을 하겠습니다. 하나님 안에
서 새 날이 올 때까지 끝까지 이 믿음 흔들리지 않기를 기도하
고 기도하며 하루를 시작합니다.

오늘의 말씀

너희가 오른쪽으로 치우치든지 왼쪽으로 치우치든지 네 뒤에서 말소리
가 네 귀에 들려 이르기를 이것이 바른 길이니 너희는 이리로 가라 할 것
이며 _사 30:21

🌿묵상

모세가 죽고 깊은 절망과 낙심 가운데 있던 여호수아에게 주신 말씀이 생각납니다.
그의 상심하고 두려운 마음을 아는 하나님께서 여호수아에게 말씀해주셨습니다.
"강하고 담대하라 두려워하지 말며 놀라지 말라 네가 어디로 가든지
네 하나님 여호와가 너와 함께 하느니라"(수 1:9).
불안하고 막막한 마음에 얼마나 힘이 되었을까요. 모세 뒤만 따르던 여호수아에게
하나님이 함께하신다는 말씀처럼 든든하고 힘이 되는 말씀이 없었을 것입니다. 그
힘으로 광야를 넘어, 약속의 새로운 땅으로 이스라엘 백성을 이끌 수 있었습니다.
이사야 선지자에게 말씀을 주셨습니다. "내가 친히 스승이 되어서 네 뒤에 일러줄
것이다. 어디로 가야 하는지." 우로도 좌로도 치우치지 않도록 길잡이가 되어, 바른
길로 걷게 해주시겠다는 말씀입니다.
오늘 우리에게는 주님 주신 말씀이 길잡이입니다. 늘 말씀해주실 것입니다.
"이 길이 바른 길이니 이리로 가라. 좁은 길이지만 기쁨을 가지고 담대히 가라."
주님의 말씀을 길동무 삼아 올곧게 걷겠습니다.

🕯️ 오늘의 기도

주님, 좌로나 우로나 치우치지 않고, 참 진리의 길을 걸어가도록 지켜주시길 기도합니다.
주님과 함께 가는 길에서 만나게 되는 어려움도 이기게 하시고, 유혹도 물리쳐
주님을 향한 마음을 지키고 온전히 따르게 하옵소서. 아멘.

187

하루를 열며

하나님께서는 우리에게 때에 맞게 부를 수 있는 노래를 주십니다. 슬픔 속에 위로의 노래를, 절망 속에 희망의 노래를, 불안 가운데 평강의 노래를 주셨습니다. 하나님이 함께 계시기에 부를 수 있는 노래입니다. 노래하며 하루를 시작합니다.

오늘의 말씀

오직 공의롭게 행하는 자, 정직히 말하는 자, 토색한 재물을 가증히 여기는 자, 손을 흔들어 뇌물을 받지 아니하는 자, … 그(녀)는 높은 곳에 거하리니 견고한 바위가 그의 요새가 되며 그의 양식은 공급되고 그의 물은 끊어지지 아니하리라 _사 33:15-16

묵상

흔들리는 세상에서 흔들리지 않는 인생을 살고,
그 인생이 가치 있어 후회도 부끄러움도 없이 감사와 기쁨의 삶이 되길 원합니다.
그와 같은 거룩한 삶에 대해 보여주십니다.
매우 구체적이고 자상하게 우리가 살아갈 길을 보여주셨습니다.
의롭게 사는 사람이 되십시오. 정직하게 말하는 사람이 되십시오.
힘으로 가난한 사람을 못살게 굴지 마십시오. 뇌물은 받지 말아야 합니다.
옳지 않은 일에는 귀를 막아 버리십시오.
악을 꾀하는 일에는 눈을 감아 버리십시오. 이런 사람들이 안전합니다.
돌로 쌓은 산성에 사는 것 같은 편안한 삶을 살 것입니다.
먹을거리가 끊어지지 않고 마실 물도 넘쳐날 것입니다.
하나님이 기뻐하시는 삶을 살아간 이들에게 주시는 '선물'입니다.

오늘의 기도

주님, 광야 같은 인생에 물이 솟게 하시고, 무기력한 내 삶에 봄꽃도 피어나고 열매도 맺게 해 주십시오.
하나님의 뜻을 따라 온 힘 다해 공의롭게 살아가게 하옵소서. 아멘.

188

/

ⓧ 하루를 열며

영혼의 밤에 아침을 생각합니다. 작은 불빛만 있어도 소망을 품을 수 있겠지요. '영혼의 아침 맞이'는 빛을 밝혀 길을 보여주시는 주님의 선물입니다.

오늘의 말씀

주여 사람이 사는 것이 이에 있고 내 심령의 생명도 온전히 거기에 있사오니 원하건대 나를 치료하시며 나를 살려 주옵소서 _사 38:16

⚘ 묵상

히스기야 왕이 하나님을 향해 드린 기도입니다.

간절함으로 치유해주시길 원하며, 마음 다해 전심으로 기도 드립니다.

그리고 하나님의 구원을 기다립니다.

아무리 힘들고 어려워도 하나님의 은혜를 믿고 기다립니다.

사막에 길을 내시고, 추위와 더위를 막아 주시며,

우리의 생각 너머에서 우리를 위해 크신 사랑을 베푸시는 분임을 믿기에

기도 드릴 수 있습니다. 이 기도가 우리의 기도입니다.

목사로서 교우들의 삶의 자리를 살피며

절실하게 드릴 수밖에 없는 간절한 기도입니다.

사랑하는 가족을 위한 기도요, 어려움을 당한 이웃을 위한 기도요.

아파하는 하나님의 피조 세계를 위해 드리는 간절한 기도입니다.

주여, 이 기도를 들어 주옵소서. 키리에 엘레이손(Kyrie Eleison).

🕯 오늘의 기도

주님, 영혼의 밤을 헤매는 모든 이들에게 빛이 되어 주셔서 감사합니다.

너무 힘들어 제게 있는 힘으로 감당하기 어려울 때, 제 손을 잡아주시고 용기를 북돋아주셔서

하나님의 사랑으로 일어나게 하옵소서. 아멘.

189

/

여정

중국 2007

190

이 아침 독수리 날개 치듯 올라가길 원합니다. 주님의 도움으로 새롭게 날아가길 원합니다. 약속을 지키시는 하나님, 모든 때를 아시고 인도하시는 하나님께 이 믿음, 이 시간을 드립니다. 오늘도 그분과 함께 힘차게 시작하시기를…

오늘의 말씀

오직 여호와를 앙망하는 자는 새 힘을 얻으리니 독수리가 날개치며 올라감 같을 것이요 달음박질 하여도 곤비하지 아니하겠고 걸어가도 피곤하지 아니하리로다 _사 40:31

🌿 묵상

메뚜기와 같아 보이는 우리를 독수리라 말씀하시는 주님!

시들어가는 풀잎과 같은 우리를 통해 아름답고 거룩한 일을 이루시겠다는 주님!

그분의 말만 듣고 있어도 좋고 가슴이 벅찬데, 그분의 손에 이끌려

그 가슴 벅찬 일을 이루어가고 있다면 얼마나 좋을까요.

오늘 말씀을 가슴에 지니고 살면 우리의 삶이 기운차게 될 것입니다.

제 힘이 아닌 하늘로 날게 하시는 주님의 능력으로

나의 영광이 아닌 하늘 영광을 드러내는 빛으로 살도록 도울 것입니다.

달음박질해야 하는 버거운 삶에서, 다람쥐 쳇바퀴 돌듯 사는 단조로운 삶에서,

지치지 않고 피곤하지 않도록

여호와 하나님이 힘이 되어 주실 것입니다.

주님, 감사합니다. 아멘.

🕯️ 오늘의 기도

주님, 어둠 속에 빛을 주셔서, 깊은 골짜기에서도 길을 잃지 않게 해주셨습니다.

언제 어떤 상황에서라도 주님의 손 놓지 않게 하시고, 푸른 하늘처럼 펼쳐가시는 하나님 나라에서 함께 푸르게 하옵소서. 아멘.

236

191

/

늘 우리와 함께하시고 눈동자처럼 지켜주시는 하나님, 구원이라는 큰 선물을 주신 하나님을 찬양합니다. 가는 곳마다 함께하시고 험한 강에 징검다리가 되어주시는 하나님, 이 사랑을 전파하는 우리가 되기를 원합니다.

오늘의 말씀

내가 너를 지명하여 불렀나니 너는 내 것이라 _사 43:1뒤

🌿 묵상

너는 내 것이라, 너는 내 것이라, 너는 내 것이라.

아마도 수십 번도 더 읽고 마음에 새기고 다졌던 말씀입니다.

모든 것이 다 끊어지고 막혀버린 절박함 속에서 하나님께 기대며

가슴으로 읽었던 구절입니다.

이렇게 힘이 되는 귀한 말씀으로 하루를 시작하니 너무나 좋습니다.

우리는 다 연약하여 의지할 곳이 필요합니다.

상한 갈대와 같고 꺼져가는 등불과 같을 때,

저를 포함한 모든 인생들에게 들려주셨던 말씀입니다.

너는 내 것이라! 그 말씀이 내 안에 생명의 기운 되어

하나님의 숨결로 다시 일어날 수 있게 합니다.

나를 지으셨고, 나를 구속하여 부르셨으니, 나는 주님의 것입니다.

그분께 속한 사람으로 힘껏 살아가겠습니다.

🕯 오늘의 기도

주님, 모든 것이 주님의 은혜입니다. 연약할 때, 부족할 때, 부끄럽고 숨고 싶을 때 우리 곁에 계셨습니다. 나만 생각할 때, 불평과 원망에 빠져 있을 때, 위태롭고 불안한 삶을 살아갈 때도 주님은 우리 곁에 계시며 늘 말씀해주시고 사랑해주셨습니다. 주님 감사합니다. 잊지 않고 살겠습니다. 아멘.

192

∝ 하루를 열며

세상의 처음이요 마지막인 하나님을 가까이 하기를 원합니다. 세상을 넉넉히 이기는 지혜를 얻기를 원합니다. 가르쳐 주옵소서. 주님의 발 앞에 머물겠습니다.

오늘의 말씀

너희가 노년에 이르기까지 내가 그리하겠고 백발이 되기까지 내가 너희를 품을 것이라 내가 지었은즉 내가 업을 것이요 내가 품고 구하여 내리라 _사 46:4

🌿 묵상

육십 먹은 아들을 걱정하는 팔십 먹은 어머니의 마음과 같습니다.

평생 등에 업고 다닌 자식을 향해서 '이 정도면 내가 너를 얼마나 아끼고 사랑하는지 알 수 있지 않냐'며 항변하시는 어미의 절절함이 느껴집니다. 무언가를 바라고, 내가 널 그렇게 사랑했으니, 이제는 나를 알아주라는 독촉이 아닙니다.

자기 혼자 큰 줄 알고, 그 오만함에 뻔한 길로 가려 하는 자식을 향해 '이렇게 사랑한 나를 버리고 그 어디로 가려 하는가' 호소하는 안타까운 사랑입니다.

자꾸 얄팍한 사랑에 빠져 휘둘리고, 속 보이는 유혹에 흔들리는 백성을 향한 진정한 사랑의 확증입니다. 그럼에도 어머니의 결론은 사랑입니다.

"네가 어찌하든 이 엄마는 너를 사랑한다.

언제고 돌아오기를 바라고 기다릴 것이다."

이런 분을 우리가 어찌 떠나겠습니까?

주님, 떠나지 않겠습니다.

🕯 오늘의 기도

주님이 아니었으면 우리가 여기에 이러한 모습으로 있음을 상상할 수 없습니다. 우리는 처음부터 하나님의 것이었고, 보이지 않는 주님의 손길로 여기까지 올 수 있었습니다. 모든 삶과 죽음, 죽음을 넘는 삶까지도 주님께 맡기고 주님 곁에 있겠습니다. 주님 안에서 찾은 길과 생명을 결코 놓치지 않겠습니다. 아멘.

193
/

✎ **하루를 열며**

숨 가쁘게 살아온 지난 시간을 돌아봅니다. 열심히 살았고 헛된 시간을 보낸 것 같지 않은데, 가끔가끔 인생의 허전함을 느낍니다. 어찌 살아야 빈탕 인생이 아니라 아름다운 꽃밭과 같이 인생이 아름다울 수 있을까요.

오늘의 말씀

내가 너를 내 손바닥에 새겼고 너의 성벽이 항상 내 앞에 있나니…

_사 49:16

🌿 묵상

오늘도 주님의 사랑을 느낄 수 있는 말씀을 만납니다.
삶이 힘들고 어려우면 우리의 마음은 작아질 수밖에 없습니다.
쪼그라들어버린 그 마음에 하나님의 사랑의 음성이나
위로와 격려가 들어갈 자리도 없으니 위축된 삶은 절망할 수밖에 없습니다.
청년들이 동반자살을 했다는 뉴스를 보았습니다. 다른 일도 아니고 죽는 일에 하나가 되었을까 생각하니 마음이 아팠습니다. 자신의 신세가 막막하고 처량하고,
더 이상 미래가 보이지 않았답니다. 저의 마음이 다 미안했습니다.
앗수르와 바벨론, 강력한 제국의 힘에 눌린 이스라엘 백성이 그러했습니다.
쪼그라지고 위축되고, 미래가 암담했습니다. 그 좌절과 절망의 자리에
하나님의 음성이 들립니다. "내가 너를 내 손바닥에 새겼다."
그들에게 들려진 하나님의 음성은 잡고 일어날 희망의 끈이요
살림의 디딤돌이 되었습니다. 주님, 감사합니다.

🕯 오늘의 기도

주님, 불투명한 미래에 걱정하고, 계속된 실패에 좌절하고, 견뎌내고 이겨낼 만한 여력조차 남지 않은 위축된 자신의 모습에 절망하는 이들의 마음에 힘이 되어 주시길 기도합니다. 아무리 힘들어도 부모의 사랑과 기도를 잊지 않게 하시고, 생명 주신 하나님의 사랑으로 힘을 얻게 하여 주옵소서. 아멘.

194

∽ 하루를 열며

한여름의 더위와 습도는 가까운 사람의 체온마저 서로를 힘들
게 할 수도 있습니다. 그러나 문득 서늘한 바람 한줄기 불어오
면 서로의 체온에 기대어 추위를 이기는 날이 올 것을 우리는
알고 있습니다. 철에 따라 주시는 하나님의 사랑이 있습니다.

오늘의 말씀

이는 내 생각이 너희의 생각과 다르며 내 길은 너희의 길과 다름이니라
여호와의 말씀이니라 _사 55:8

🌿 묵상

오늘 말씀을 읽고 또 읽습니다.

하나님께서 이스라엘 백성을 곁으로 부르셨습니다.

내 곁으로 가까이 오라 하시고, 분명하게 말씀해 주셨습니다.

"내 말을 잘 들어야 한다. 그래야 내 뜻을 바로 알고 온전히 살 수 있다.

잘 듣지 않으면 내 생각을 알 수 없고,

내가 바라는 삶도 온전히 살 수 없기 때문이다."

하나님의 생각은 지레짐작으로 알 수 있는 것이 아닙니다.

하나님의 길도 '이 길이 맞을 거야' 하는 섣부른 단정으로 갈 수 있는 길이 아닙니다.

악한 사람이나 불의한 사람은 모두 그분의 길을 떠나,

자기의 길을 간 사람이라 강조하며

'내 곁으로 다가와 내 말을 들어야 한다'고 주님이 말씀해주셨습니다.

주님의 말씀을 깊이 새겨 들어야 제대로 된 뜻을 알고 올바른 길을 갈 수 있습니다.

🕯️ 오늘의 기도

주님, 그 말씀 안에서 주님과 제가 하나 되고, 저의 삶에서 하나님 나라의 그 열매가 맺기를 소망합니다.
내 생각이 아닌, 내 뜻이 아닌, 하나님이 뜻하시는 길을 걷겠습니다. 아멘

195

/

∽ **하루를 열며**

주님께서 주신 자기 절제의 귀한 성품은 우리의 욕망과 욕구를 함부로 사용하지 않는 것입니다. 절제는 함께 살아가는 세상에서 그리스도인에 대한 호감을 갖게 하고 품격을 높이는 신앙의 선한 표현이 됩니다.

오늘의 말씀

내가 기뻐하는 금식은 흉악의 결박을 풀어 주며 멍에의 줄을 끌러 주며 압제 당하는 자를 자유하게 하며 모든 멍에를 꺾는 것이 아니겠느냐 _사 58:6

🌿 묵상

내가 찾는 금식은 이런 것이다. 불의의 사슬을 끊어주고

일터에서 착취를 없애며 압제 받는 자를 풀어주고 빚을 청산해주는 것이다.

또 내가 너에게서 보고 싶은 모습은 이런 것이다.

굶주린 자들과 음식을 나누고 집 없고 가난한 자들을 집에 초대하며

헐벗어 추위에 떠는 자들에게 옷을 주고

혈육을 외면하지 않고 도와주는 모습이다.

이런 일을 행하여라. 그러면 빛이 쏟아져 들어와

너의 삶이 순식간에 달라질 것이다. 너의 의가 네 앞서 길을 닦을 것이요

영광의 하나님이 너의 길을 지켜 주실 것이다.

네가 기도할 때 하나님이 응답하실 것이다.

네가 도와 달라고 부르짖으면 … 하나님은 '내가 여기 있다' 하고 대답할 것이다.

아멘! 아멘! 아멘!

🕯 오늘의 기도

주님, 우리는 하나님의 백성입니다. 위험이 닥칠 때 주님을 향한 마음을 지키도록 용기를 주옵소서. 나의 믿음이 습관이 되지 않게 하시고 늘 살아 싱싱한 푸른나무처럼 자라게 하옵소서. 가난과 시련과 질병과 고난이 있는 곳에 주님의 마음을 담고, 위로로 다가가게 해주시고 사랑을 나누게 하옵소서. 아멘.

196

/

인생

197

<x 하루를 열며

오늘 성서는 가난한 자, 마음이 상한 자, 포로 된 자, 갇힌 자, 슬픈 자에게 구원의 아름다운 소식을 전합니다. 아름다운 소식이면, 아무리 희망이 없어 보여도 우리는 서로의 가능성을 믿고 하나님 안에서 다시 시작할 수 있는 사람들입니다.

오늘의 말씀

주 여호와의 영이 내게 내리셨으니 이는 여호와께서 내게 기름을 부으사 가난한 자에게 아름다운 소식을 전하게 하려 하심이라 나를 보내사 마음이 상한 자를 고치며 포로된 자에게 자유를, 갇힌 자에게 놓임을 선포하며 _사 61:1

묵상

이사야 선지자에게 주신 말씀입니다.
이 말씀을 가버나움 회당에서 예수님이 낭독하셨습니다.
공적 삶을 시작하는 새로운 삶의 출사표였습니다.
주님은 그 말씀대로 사셨습니다.
'가난한 자에게 아름다운 소식을 전하셨고, 마음 상한 자를 치유해주셨고,
포로 되고 갇힌 자에게 자유함을 선포'하셨습니다.
그리고 여호와의 영의 인도하심에 따라 거친 십자가까지 오르셨습니다.
오늘 말씀은 저에게 특별합니다. 결혼식 축가의 노랫말이 이사야서 61장,
오늘 말씀이었습니다. 그후 이 말씀과 노래를 참 좋아하게 되었습니다.
그런데 저는 아직 이 '말씀만' 좋아합니다. 그렇게 살지 못해 늘 죄송할 뿐입니다.
그래서 기도합니다. 주의 영이 제 안에 가득하게 하옵소서.

오늘의 기도

주님, 여호와 하나님의 영으로 힘을 내서
신실한 그리스도인으로 살게 하소서. 아멘.

198

∽ 하루를 열며

우리가 기도할 때 우리는 하나님의 시간과 맞닿는 경험을 합니다. 내 안에, 내 곁에서 일상을 함께 하는 사람 안에 이미 계시는 하나님을 봅니다. 그분, 하나님께서 존재하는 모습입니다.

오늘의 말씀

그러나 여호와여, 이제 주는 우리 아버지시니이다 우리는 진흙이요 주는 토기장이시니 우리는 다 주의 손으로 지으신 것이니이다 _사 64:8

🌿 묵상

이스라엘은 하나님의 백성이었지만 서슴없이 죄를 지었습니다.
부끄러움도 어떤 주저함도 없이
하나님의 가슴을 아프게 해드렸고 실망시켰습니다.
그로 인해 더 이상 희망이 보이지 않는 절망의 늪에 빠졌습니다.
아무리 죄를 짓고 못할 짓을 했어도
그들에게 기댈 곳은 오직 아버지밖에 없었습니다.
그래서 면목없지만… 아버지의 이름을 부르며 살려달라 애원합니다.
아무리 죽을 죄를 지었지만, 당신은 우리의 아버지이십니다.
우리는 당신의 손으로 만드신 질그릇이니, 우리가 부를 이름은 아버지뿐입니다.
뭉개진 진흙이 하나님의 자비로운 손길을 구하며 다시 지어지기를 간구합니다.
오직 주만이 나의 산성, 나의 반석이시기 때문입니다.

🕯 오늘의 기도

주님, 아버지가 계시니 희망이 있습니다.
아버지 계시니 돌아갈 곳이 있습니다. 못나고 자격 없는 자식이지만
아버지의 사랑을 믿고 돌아가겠습니다. 다시 한 번 자식 노릇 할 수 있는 기회를 주옵소서. 아멘.

199

/

우리는 일정한 물리법칙의 세계에 속해 있습니다. 그러나 시간과 공간을 초월한 영원 속에 운행하시는 하나님을 상상할 수 있는 능력이 있습니다. 그 창조적 상상력으로 오늘을 살아갑니다. 천국의 백성답게…

오늘의 말씀

여호와께서 그의 손을 내밀어 내 입에 대시며 여호와께서 내게 이르시되 보라 내가 내 말을 네 입에 두었노라 _렘 1:9

🌿 묵상

예레미야의 입술은 이제 주님의 말씀만 전해야 합니다. 자신의 생각과 하고 싶은 말이 아니라 주님의 생각과 주님이 하고 싶은 말만 전해야 합니다. 하나님께서 그의 주인이 되셨기 때문입니다.

예레미야는 절망 속에 있는 백성에게 희망을 전하고, 힘들어 하는 백성들을 위로하고 싶었습니다. 그런데 하나님은 정반대의 메시지를 전하라 하십니다.

더 절망해야 하고, 더 철저히 무너질 것이요, 나라를 잃고 떠돌아 다니게 되리라는 비참한 미래를 전해야 합니다. 그러기에 예레미야는 슬펐고 괴로웠습니다. 백성의 지탄과 분노와 외면을 감내하면서 하나님의 말씀을 전할 수밖에 없기 때문입니다. 그래도 어쩔 수 없습니다. 하나님의 사람에게는 그저 순종뿐입니다.

선지자 예레미야가 안쓰럽지만,

그것이 하나님이 일하시는 또 하나의 방법입니다.

🕯 오늘의 기도

주님, 주님의 말씀에 순종하는 삶이 결코 쉽지 않지만, 감당할 수 있는 믿음과 용기를 주옵소서.
이해하기 힘들고 받아들이기 어려워도 우리의 뜻이 아니라 하나님 원하시는 뜻을 따르게 하옵소서. 아멘.

200

/

"들깻잎에 초승달을 싸서 어머님께 드린다 어머니는 맛있다고 자꾸 잡수신다 내일 밤엔 상추잎에 별을 싸서 드려야지." 정호승 시인의 시 '여름밤'입니다. 오늘 저녁 밥상, 가족과 함께 들깻잎 초승달쌈, 상추잎 별쌈과 함께 함은 어떠신지요?

오늘의 말씀

유다인과 예루살렘 주민들아 너희는 스스로 할례를 행하여 너희 마음 가죽을 베고 나 여호와께 속하라 _렘 4:4앞

🌿 묵상

"너희 마음 가죽을 베라!" 몸에 가지고 있는 표식이 아니라

진심과 진정으로 주님의 백성다운 삶을 지키며 살라는 말씀입니다.

거죽이 아니라 마음입니다. 겉사람이 아니라 속사람입니다.

Inside out!

우리의 내면이 밖으로 드러났을 때 보여질 모습입니다.

겉에 있는 표식이 아니라

우리의 마음과 삶의 중심이 하나님께 속한 자임을 알게 합니다.

주일 신자가 아니라,

이 세상에서 하나님의 자녀로 살아가는 삶에 대한 촉구입니다.

힘을 다해 마음의 가죽을 베어내겠습니다.

그래서 주님께 속한 주님의 사람으로 살겠습니다.

🕯️ 오늘의 기도

주님, 마음이 소중하니 우리를 택하신 하나님의 뜻을 마음에 새기겠습니다.

겉 모습이 아닌 주님의 사람에 걸맞는 모습으로 살아가겠습니다. 도우소서. 아멘.

201

___/___

〜 **하루를 열며**

자신만의 기쁨을 자랑으로 나누며 주위에 상처를 주는 세상에서, 여호와께서는 복음으로 말씀하십니다. "나의 자랑이 모두의 기쁨이 되게 하라." 또 하루를 시작하는 아침에 여러분의 평안을 구합니다.

오늘의 말씀

어찌하면 내 머리는 물이 되고 내 눈은 눈물의 근원이 될꼬, 죽임을 당한 딸 내 백성을 위하여 주야로 울리로다 _렘 9:1

🌿 묵상

눈물의 선지자 예레미야,

그 별명답게 늘 슬프고 늘 가슴 아프게 웁니다.

무너질 나라의 끝에서 들려오는 백성들의 울음소리를 미리 들으며 슬퍼합니다.

아무리 애써도 바뀌지 않을 미래 앞에 목놓아 울며 가슴 아파 합니다.

기쁨은 사라졌고, 슬픔은 나을 길이 없고, 선지자의 가슴은 멍들었습니다.

저 이국 땅에서 들려오는 가련한 백성들의 소리가 귀에서 떠나지 않고

울부짖는 어린 딸들의 소리에 눈물 마를 날이 없습니다.

예수님도 예루살렘 성 앞에서 그렇게 흐느껴 우셨습니다.

속이 텅 비다 못해 욕망으로 가득한 예루살렘 성전을 보며 통곡하셨습니다.

하나님의 마음도 아프고, 예레미야의 마음도 아프고,

예수님도 마음 아파하고,

말씀을 읽는 저희의 마음도 아픕니다. 주여…

오늘의 기도

주님, 하나님의 마음을 아프게 하지 않는 삶이 되고 싶습니다. 우리를 보시는 그분의 눈에 안타까운 눈물이 아닌 기쁨과 감격의 눈물이 있기를 원합니다. 헛된 것을 자랑하지 않고, 힘들고 어려운 가운데서도 신앙을 잘 지켜 신실한 주님의 자녀가 되게 하옵소서. 아멘.

202

∽ 하루를 열며

힘들어만 가는 세상살이, 어디를 둘러보아도 기댈 곳 없어 보이고 작고 초라해질 때, 하나님을 생각합니다. 그분에게 우리는 모두 사랑받는 자녀들입니다. 위축되지 말고 주눅들지 말고, 하나님의 자녀다운 모습으로 담대히 살아가십시오.

오늘의 말씀

내가 내 집을 버리며 내 소유를 내던져 내 마음으로 사랑하는 것을 그 원수의 손에 넘겼나니 _렘 12:7

묵상

하나님의 마음입니다. 침통한 마음이 느껴집니다.

이 말씀을 읽으니

아버지 하나님이 아들을 이 세상에 보내실 때의 심정이 헤아려집니다.

내 집을 버리고, 내 소유를 내던지고,

내 마음으로 사랑하는 것을 원수의 손에 넘길 때… 그 마음이.

"아버지여, 할 수만 있으시거든 이 잔을 내게서 피하게 하옵소서."

밤이 새도록 몸부림치며 절규하듯 기도하는 아들의 기도에 차마 답할 수 없어

숨 죽이고 듣고만 계셨던 아버지의 마음입니다.

하나님은 그렇게 우리를 구원해주셨습니다.

죽을 수밖에 없는 저희를 살려주셨습니다

오늘의 기도

주님, 저희에게 베푸신 하나님의 은혜와 사랑을 기억하겠습니다.

잊지 않겠습니다. 하나님께서 우리를 어떻게 사랑하셨고 어떻게 구원 하셨는지… 아멘.

203

/

흔적

204
/

∝ **하루를 열며**

"저녁 때 돌아갈 집이 있다는 것, 힘들 때 마음속으로 생각할 사람이 있다는 것, 외로울 때 혼자서 부를 노래가 있다는 것." 나태주 시인은 '행복'이라고 이야기합니다. 주님이 함께 계셔서 행복한 날입니다. 여러분의 삶이 평안하기를 빕니다.

오늘의 말씀

나의 고통이 계속하며 상처가 중하여 낫지 아니함은 어찌 됨이니이까 주께서는 내게 대하여 물이 말라서 속이는 시내 같으시리이까 _렘 15:18

🌿 묵상

하나님의 말씀을 맡은 예언자로 살아가는 예레미야의 삶이 많이 힘들었던 것 같습니다. 너무 힘드니 그에게 주어진 소명의 확신까지 흔들리고, 하나님을 향해 하지 말아야 할 말까지 하고 있습니다. 메시지성경에서 보다 실감나게 표현합니다.
"하나님, 주님은 그저 신기루입니다. 멀리서 보면 아름다운 오아시스지만 실제로는 아무것도 아닙니다." 하나님의 사람이 한 말이라 생각하니 참 충격적입니다.
하나님의 말씀의 사람으로 살아가야 하는 예레미야의 고충과 어려움을
하나님께서는 이해해주시며 말씀해주십니다.
"그래도 그런 말하면 못쓴다. 아무리 힘들고 어려워도 그렇게 말하면 그 천박한 푸념과 원망스러운 말투에 너만 힘들어질 뿐이다. 그러니 다시 한 번 힘을 내고 굳건히 서서 나 여호와 하나님의 말을 전하라. 그러면 강철 벽처럼 견고하게 서서 담대한 선포자가 되게 할 것이요, 그 어떤 공격에도 흠집 하나 나지 않도록 너를 지켜줄 것이다"(렘 15:19-21). 오늘 주신 하나님의 말씀에 힘이 납니다. 견고한 놋 성벽처럼 우뚝 서서 하나님 나라의 백성으로 살아가겠습니다.

🕯 오늘의 기도

주님, 예수를 믿는 신앙인으로 살아가는 일도 쉽지 않고 꼭 이렇게 살아야 하나 하는 회의가 들기도 하지만, 오늘 말씀으로 힘을 내서 하나님 말씀의 담지자로서 살아가겠습니다. 아멘.

205

/

∝ 하루를 열며

희망을 꿈꾸는 자는 끝없는 절망을 겪어본 자입니다. 박차고 오르는 자는 깊이 빠져본 자입니다. 힘든 모든 여정이 내게 복이 됨을 기쁘게 고백하는 소중한 하루 되시길 바랍니다.

오늘의 말씀

그러하온즉 그들의 자녀를 기근에 내어 주시며 그들을 칼의 세력에 넘기시며 그들의 아내들은 자녀를 잃고 과부가 되며 그 장정은 죽음을 당하며 그 청년은 전장에서 칼을 맞게 하시며… _렘 18:21

🌿 묵상

예레미야가 드리는 저주의 기도입니다. 우리가 겪은 그 고통을 저들도 똑같이 겪게 해주시라 하나님께 탄원합니다. 어떻게 이리도 끔찍한 저주를 할 수 있을까요.
예레미야 선지자의 가슴에 일고 있는 정제되지 않은 거친 분노가
격정적으로 하나님을 향해 드려지고 있습니다.
하나님의 사람으로서, 어떻게 이런 부탁을 하나님께 드릴 수 있을까,
이해되지 않습니다. 그러나 여기에는 두 마음이 있습니다.
"하나님, 우리의 심정을 아시지 않습니까?" 탄원하면서,
이 억울한 심정과 원통한 상황을 하나님께 맡기는 호소입니다.
또 하나는 자신의 손으로 보복하지 않고 하나님께 맡기며, 이 모든 불의와 잘못된 일들을 바로 잡아주시라는 절절한 부탁입니다. 불의한 희생과 억울한 고통, 원통한 마음을 아버지 하나님은 들어 주셨습니다. 그에 대한 심판은 하나님께 달렸습니다. 모든 것을 주께 맡긴 우리는 가야할 길을 홀가분하게 갈 수 있습니다.

🕯 오늘의 기도

주님, 불완전한 세상에서 겪게 되는 참 많은 어려운 일들을 하나님께 고하며 기도합니다.
우리의 마음을 돌아보아주시고 어루만져주시고 보살펴주셔서,
하나님의 사랑으로 치유되고 회복되어 더 나은 주님의 사람으로 살아가게 하옵소서. 아멘.

206

/

〜 하루를 열며

넘쳐나는 소식과 외침에 귀가 아프고 모두가 자신의 주장과 확신에 찬 세상을 살고 있습니다. 가끔은 알고도 속아주는 지혜도 필요하고, 상황에 아랑곳없이 내게 주어진 일을 성실하게 하는 모습들이 필요하지 않을까요.

오늘의 말씀

여호와의 말씀이니라 내 말이 불 같지 아니하냐 바위를 쳐서 부스러뜨리는 방망이 같지 아니하냐 _렘 23:29

🌿 묵상

하나님의 말씀은 허접쓰레기들을 태우는 맹렬한 불이요,
허위의식과 죄와 안일한 마음을 깨뜨리는 육모 방망이와 같습니다.
거짓, 위선, 탐욕을 부추기거나, 불의를 그럴싸한 말로 덮어주지 않습니다.
말씀을 도둑질하거나 허황된 말로 백성을 미혹하는 거짓 선지자들을
그냥 놔두지 않습니다.
오늘 말씀은 하나님의 엄중한 경고입니다.
"하나님의 말씀은 살아 있고 때로는 날선 검이 되어
혼과 영과 골수까지 쪼갠다"(히3:12).
하나님의 말씀은 나를 비추는 거울이라,
그분 앞에서 나를 숨김없이 보게 됩니다.
하나님의 말씀은 맑은 창문 같아서,
하나님이 보여주시는 새로운 세상을 보여줍니다.

🕯 오늘의 기도

주님, 불 같고 방망이 같은 하나님의 말씀으로 나를 조율하고 다듬어,
말씀에 합당한 자로서, 좁은 길이라도 기쁨으로 가게 하옵소서. 아멘.

207
/

🐟 하루를 열며

"묵은 하루가 가고 새로운 하루가 찾아왔다. 오늘을 어떻게 맞이할지는 오직 당신에게 달려 있다." 독일의 성자, 안젤름그륀의 '하루를 살아도 행복하게'에 나오는 말입니다. 어제보다 기대되는 오늘의 첫 시간에 나의 첫 마음을 주님께 올려드립니다.

오늘의 말씀

내가 여호와인 줄 아는 마음을 그들에게 주어서 그들이 전심으로 내게 돌아오게 하리니 그들은 내 백성이 되겠고 나는 그들의 하나님이 되리라 _렘 24:7

🌿 묵상

아침에 만나는 말씀에 기대가 있습니다.

힘이 되고, 용기를 주고, 사랑을 경험하고,

하루를 즐겁게 시작할 수 있는 말씀의 기대.

그런데 예레미야서는 가슴 아프고, 우울하고, 힘이 들고, 마음을 무겁게 합니다.

그러다가 오늘 아침에 문득 이런 생각이 들었습니다.

쓴 약이 몸에 좋듯이, 힘들고 어려운 말씀이지만,

하나님은 그 말씀을 통해 우리를 더 좋고 성숙한 믿음의 삶으로

이끌어가고 싶어하신다는 사실을…

그런 마음으로 말씀을 대하니 모든 말씀이 다 '좋은 말씀'입니다.

모든 말씀이 다 하나님을 온전히 알도록 돕는 '좋은 말씀'이었습니다

좋은 말씀 감사합니다.

오늘의 기도

주님, 우리를 향해 참 많은 것을 베풀어주셨는데 저희의 삶은 부끄럽기만 합니다. 이제라도 날 선 검과 같은 말씀으로 묵은 땅과 같은 내 삶을 기경하고 하나님의 기쁨이 되는 삶의 열매를 맺기를 원합니다.
주님께서 도와주시고 힘이 되어 주옵소서. 아멘.

208

/

달콤한 말 속에 우리를 쓰디쓴 후회로 이끄는 유혹이 있습니다.
듣기 좋아 반짝거리는 칭찬 속에 교만과 거만함의 칼날이 숨어
있습니다. 잘 구별해야 잘 살 수 있습니다. 하나님의 사람의 중
심을 잘 지켜낼 수 있습니다.

오늘의 말씀

너는 가서 하나냐에게 말하여 이르기를 여호와의 말씀에 네가 나무 멍
에를 꺾었으나 그 대신 쇠 멍에들을 만들었느니라 _렘 28:13

🌱 묵상

예레미야는 멍에를 메고 다닙니다. 하나님은 멍에를 멘 예레미야를 통해
이스라엘 백성들이 메어야 할 바벨론의 멍에를 미리 보여주셨습니다.
하나냐가 예레미야가 메고 다니던 멍에를 꺾어버리며 하나님께서
바벨론의 멍에를 이렇게 꺾어버리실 것이라 말합니다.
이 백성을 지극히 사랑하시는 하나님께서 멍에를 메워주실리 없다는 말입니다.
하지만 하나님은 예레미야에게 쇠멍에를 다시 씌워주시며,
그렇게 쉽게 벗어질 멍에가 아님을 일깨워 줍니다.
사랑은 좋게 좋게 하는 것만이 아닌 것 같습니다.
진정한 사랑은 잘못된 것이 있으면 회초리를 때려서라도 바르게 세웁니다.
마음 아프지만, 그 아픈 사랑 끝에 온전한 사람으로 설 수 있으니까요.
오늘 예레미야에게 주어진 멍에는 참된 구원을 위해서 지고가시는 주의 십자가를
닮았습니다. 하나님이 주신 멍에를 메고 가는 길! 주님과 함께 가는 길입니다.

🕯 오늘의 기도

주님, 작은 멍에라도 지고
주님을 따르게 하옵소서. 아멘.

209

/

하나님의 약속을 바라보며, 예레미야는 모든 것을 내려놓고 순종합니다. 지금 모든 것을 잃어버린 백성에게 후대를 위하여 하나님 말씀을 선포하는 예레미야처럼, 나라를 위해, 자녀들을 위해 기도하는 오늘이 되기를 소망합니다.

오늘의 말씀

만군의 여호와 이스라엘의 하나님께서 이와 같이 말씀하시니라. 사람이 이 땅에서 집과 밭과 포도원을 다시 사게 되리라 하셨다 하니라

_렘 32:15

🌿 묵상

"아나돗에 땅을 사라." 예레미야를 향한 하나님이 말씀입니다.
곧 있으면 다 무너져 더이상 아무것도 남지 않은
폐허가 될 땅을 사라 하신 것입니다.
땅 투기에 대한 말씀이 아닙니다.
다시 세워질 하나님의 나라에 대한 비전입니다.
모든 이들이 다 팔아 돈을 만들려 할 때, 지금 이 땅을 살 때라 말씀해주십니다.
그 말씀 속에 하나님의 계획이 담겨 있습니다.
지금은 다 이해할 수 없지만 하나님의 말씀이기에,
예레미야는 그 땅을 삽니다.
바벨론의 말발굽 아래 놓일 이스라엘 백성,
언젠가 하나님의 때에 다시 돌아오게 하리라는 회복에 대한 약속입니다.
땅을 사는 일은 희망을 사는 일이었습니다.

오늘의 기도

주님, 하나님의 뜻과 명령을 온전히 이해하는 것은 불가능합니다. 이해되지 않고 납득할 수 없는
하나님의 뜻과 계획을 이해라는 틀에 가두지 않고 믿음으로 순종하길 원합니다.
말씀을 따르는 것을 넘어 하나님을 따르는 온전한 신앙의 삶이 되게 하옵소서. 아멘.

210

/

책
임
감

211

/

～ 하루를 열며

순전한 마음으로, 겸허한 마음으로 하나님 말씀에 순종합니다.
나의 죄를 바라볼 수 있는 시야와 용기로 오늘도 하나님 말씀에
순종합니다. 한 주간도 말씀 가운데 살아계시는 하나님께서 여
러분의 삶에 함께 하시길 기원합니다.

오늘의 말씀

왕과 그의 신하들이 이 모든 말을 듣고도 두려워하거나 자기들의 옷을
찢지 아니하였고 _렘 36:24

🌿 묵상

왕은 하나님의 음성을 듣고 싶지 않습니다.

예레미야에게 전해진 하나님의 음성이 바룩을 통해서 선포됩니다. 하지만 왕은 그
회개를 촉구하는 강력한 음성 앞에서 옷을 찢지 않고 귀를 막고 듣지 않습니다.

"사십일이 지나면 니느웨가 무너지리라."

그런데 변방 예언자 요나의 말을 듣고,

니느웨 왕은 왕복을 굵은 베옷으로 갈아 입고 잿더미 위에 앉았습니다.

하나님의 말씀을 듣고 돌이키니 백성들을 살릴 수 있었습니다.

오늘 말씀에서 만나는 왕과 귀족들은 하나님을 두려워하지도 않았습니다.

하나님을 두려워하는 마음이 없으니 참회할 생각도 돌이킬 마음도 없습니다.

참된 회개만이 살 길이요 살아날 길인데, 관심이 없습니다.

주님의 말씀으로 나 자신을 정직하게 만나는 일은 어렵습니다.

그러나 아무리 어렵고 힘들어도 외면하지 않고 직면하면 살 길을 찾을 수 있습니다.

오늘의 기도

주님, 말씀하실 때 열린 마음으로 듣게 하시고
그 말씀으로 살아가게 하옵소서. 아멘.

212
/

우리 앞에 놓인 중요한 선택의 기로에서 기도 드립니다. 내가 원하는 것인지 아니면 하나님의 뜻에 맞는지… 선택이 어렵지만 하나님 주신 지혜와 명철로 결정하고 선택한다면 크게 후회하지 않는 삶을 살아가게 될 것입니다.

오늘의 말씀

당신의 하나님 여호와께서 우리가 마땅히 갈 길과 할 일을 보이시기 원하나이다 _렘 42:3

🌿 묵상

한 치 앞도 내다보기 힘든 상황에서 이스라엘 백성들은 예레미야를 찾아가 기도를 부탁합니다. 절망의 바닥에서 하늘의 희망을 바라는 절실한 심정이겠지요.

허나 차마 '우리 하나님 여호와'라 부르지도 못합니다. 그동안 그분의 뜻을 무시하고 살아온 지난 삶의 거리감 때문이겠지요. 그러나 예레미야는 그들에게 기도를 약속하며 "너희 하나님께 기도하겠다"(4절)라고 표현합니다.

아무리 몹쓸 짓을 해도 여전히 자식입니다. 집 떠난 지 수년 만에 돌아온 배은망덕한 아들의 그림자만 보고도 자식임을 대번에 알아보는 것이 아버지의 사랑입니다.

우리가 하나님의 자녀 됨이 무슨 자격이 있어서인가요?

아무런 자격이 없지만 하나님의 은혜요,

예수 그리스도의 사랑이 우리를 주님의 자녀의 자리에 세워주신 것입니다.

그 사랑과 은혜로, 그분이 '나의 하나님'이요, '우리 하나님'이십니다.

🕯 오늘의 기도

주님, 세상의 흐름에 따르기보다는 하나님의 뜻을 세우는 일에 함께 하겠습니다.

비록 작고 부족하지만 하나님 나라를 세워가는 일에 작은 돌과 같이 쓰임 받게 하옵소서. 아멘.

213

/

한 사람, 하나님이 찾으시는 그 한 사람이 되고 싶습니다. 하나님을 예배하는 한 사람, 거룩한 부담감으로 그 한사람이 되어 이 민족을 위해, 이 나라를 위해 기도합니다. 오늘도 살아계시는 하나님께 필요한 그 한 사람으로 살겠습니다.

오늘의 말씀

애굽 땅에 들어가서 거기에 머물러 살려는 유다의 남은 자 중에 피하거나 살아 남아 소원대로 돌아와서 살고자 하여 유다 땅에 돌아올 자가 없을 것이라 _렘 44:14앞

🌿 묵상

회초리 몇 대 맞았다고 자식이 집을 나가버리면
부모의 마음은 더 아픕니다.
아무리 아프고 힘들어도 엄마 품을 파고 들면서
"잘못했어요. 다시는 안 그럴께요" 하고 눈물로 호소하면…
회초리는 징계가 아니라 사랑이 되고
다시 품어주시고 함께 울어주시는
부모의 사랑을 느끼게 합니다.
그 매가 싫어 애굽으로 도망가지 않고
눈물과 가슴으로 그 고난을 감내하는 하나님의 사람들을 통해
이스라엘은 회복될 것입니다.
주님의 사랑을 믿고 견뎌내는 용기를 주소서.

🕯 오늘의 기도

주님, 한 번 두 번 세 번 기다려주시고 참아주셔서 감사합니다.
아버지의 마음에 실망을 드리는 자녀가 아니라, 기쁨을 드리는 자녀로 살겠습니다.
성령께서 저의 약한 심령에 힘이 되어주옵소서. 아멘.

214

∞ 하루를 열며

힘을 자랑하면, 자랑했던 그 힘이 도리어 우리의 삶에 올무가 된다는 평범한 진리를 알고 있습니다. 내 힘을 빼고 하나님께 손을 내밀면 그 손을 잡아주시는 능력의 하나님이 우리의 삶이 복이 되도록 도우십니다. 하나님 안에 지혜가 있습니다.

오늘의 말씀

모압은 젊은 시절부터 평안하고 포로도 되지 아니하였으므로 마치 술이 그 찌끼 위에 있고 이 그릇에서 저 그릇으로 옮기지 않음 같아서 그 맛이 남아 있고 냄새가 변하지 아니하였도다 _렘 48:11

묵상

모압은 극심한 전쟁을 겪거나 포로의 경험도 없었습니다. 그로 인해 큰 어려움을 당하지도 않았습니다. 그러다보니 어려움을 당한 이웃에 대해 안쓰럽게 여기며 도와주려는 마음이 없었습니다. 하나님은 그런 모습을 나쁘게 여겨 "연민 없는 민족은 환난을 겪을 것이다"라고 말씀합니다.

모압은 어려움에 처한 이웃을 불쌍히 여기고 선함으로 도와주었어야 했습니다. 어려운 자를 돕고 위기에 처한 자를 보호해주는 것은 배우지 않고도 할 수 있는 인간의 기본입니다. 공동체는 공감과 공유를 통해 든든해지고 돌봄과 베풂을 통해서 풍성해집니다. 그러나 점점 인색해집니다. 점점 각박해집니다. 점점 나만 알고 나만 생각합니다. 아무리 팔이 안으로 굽는다 해도, 예수님의 십자가 은혜를 누린 그리스도인들은 굽어진 팔을 펴서 더 넓은 사랑으로 돌봄의 울타리를 만들어야 합니다.

"소자에게 한 것이 나에게 한 것이라"는 예수님의 말씀을 꼭 기억하지 않더라도 함께 살아가는 세상은 서로에게 따뜻해야 합니다.

오늘의 기도

주님, 예수님 닮은 마음으로
어질고 너그럽고 넉넉하게 살게 하옵소서. 아멘.

215

∝ 하루를 열며

역사를 주관하시는 하나님이 얼마나 위대한 분인지, 그분을 알아가는 것이 얼마나 위대한 삶인지, 그분과 함께 살아가는 일이 얼마나 벅찬 일인지 느끼며 찬양과 함께 하루를 시작합니다. 할렐루야!

오늘의 말씀

여호와께서 그의 능력으로 땅을 지으셨고 그의 지혜로 세계를 세우셨고 그의 명철로 하늘들을 펴셨으며 _렘 51:15

🌿 묵상

삶이 힘들고 버거워 갈 길이 보이지 않을 때가 있습니다.

눈을 들어 하늘을 바라보십시오.

저 넓은 하늘에 하나님의 손길과 지혜가 섬세하게 수놓아져 있습니다.

그 넓은 하늘에서 공중 나는 새 한마리가 말을 걸어 옵니다.

"염려하지 마세요. 작은 새인 나도 하나님이 돌보아 주신답니다."

길 곁에 수줍게 핀 들꽃 한 송이가 말을 걸어옵니다.

"저희 같이 하잘것없는 것들도 먹이고 입히시는데,

하물며 그 아들의 목숨값으로 사신 하나님의 자녀들을 돌보시고

힘이 되어주지 않으시겠어요?"

너그럽게 그러나 따끔하게 말을 건네옵니다.

하늘에서 하나님의 음성을 듣고, 땅에서 주님의 지혜를 얻습니다.

주님, 힘을 내어 살겠습니다.

🕯 오늘의 기도

주님, 풀잎 하나, 새 한 마리에서 하나님의 생명의 신비와 사랑을 느낍니다. 주님께 기도하오니, 창조주 하나님의 손길에 우리의 삶을 맡기고 기쁨과 감사로 살게 하옵소서. 염려 되고 두려울 수 있는 모든 상황에서 푸른 하늘을 향해 눈을 들고 온 우주에 가득 찬 하나님의 지혜를 얻겠습니다. 아멘.

216

/

⌇ 하루를 열며

기도는 하나님을 향해 열린 대화입니다. 우리가 말하면 하나님이 들으시고, 하나님이 말씀하시면 우리는 들어드립니다. 우리만 말하면 안 되는 시간이죠. 그래서 기도 공간에 들어가기 전에 우리는 무슨 말을 할까 준비하기만 하면 되고, 하나님께서 나에게 무슨 말씀을 하실지 기대하는 열린 마음만 필요합니다.

오늘의 말씀

네 선지자들이 네게 대하여 헛되고 어리석은 묵시를 보았으므로 네 죄악을 드러내어서 네가 사로잡힌 것을 돌이키지 못하였도다 그들이 거짓 경고와 미혹하게 할 것만 보았도다 _애 2:14

🌿 묵상

예레미야가 피를 토하는 심정으로 그렇게 호소했는데…
외면하고, 귀를 막고, 듣지 아니하더니, 이제야 깨닫습니다.
포로가 되어보니, 뼈저린 절망에 처하게 되니,
모든 것을 잃은 채 허허 벌판에 기댈 곳 없이 서보니,
그제서야 예언자의 피울음 음성이 가슴에 진동합니다.
미리 깨닫는 것이 복입니다.
제 때에 알아 들을 수 있음이 은총입니다.
그분의 말씀에 진지하게 반응하고 자신을 살펴 바로 설 때
그분의 백성으로 살 수 있습니다. 그것이 바로 은혜입니다.
예언자를 통한 음성은 날카롭고 쓰디썼지만
사랑과 은혜의 손짓이었습니다.

🕯 오늘의 기도

주님, 오늘 우리에게 주신 하나님의 은혜와 사랑을 기억하겠습니다. 하나님 말씀 앞에 조용히 나아가 주님의 말씀을 듣게 하옵소서. 들을 귀를 주시고, 깨달을 수 있는 마음을 주옵소서. 그 말씀으로 하늘 백성다운 삶을 누리게 하옵소서. 아멘.

217

/

우
정

218

∝ 하루를 열며

주님이 계시지 않는 것처럼 살아온 시간들이 얼마나 많았는지요. 그 긴 시간은 우리의 작은 신음까지 들으시고 상한 마음까지도 다 품으시는 그분을 다시 만나는 시간이었습니다. 계시지 않은 듯 계시는 하나님의 사랑에 감격할 뿐입니다.

오늘의 말씀

여호와여 우리를 주께로 돌이키소서 그리하시면 우리가 주께로 돌아가겠사오며 우리의 날들을 다시 새롭게 하사 옛적 같게 하옵소서

_애 5:21

🌿 묵상

하나님께 드리는 기도입니다. 그분의 자애로운 사랑은 결코 마르는 법이 없기에… 그 사랑은 아침마다 새로워 닳아 없어지지 않기에…그분이 우리가 기댈 수 있는 유일한 언덕이기에… "하나님, 우리를 주께로 돌이켜 주십시오. 우리는 돌아갈 준비가 되었습니다"(메시지성경).

그분의 신실하심에 기대어 기도를 드립니다.

삶이 힘겹고 무거울 때, 은밀한 곳에 계시는 그분께 나아갑니다.

세상에 내 편이 아무도 없다 느껴지는 그 외로움으로 주님을 만납니다.

그 은밀한 곳에서 환한 미소와 너른 품을 열고 기다리시는 그분을 만나게 됩니다.

주님 감사합니다.

그분이 살아 계시는 한 우리에게 최악의 상황이란 없습니다.

주님 감사합니다.

🕯️ 오늘의 기도

주님, 슬픔을 당한 이들을 위해 기도합니다. 낙심과 절망 속에 있는 이들을 위해 기도합니다.

예기치 않은 일로 당황하고 감당할 수 없는 일로 힘들어하는 분들을 위해 기도합니다.

자비를 베풀어주시고, 신실하신 하나님의 따스한 은총이 위로가 되고 힘이 되게 하옵소서. 아멘.

219

/

우리는 크고 작은 배신을 경험합니다. 믿었던 사람이 하지 않아야 할 말과 일을 하고, 하물며 가족과 자녀들에게서도 그런 마음을 느끼게 되기도 합니다. 그때마다 하나님의 마음을 생각해 봅니다. 하루에도 열두 번씩 변하고, 이기적인 마음으로 살아가는 우리를 보시는 하나님의 마음은 어떠실까요.

오늘의 말씀

그가 내게 이르시되 '인자야 네 발로 일어서라' 내가 네게 말하리라 하시며 _겔 2:1

🌿 묵상

"인자야 네 발로 일어서라."

이 말씀과 함께 주님의 영이 에스겔 안에 들어와 그를 일으켜 세워주셨습니다.

포로의 땅에서 슬픔을 가슴에 안고, 하나님의 도우심을 구하며 힘겹게 살아가는 하나님의 사람을 일으켜 세워주신 것입니다.

'수평은 무기력이요 포기요 의지 상실이다. 허나 인간이 자기 몸을 세우고 허리를 곧게 펴고 그 눈길을 하늘로 향한다면, 그건 희망이요, 용기요 다시 시작하는 의지의 표현이다.'

하나님의 말씀은 에스겔을 일으켜 세웠습니다.

힘차게 주님의 영으로 일어나 주님의 말씀을 듣습니다. 사로잡힌 자로 살아갈 수밖에 없는 묶인 몸이지만, 하나님의 은총 안에서 자유롭게 된 하나님의 백성으로 용기 있게 일어나, 환경에 지배당하지 않는 믿음의 뚝심으로 살아낼 수 있었습니다. 그렇게 저희도 일어나겠습니다. 어렵다고 힘들다고 주저앉지 않겠습니다. 달리다굼!

🕯 오늘의 기도

주님, 온 힘을 다해 일어나 하늘 소명 감당하도록
새 힘과 용기를 주옵소서. 아멘.

220

/

천사를 만난 적이 있으시나요? 많은 이들이 보았으면 하고, 또 옆에 있다고 믿고 싶은 그 천사는 어떻게 만날까요? 하나님은 우리에게 그런 천사와 같은 이가 되라고 명령을 하고 계신 것은 아닌지 묻고 싶습니다.

오늘의 말씀

내가 또 내 얼굴을 그들에게서 돌이키리니 그들이 내 은밀한 처소를 더럽히고 포악한 자도 거기 들어와서 더럽히리라 _겔 7:22

묵상

아론을 통한 하나님의 축복의 말씀이 떠오릅니다.
"여호와는 그의 얼굴을 네게 비추사 은혜 베푸시기를 원하며
여호와는 그 얼굴을 네게로 향하여 드사 평강 주시기를 원하노라"(민 6:25-26).
하나님은 우리의 얼굴을 마주 보고 눈을 맞추는 것을 좋아하십니다.
갓난 아기의 얼굴에 볼을 부비며 잠깐도 눈길을 떼지 못하는 엄마와 같이…
그런데 오늘 단호하게 얼굴을 돌려버리십니다.
더 이상 보고 싶지 않으셨습니다. 보면 화가 나고, 보면 속상하고,
보면 마음 아파서….
허나…
얼굴을 돌렸지만 그 마음은 돌리지 못하십니다.
그런 분이 우리 주 하나님이십니다.

오늘의 기도

주님, 오늘 말씀은 우리를 다시 한 번 회심의 자리로 돌아가게 합니다.
하나님의 백성이면서, 그리스도인이면서, 얼마나 하나님의 영광을 위해 살아왔는지 돌아봅니다.
저희를 불쌍히 여기시고, 다시금 믿음의 새 힘을 가지고 주를 영화롭게 하는 삶이 되게 하옵소서. 아멘.

221

/

주님을 믿는 우리의 마음에는 미움도 시기도 질투도 없어야 합니다. 주님의 말씀 따라 서로 사랑하기만 해도 부족한 시간 속에서, 서로의 지친 어깨 안아주고 좁아진 마음 어루만지며, 넉넉하고 따뜻하게 살아가기를 소망합니다.

오늘의 말씀

그런즉 너는 말하기를 주 여호와의 말씀에 내가 비록 그들을 멀리 이방인 가운데로 쫓아내어 여러 나라에 흩었으나 그들이 도달한 나라들에서 내가 잠깐 그들에게 성소가 되리라 _겔 11:16

🌿 묵상

하나님의 나라, 유다가 멸망했습니다.

하나님의 도성 예루살렘은 더 이상 살 수 없는 곳이 되었습니다.

하나님의 전 예루살렘 성전이 무너지고, 하나님의 백성 이스라엘은 마치 부모 잃은 고아처럼 온 사방 천지로 흩어졌습니다. 그때 주님이 말씀합니다.

"비록 그들을 이방인 가운데로 쫓아내어 여러 나라에 흩었으나…

그들이 사는 그곳에서 내가 잠깐 그들에게 성소가 되리라."

"내가 잠깐 그들의 성소가 되리라. 다시 예루살렘이 회복 될 때까지 잠깐, 그들이 있는 그곳에서… 그곳이 아무리 힘들고 척박한 곳이라도, 내가 그곳에서 나를 만나는 성소가 되어주겠다."

시공간을 떠나서, 우리가 있는 그곳에 함께 하시며 만나주겠다고 약속해주십니다.

"너희는 나의 백성이라. 너희 있는 곳에 내가 함께 있으리라."

우리는 그런 분의 자녀입니다. 감사합니다.

🕯 오늘의 기도

주님, 우리 안에 하나님의 성소를 마련합니다.

언제나 어디서나 하나님의 백성으로 살아가며

우리와 함께 하시는 하나님을 경험하게 하옵소서. 아멘.

222

/

누구를 의지하며 살고 있나요? 믿고 살 수 없는, 믿어서는 안 되는 자신을 믿는다는 이들을 보면 안타까운 마음이 듭니다. 사람은 믿음의 대상이 아니고 사랑의 대상이지요. 하나님께 붙어만 있어도 감사라는 걸 알았을 때, 가슴 벅찬 행복이 있습니다.

오늘의 말씀

인자야 포도나무가 모든 나무보다 나은 것이 무엇이랴 숲속의 여러 나무 가운데에 있는 그 포도나무 가지가 나은 것이 무엇이랴 _겔 15:2

🌿 묵상

포도나무는 하나님의 백성의 또 다른 이름입니다.

그 풍성함으로 세상을 풍요롭게 해야 하는데…

하나님의 백성이 아무런 쓸모도 없는 무가치한 백성이 되어 버렸습니다.

그 모습에 아파하시는 하나님의 마음이 오늘 말씀에서 느껴집니다.

가식적인 유대 종교 지도자들을 향해 세례자 요한이 말합니다.

"속으로 아브라함이 우리 조상이라고 생각지 말라 내가 너희에게 이르노니

하나님이 능히 이 돌들로도 아브라함의 자손이 되게 하시리라"(마 3:9).

우리는 그리스도인입니다. 이 세상의 빛이요 소금입니다.

그러나 오늘 내가 흐릿하고 맛을 잃어 선명한 신앙의 삶을 살고 있지 못한다면,

이 말씀을 진지하게 듣고 정신을 바짝 차려야 합니다.

주님의 백성답도록!

🕯️ 오늘의 기도

주님, 정신 바짝 차리고 내가 누구인지 명료하게 기억하며

주님의 사람답게 살겠습니다. 아멘.

223

/

높은 산에 오르려면 겸손하게 허리를 숙이고 위를 향해 한 발 한 발 나아가야 합니다. 스승의 자리에서 수건을 허리에 두르고 제자들의 발을 씻겨 섬김과 낮아지심의 본을 보여주신 주님이 생각나는 날입니다. 주님과 함께 복이 되소서!

오늘의 말씀

… 내가 백향목 꼭대기에서 높은 가지를 꺾어다가 심으리라 내가 그 높은 새 가지 끝에서 연한 가지를 꺾어 높고 우뚝 솟은 산에 심되 이스라엘 높은 산에 심으리니 그 가지가 무성하고 열매를 맺어서 아름다운 백향목이 될 것이요… _겔 17:22,23

🌿 묵상

예수님의 비유 중에 겨자씨가 나옵니다.
"아주 작은 겨자씨이지만 하나님의 손길에 힘 입어
새들이 깃들어 노래를 부르는 희망의 나무가 되리라."
연한 가지를 심어 아름드리 나무로 키워
새로운 나라의 대들보를 삼으시겠다는 하나님 나라의 비전입니다.
백향목은 예루살렘 성전을 지은 목재입니다.
겉보기 좋고 크고 아름답다 하여 하나님 나라의 재료가 되는 것은 아니었습니다.
상한 갈대 같지만, 꺼져가는 등불 같지만, 겨자씨앗과 같이 작지만…
저희도 그런 꿈을 가져봅니다.
우리의 삶에서 가지가 뻗어 그 가지에 새의 둥지가 지어지고
아름다운 새들이 하늘 노래 부르는 가슴 벅찬 꿈을…

🕯 오늘의 기도

주님, 우리의 마음에 첫사랑의 기쁨과 감격을 회복해주시길 빕니다.
하나님의 소중한 백성으로 하나님 나라에 대한 꿈을 이뤄가게 하옵소서. 아멘.

224

/

양
같
아
서

225

/

◯ 하루를 열며

운동선수들이 피와 땀을 흘리는 노력과 수고, 그들에게 죽음과
도 같은 교육과 훈련이 있듯이, 비록 우리가 보잘것없는 삶이라
해도 녹아지고 단련된다면, 누릴 수 있는 소중한 하늘의 복과
은혜가 있을 것입니다. 하나님 안에서 품게 된 희망입니다.

오늘의 말씀

너희가 다 찌꺼기 되었은즉 내가 너희를 예루살렘 가운데로 모으고 사
람이 은이나 놋이나 쇠나 납이나 주석이나 모아서 풀무 불 속에 넣고 불
을 불어 녹이는 것 같이 내가 노여움과 분으로 너희를 모아 거기에 두고
녹이리라 _겔 22:19뒤,20

🌿 묵상

말씀을 읽으며 심장이 떨리고 손에 땀이 납니다.
백성을 향해 쏟아붓는 하나님의 뜨거운 분노의 입김을 느낄 수 있습니다.
"모든 것을 뜨거운 풀무불에 넣어 다 녹여버리겠다."
"무가치한 찌꺼기를 한 곳에 몰아넣고 다 불살라버리겠다."
노여워하시며, 예루살렘과 유다의 모든 것은 다 녹여버릴 것이라 말합니다.
그제서야 '내가 그들의 하나님임을 깨닫게 될 것'이라는 말씀입니다.
늦지 않기를 바랍니다. 우리는 미리 깨닫고 돌아가야합니다.
머뭇거릴 여유가 없습니다.
우리 한 사람의 삶도 그렇지만 하나님의 피조세계의 위기를 보면서
하루라도 빨리 하나님께로 돌아가 온전한 신앙의 삶을 살아야할 것 같습니다.
그 길이 살 길입니다.
우리도 이 세상도 그리고 하나님이 지으신 온누리도…

🕯 오늘의 기도

주님, 삶의 기준을 하나님의 말씀에 두고 그 말씀으로 늘 내 생각과 행동을 조율하게 하옵소서.
그래서 나의 삶이 하나님께 드리는 아름다운 노래가 되게 하옵소서. 아멘.

226

🐟 하루를 열며

하나님은 사랑입니다. 흩어진 민족을 다시 돌아가 새롭게 살게 하는 희망을 주신 하나님은 사랑입니다. 한 마리의 잃은 양을 끝까지 찾으시는 선한 목자이신 하나님은 사랑입니다. 그 사랑이 오늘 하루를 시작하는 우리의 힘입니다.

오늘의 말씀

주 여호와께서 이같이 말씀하셨느니라. 내가 여러 민족 가운데에 흩어져 있는 이스라엘 족속을 모으고 그들로 말미암아 여러 나라의 눈 앞에서 내 거룩함을 나타낼 때에 그들이 고국땅 곧 내 종 야곱에게 준 땅에 거주할지라_겔 28:25

🌿 묵상

렘브란트가 그린 그림 '탕자의 귀환'을 본 적이 있습니다.
그 그림 앞에서 한참을 떠날 수 없었습니다.
다 헤진 옷을 입고 고생 끝에 돌아온 아들을 아버지는
강한 남성의 손과 부드러운 여성의 손으로 품에 안아주셨습니다.
아버지의 엄격함과 어머니의 너그러움입니다.
이스라엘을 향한 하나님의 사랑도 그러했습니다.
죄는 결코 용납하지 않으셨지만…,
흩어져서 노예로, 포로로, 나그네로 세상을 떠돌 수밖에 없었던 백성을
다시 모으십니다. 하나님의 은총의 손길을 느끼게 합니다.
읽으면 읽을수록 마음이 따뜻해지고 좋습니다.
오늘 말씀은 주님의 손길 안에 거하는 기쁨을 주십니다.

🕯 오늘의 기도

주님, 하나님의 공의로운 심판을 생각하며 경각심을 갖겠습니다. 부족하고 연약함에도 불구하고
용서하시고 그 은혜로 새롭게 하시는 하나님께 늘 감사하며 그분의 자녀로 살기 위해 힘을 다하겠습니다.
성령께서 도우시고 그 은혜의 날개 아래 머물게 하옵소서. 아멘.

227

∝ 하루를 열며

우리가 살면서 아주 작은 도움처럼 느껴도 큰 힘이 됨을 보게
됩니다. 누군가를 돕는 일이나 선한 일은 크고 작음이 없습니
다. 이를 소중히 여기시는 하나님의 손길이 그 안에서 일하시기
때문입니다. 새 날을 시작하는 선한 마음입니다.

오늘의 말씀

애굽은 본래 이스라엘 족속에게 갈대 지팡이라. 그들이 너를 손으로 잡
은즉 네가 부러져서 그들의 모든 어깨를 찢었고 그들이 너를 의지한즉
네가 부러져서 그들의 모든 허리가 흔들리게 하였느니라 _겔 29:6-7

🌿 묵상

에스겔 선지자는 애굽을 향해 일곱 차례나 반복해가면서
그의 멸망을 선포합니다. 그만큼 이스라엘이 애굽의 힘을 의지하였습니다.
애굽이 아닌 하나님께 의지하기를 바라신 하나님의 마음을 전한 것입니다.
"애굽은 갈대지팡이라." 힘이 있어 보이지만,
지켜줄 수 있는 든든한 지팡이는 아니라는 말씀입니다.
그런데 이스라엘은 갈대 지팡이와 같은 애굽을 의지했습니다.
애굽이 아니라 기댈만한 든든한 지팡이인 하나님을 의지하고 살았어야 했습니다.
세상에 우리를 지켜줄 것 같은 많은 것들이 있습니다.
그러나 우리와 끝까지 함께 하시며 지켜주시는 분은 오직 하나님 한 분입니다.
믿으셔야 합니다.

🕯️ 오늘의 기도

주님, 하나님 만나 뵙는 그날까지 신실함을 지키는 이로 살게 하옵소서.
주님을 믿고 주님께 모든 것을 의지하고 살아가게 하옵소서. 아멘.

228
/

🐟 하루를 열며

거지가 되어 돌아온 탕자를 따뜻하게 맞아들이는 아버지에게서 하나님을 봅니다. 부족하고 연약한 죄인이지만, 우리는 돌아갈 품이 있는 하나님의 자녀입니다. 그분의 자녀 된 기쁨과 감사로 하루를 시작합니다.

오늘의 말씀

여러 나라 가운데에서 더럽혀진 이름 곧 너희가 그들 가운데에서 더럽힌 나의 큰 이름을 내가 거룩하게 할지라 _겔 36:23앞

🌿 묵상

"더럽혀진 나의 이름."

나의 이름이 더럽혀졌다고 가슴 아파하시는 하나님의 탄식입니다.

"더 이상 너희에게 내 이름을 맡겨놓을 수 없으니 내 이름은 내가 거룩하게 하겠다."

이 말씀에 죄송할 뿐입니다.

하나님은 더럽혀진 자신의 이름을 회복하기 위해서 포로 된 땅에 있던

자신의 백성을 다시 돌아가게 하십니다. 그리고 70년 만에 회복된 그 땅에서

새 영과 새 마음으로 들어가 땅에 떨어진 하나님의 이름을

영광스럽고 거룩한 이름으로 회복시키라 하십니다.

우리에게도 그와 같은 거룩한 이름이 있습니다.

그리스도인, 하나님의 자녀, 주님의 몸 된 교회…

우리의 삶으로 거룩하게 빛나야 할 이름들입니다.

주님, 그렇게 살겠습니다.

오늘의 기도

주님, 주님의 이름은 그 이름을 갖고 살아가는 사람들에 의해 자랑스러워지기도 하고
더럽혀지기도 합니다. 우리를 통해 하나님의 이름이 영화롭고 거룩하게 되기를 원합니다. 아멘.

229
/

장마와 폭염, 여러 번의 태풍을 이겨낸 세상은 이처럼 아름답고
황금 들판에 추수를 기다리는 농부의 마음은 하늘 가득한 벅찬
기대로 가득합니다. 땀의 수고를 헛되게 하지 않으시는 하나님
의 선물이 우리의 삶에 가득하기를 빕니다.

오늘의 말씀

내가 또 내 영을 너희 속에 두어 너희가 살아나게 하고 _겔 37:14앞

🌿 묵상

"뜨거운 사랑아 치솟아 올라라 누더기 인생을 불질러 버려라.
바람아 바람아 불어오너라. 난 너울너울 춤추네, 이 얼음 녹이며."
문익환 목사의 시입니다.
언젠가부터 이 마음이 식어버린 것 같습니다.
황폐하게 되고, 나태하게 되고, 순전한 열정과 순수한 믿음도 찾기 어려운…
나만 아는 이들이 되어버렸습니다. 골짜기에 뒹구는 마른 뼈들 같습니다.
주님의 영이 그 골짜기에 휘몰아치니 뼈가 살아납니다.
'하나님의 사람'의 우렁찬 목소리가 들려야 합니다.
"이 뼈들아, 생기를 머금고 살아나라!"
우리는 풍요를 약속하는 거짓 신이 아닌 우리의 영을 살려
새롭게 하시는 하나님을 믿는 자들입니다.

🕯 오늘의 기도

주님, 분별할 수 있는 지혜와 총명을 주셔서 주님의 길을 바로 보고 걷게 하시고
주님 주신 새 영으로 살아나게 하옵소서. 아멘.

230

하루를 열며

병들고 가난하고 억눌린 자의 친구입니다. 교회는 민족의 희망입니다. 코로나19 확산으로 사회의 시선이 차갑지만 주님의 선함으로 이겨내겠습니다. 좁은 길을 즐거운 마음으로 가겠습니다. 오늘도 주님을 신뢰하며 소금과 빛으로 살기를 원합니다.

오늘의 말씀

이스라엘 하나님의 영광이 동쪽에서부터 오는데 하나님의 음성이 많은 물 소리 같고 땅은 그 영광으로 말미암아 빛나니 _겔 43:2

묵상

하나님께서 자신의 집으로 다시 돌아오셨습니다.
그분이 오시니 그분의 영광으로 성전은 빛났고
온 세계는 그 빛으로 환하게 밝아집니다.
19년 만에 하나님의 영광의 빛이 다시 밝혀진 성전에 대한 환상입니다.
그 환상 중에 에스겔의 마음이 얼마나 벅찼을까요.
이스라엘에 허물어진 성전이 다시 서게 되고
그 안에 하나님의 영광이 거하시게 되었다는 것만으로도
그는 가슴 설레고 벅찼을 것입니다.
하나님의 교회에는 그분의 빛이 있어야 합니다.
그분의 빛을 대체할 그 어떤 것도 없습니다.
"하나님의 교회는 그분으로 인해 빛이 나야 하고
하나님이 주신 그 빛으로 온 세상을 비춰야 합니다."

오늘의 기도

주님, 우리는 모두 세상의 빛입니다. 하나님과 늘 함께 하며 그 빛을 잃지 않게 하시고, 그 빛으로 세상을 밝게 하옵소서. 아멘.

231

/

행복한
십자가

이스라엘 2011

232
_____/

우리가 맞이하는 하루하루는 늘 귀하고 복된 날입니다. 주님이 예비하신 복을 기대하면서 순전한 믿음으로 하루를 시작합니다. 말씀과 함께 시작하는 하루는 하나님 안에서 소중한 선물을 기대하게 합니다.

오늘의 말씀

그가 내게 이르시되 이 물이 동쪽으로 향하여 흘러 아라바(광야)로 내려가서 바다(사해)에 이르리니 이 물이 흘러 들어가므로 바닷물이 되살아나겠고 이 강이 이르는 각처에 모든 것이 살 것이며 _겔 47:8

🌿 묵상

"냇물아 흘러 흘러 어디로 가니? 넓은 세상 보고 싶어 바다로 간다."
어린 시절 잘 부르던 노래입니다.
성전의 샘에서 시작된 물이 냇물이 되어 흐릅니다.
그 냇물이 강물이 되고 바다로 흘러 내립니다.
그 맑은 물줄기에 온갖 생물이 다시 살아납니다.
광야에 샘이 솟아오르고,
죽음의 바다에 물고기가 헤엄치고,
어부가 돌아와 웃음과 기쁨이 넘치는 곳이 됩니다.
그 물이 세상을 살리는 거룩한 성전에서 시작된 생명의 물이기 때문입니다.
주님, 다시 꿈꾸게 하소서.
광야 같은 세상이 생명의 바다가 되는 하나님 나라의 꿈을…
"샘물아 흘러 흘러 어디로 가니? 생명 세상 이루려고 바다로 간다."

🕯 오늘의 기도

주님, 하나님께서 공급해 주시는 생명의 맑은 물에 내 영과 삶이 회복되길 원합니다.
나의 삶의 자리에서 아름다운 열매가 맺히고
그 열매로 세상을 섬기게 하옵소서. 아멘.

233

/

∽ 하루를 열며

어둠이 걷히고 맞이하는 날은 새 마음으로 맞이하는 새날입니다. 힘들고 어려웠던 어제는 지나간 과거일 뿐 새로 맞이한 오늘은 전혀 새로운 날입니다. 흔들리지 않는 소망을 품고 주님의 지혜와 능력을 구하며 하루를 시작합니다.

오늘의 말씀

다니엘이 말하여 이르되 영원부터 영원까지 하나님의 이름을 찬송할 것은 지혜와 능력이 그에게 있음이로다 _단 2:20

묵상

포로인 자신의 신세를 생각하면

조금이라도 힘있는 자에게 잘 보여야 하는데…

다니엘에게는 아직도 살아계신 하나님을 향한 마음이 조금도 식지 않았습니다.

그의 고백입니다.

"모든 지혜와 능력은 하나님께 있습니다."

예루살렘이 멸망하고, 예루살렘 성전이 무너져 내렸지만,

하나님의 나라는 여전히 건재하시고 하늘 보좌에서 우리를 돌보아 주십니다.

역사를 주관하신다는 하나님에 대한 신뢰와 믿음이

그들을 절망의 상황에서도 지켜가는 힘이 되었습니다.

이런 믿음의 결기와 지혜로운 판단, 그리고 용기있는 신앙이 부럽습니다.

그 신앙 본 받아 신실하게 살겠습니다.

오늘의 기도

주님, 어둠을 꿰뚫어 보시고, 빛을 밝히시는 하나님의 능력에 기대어 믿음으로 살게 하옵소서.

하나님의 백성다운 지혜와 굳센 믿음으로 힘차게 살게 하옵소서. 아멘.

234

/

중국 고전에 '세한연후지송백지후조'(논어)라는 말이 있습니다. 날씨가 추워진 후에야 소나무와 측백나무가 늦게 시듦을 안다는 말입니다. 모든 것이 힘들고 어려운 시기에 우리에게 주어진 고난을 묵상하며 절제와 경건의 시간을 통해 늘 푸른 소나무와 같은 믿음을 가졌으면 좋겠습니다.

오늘의 말씀

벨사살 왕이 그의 귀족 천 명을 위하여 큰 잔치를 베풀고 그 천 명 앞에서 술을 마시니라 _단 5:1

🌿 묵상

벨사살의 화려한 잔치입니다. 그 순간 석회 벽에 나타난 하나님의 손가락은 그들을 공포로 몰아넣습니다. "메네 메네 데겔 우바르신"(단 5:25).

"세어보고 또 세었다. 저울에 달았다. 나누었다."

완전히 멸망할 것이라는 섬뜩한 경고였습니다.

세상은 오늘 먹고 마시고 즐기는 삶이 성공적인 삶이라 말합니다. 그러나 성령은 이웃을 위해 자기의 욕망을 유보할 줄 아는 삶이 아름답다고 말합니다.

세상은 돈과 권력과 명예로 우리를 유혹합니다. 그러나 성령은 우정과 돌봄과 섬김의 길로 우리를 인도합니다.

지금 우리는 누구의 음성에 반응하며 살고 있습니까? 풍성하고 화려한 벨사살의 잔치인가요? 소박하지만 따뜻한 예수 그리스도의 식탁인가요?

우리에게 겸손한 마음으로 주님의 식탁에 함께 앉는 은총이 있길 빕니다.

🕯 오늘의 기도

주님, 허물 많은 우리를 주님의 사랑과 은혜의 식탁에 초대해 주셔서 감사합니다. 헛된 꿈을 구하지 않겠습니다. 욕망에 휩쓸려 살지 않겠습니다. 주님의 뜻을 구하고 하나님 나라를 구하며 살아갈 때 주님 도와주시고 힘이 되어 주옵소서. 아멘.

235

/

〰 하루를 열며

자기의 영혼을 바칠 수 있는 대상을 갖지 못한 사람이 가장 불행한 사람이라고 합니다. 지금 우리는 우리의 영혼을 온전히 바칠 수 있는 대상이 누구입니까? 그를 위해 우리 영혼을 더욱 순전히 가꾸어 아름답게 드리길 소망합니다.

오늘의 말씀

한 손이 있어 나를 어루만지기로 내가 떨었더니 그가 내 무릎과 손바닥이 땅에 닿게 일으키고 내게 이르되 큰 은총을 받은 사람 다니엘아 내가 네게 이르는 말을 깨닫고 일어서라 내가 네게 보내심을 받았느니라 하더라 그가 내게 이 말을 한 후에 내가 떨며 일어서니 _단 10:10-11

🌿 묵상

다니엘서를 읽으면서 되돌이표가 붙은 것처럼 몇 번이나 읽었던 말씀입니다.
온몸에 힘이 빠져 쓰러져 있던 다니엘을 위로해주신 하나님의 손길입니다.
선한 일, 하나님의 일, 진리의 삶을 살아가면서도 지치고 쓰러질 때가 있고
영적으로 탈진될 수 있습니다.
선한 삶을 살아가는 이들이 더 많이 지치고 힘들어 합니다.
여기에 쓰러진 마음을 일으키시는 하나님의 자상하고 힘 있는 손길이 있습니다.
다니엘을 향한 주님의 말씀입니다.
"큰 은총을 받은 사람아! 내 말을 듣고 일어서라!"
오늘 저희들에게도 그 은총의 여진이 느껴집니다.
저희도 힘을 내서 일어나겠습니다.

🕯 오늘의 기도

주님, 힘들고 지칠 때 주님의 손길로 우리를 어루만져주시고 안아주시니 감사합니다.
내 힘으로 안 되니 주님을 의지하겠습니다. 내 마음으로 안 되니 주님의 뜻을 구하겠습니다.
은총을 입은 자로서 지치지 않고, 선한 길을 온 힘을 다해 걷겠습니다. 아멘.

236

/

성경을 통해 하나님을 알고 하나님의 뜻과 사랑을 깨닫게 되니
감사합니다. 우리의 삶 속에서 하나님의 뜻과 사랑을 체험하고
하나님의 다스림이 얼마나 좋은지 직접 깨닫는 시간이 많았으
면 좋겠습니다.

오늘의 말씀

그날에는 내가 그들을 위하여 들짐승과 공중의 새와 땅의 곤충과 더불
어 언약을 맺으며 또 이 땅에서 활과 칼을 꺾어 전쟁을 없이 하고 그들로
평안히 눕게 하리라 _호 2:18

묵상

전쟁의 그림자가 도처에 드리워져 있습니다. 점점 급박해지는 전쟁의 소식이
평화를 갈망하는 우리들의 마음을 불안하게 합니다.
평화를 위해서라고 말하면서 전쟁 준비에 열중하고,
강 대 강으로 부딪치는 모습에서 피를 부르는 예후의 칼날이 떠오릅니다.
하지만 이 때, 하나님의 말씀을 듣습니다.
하나님은 자신의 백성들을 위하여 칼과 활을 치우십니다.
전쟁을 없애고 평안하게 눕게 하겠다 약속해주십니다.
그리고 의와 진실과 긍휼로 그들 곁에 다가서십니다.
이것이 바로 하나님의 방법입니다.
평화, 사랑, 모든 이들이 다정하게 지내는 아름다운 세상입니다.

 오늘의 기도

주님, 욕심과 야망과 갈등과 이기심이 경쟁이 되고 전쟁이 되는 세상입니다. 이 땅에 살아가는 이들에게
씻지 못할 상처를 주고 깊은 슬픔이 됩니다. 주님께 빕니다. 폭력을 넘어서게 하소서. 평화로 미움을 넘어
서게 하소서. 용서와 사랑으로 평화를 위해 일하는 이들이 되게 하옵소서. 아멘.

237
/

∝ 하루를 열며

베란다에 있는 작은 화분에 물을 줍니다. 가끔 선물처럼 피어나는 꽃으로 위로를 받고 기쁨을 얻습니다. 정성과 사랑을 쏟으니 환한 꽃과 향기로 보답을 합니다. 참 고마운 꽃들입니다.

오늘의 말씀

그러므로 이 땅이 슬퍼하며 거기 사는 자와 들짐승과 공중에 나는 새가 다 쇠잔할 것이요 바다의 고기도 없어지리라 _호 4:3

 묵상

'그러므로' 땅이 슬프고, 들짐승과 새들이 지쳐 힘이 없고,

바다에서는 고기가 멸종하게 되리라.

무서운 재앙 심판이 예고됩니다. 그 원인이 앞에 나옵니다.

"진실도 없고, 인애도 없고, 하나님을 아는 지식이 없다."

하나님의 피조세계는 신경세포처럼 연결되어 있습니다.

인간만 잘 사는 법 없고, 동식물 없이 인간이 행복해질 수 없습니다.

진실과 인애는 지구 공동체의 행복을 위한 가치이며,

하나님을 아는 지식은 우주 만물이 함께 행복하기 위한 길입니다.

그 비밀을 아는 호세아는 목이 터져라 외쳤습니다.

"여호와께 돌아가자!"

"여호와의 말씀을 들으라!"

오늘의 기도

주님, 온누리에 하나님의 샬롬의 은총이 이루어지게 하옵소서.

진실과 인애로 살고 하나님의 마음을 알아드리는 삶을 살겠습니다. 아멘.

238

/

빛살
가운데

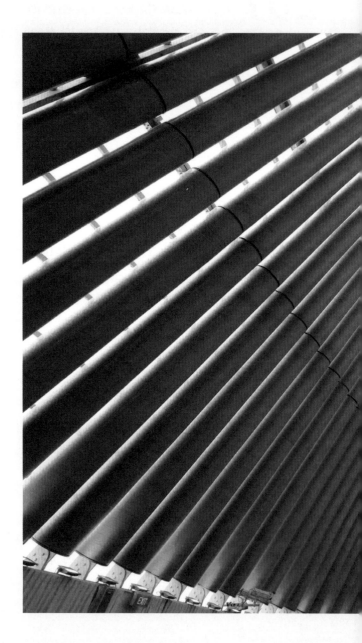

239
/

오늘은 무엇보다 솔직하게, 나 자신이 하나님을 얼마나 알고 있는지를 돌아봅니다. 하나님의 마음을 더 깊이 알고자 깊이 기도하며, 주신 말씀에 마음을 모읍니다. 오늘도 그분의 말씀이 우리를 선한 길로 인도해주시길 기대합니다.

오늘의 말씀

오라 우리가 여호와께로 돌아가자. 여호와께서 우리를 찢으셨으나 도로 낫게 하실 것이요 우리를 치셨으나 싸매어주실 것임이라 _호 6:1

🌿 묵상

큰 위로와 안심이 되는 말씀입니다.

아무리 힘들고 어려워도 돌아갈 아버지의 품이 위안입니다.

그림자만 보고도 버선발로 뛰어나와 눈물로 안아주시는

아버지가 계시니 감사합니다.

바닥을 친 인생에서 아버지가 계심을 기억하게 하셔서 희망을 얻었습니다.

다시 돌아가 만난 아버지는 큰 바위 같은 아버지셨습니다.

못할 짓을 한 아들에게 한마디 묻지 않으시고, 더 큰 사랑으로 품어주셨습니다.

호세아의 외침은 그 아버지께로 돌아가야 살 수 있다는 절실한 호소입니다.

하나님 앞에서 우리의 죄가 드러나니 우리의 마음은 힘들고 낙심할 수 있지만,

그분 앞에서 우리의 죄가 치료되고 새 힘을 얻으니 우리는 돌아가야 합니다.

하나님의 은혜와 사랑의 품으로 돌아가야 합니다.

영과 진리로… 마음을 찢는 회개의 심령으로…

🕯 오늘의 기도

주님, 하나님 안에 평안과 기쁨이 있습니다.

우리를 사랑으로 맞이해주시고 고쳐주시고 새롭게 하시는 그분께 돌아가

온전한 행복을 누리게 하옵소서. 아멘.

240
/

⌣ 하루를 열며

오늘 하루 우리의 마음으로, 행동으로, 우리의 언어로 그려질 그림들이, 잠드는 시간에 아름다운 그림으로 주님께 드려질 수 있도록 도우심을 간구합니다. 오늘도 말씀 가운데 살아계시는 하나님께서 우리의 삶에 함께 하시기를 기도합니다.

오늘의 말씀

그 그늘 아래에 거주하는 자가 돌아올지라 그들은 곡식 같이 풍성할 것이며 포도나무 같이 꽃이 필 것이며 그 향기는 레바논의 포도주 같이 되리라 _호 14:7

묵상

회복의 말씀입니다.

견디기 힘든 뜨거운 날들이 지나 간 후에

주님의 날개 그늘 아래에서 쉼을 누리며 새로운 꿈을 꾸는 희망의 선언입니다.

광야 너머에 약속의 땅이 있음은 광야를 건너가게 하는 힘이었습니다.

지금의 수고가, 지금의 인내가, 지금은 헌신이, 지금의 곧은 삶과 열정이

조금 힘들고 무겁게 느껴지지만…

황폐한 땅 예루살렘에 꽃이 피듯이, 거친 황무지가 포도원이 되듯이,

주님을 믿고 신실하게 살아온 우리의 삶에서 흘린 땀과 눈물과 수고가

하나님의 은혜로, 선한 향기 가득한 주님의 아름다운 정원이 되길 기도합니다.

주님의 날개 그늘 아래서…

오늘의 기도

주님, 들의 백합화처럼, 든든히 심어진 나무처럼 우리에게 주신 제 모습으로
주어진 역할을 잘 감당하며 복되게 살기를 소망합니다. 주님 함께해주옵소서. 아멘.

241

/

∽ 하루를 열며

하나님께서는 우상과 죄악에 빠진 백성들에게 지금이라도 늦지 않았으니 회개하고 돌아오라 그리하면 당신의 뜻을 돌이켜 재앙 대신 복을 주시겠다고 말씀하십니다. 주님, 나의 우상과 죄악을 버릴 수 있는 믿음과 용기를 주시옵소서.

오늘의 말씀

너희는 옷을 찢지 말고 마음을 찢고 너희 하나님 여호와께로 돌아올지어다 그는 은혜로우시며 자비로우시며 노하기를 더디하시며 인애가 크시사 뜻을 돌이켜 재앙을 내리지 아니하시나니 _욜 2:13

묵상

주의 백성이 금식하고 옷을 찢으며 주님 앞에 돌아옵니다.

허나 요엘은 '마음을 찢으라' 하십니다. 겉모습만으로는 안된다는 말씀이겠지요.

자신의 죄와 악에 대해 너무나 괴롭고 견딜 수 없어

마음을 쥐어뜯는 회개가 필요하기에… 이를 보고 하나님께서 마음을 돌이켜

우리에게 불쌍히 여기고 자비를 베푸시도록…

하나님이 기다리고 계십니다.

은혜와 자비로운 마음으로 화를 참고, 화난 마음보다 더 큰 사랑으로…

그러니 이제라도 돌아가야 합니다.

처음 마음으로, 주님을 만난 처음 자리로 다시 돌아가야 합니다.

옷을 찢는 행위가 아닌 몸, 마음, 영혼, 온 삶을 다해 주님께 돌아가야 합니다.

그래야 살 수 있습니다.

오늘의 기도

주님, 힘을 주옵소서.

늦기 전에 돌아갈 믿음과 용기를 주옵소서. 주여… 아멘.

242

〜 하루를 열며

어떤 분의 말이 생각납니다. 산책은 살아 있는 책을 만나는 시
간이니 자주 밖으로 나가 산책하며 꽃도 보고 나무도 보고 하늘
도 보고 자연에 담긴 향기도 느껴보라는 것입니다. 그분의 말을
듣고 산책하기를 참 잘했다는 생각을 열 번은 더 했습니다.

오늘의 말씀

사자가 부르짖은즉 누가 두려워하지 아니하겠느냐 주 여호와께서 말씀
하신즉 누가 예언하지 아니하겠느냐 _암 3:8

묵상

사자는 사자의 부르짖음을… 늑대는 늑대의 울음을…

하나님의 사람은 하나님이 주신 외침을…

드고아 시골 농부의 입술과 가슴에 하나님이 불을 붙여주셨습니다.

하나님의 사람으로 부름 받은 아모스, 선택의 여지가 없었습니다.

가슴에 차오른 말을 불같이 물같이 쏟아냅니다.

내 안에 있는 것은 무엇인가요? 이루지 못한 것에 대한 변명과 갖지 못한 것에 대한
투정이요, 돼먹지 못한 설익은 인간의 넋두리요, 숨겨지지 않는 욕망의 그늘에서 자
란 탐욕이며, 가인의 후예임을 드러낸 폭력의 칼날인가요?

아니면 선하고 밝은 빛으로 내 마음을 압도하시고

십자가의 은총으로 새롭게 하신 하나님의 말씀과 뜻인가요?

"이제는 내가 사는 것 아니요 내 안에 계신 주님이 사십니다."

주님으로 사는 삶이 복입니다. 좁은 길이지만 기쁨과 감사로 걷는 구원의 길입니다.

오늘의 기도

주님, 우리 안에 주님의 뜻을 세우시고
주님의 말씀을 주옵소서. 아멘.

243

___/___

인간은 누구나 선을 좋아하고 악을 미워하지만, 하나님이 원하시는 선은 형식적이고 가식적인 모습이 아니라 삶을 통해 자녀됨을 증거하는 삶이라고 말씀하십니다. 거짓과 위선이 가득찬 세상에 주님의 정의와 공평이 강물처럼 넘치게 하옵소서.

오늘의 말씀

너희는 악을 미워하고 선을 사랑하며 성문에서 정의를 세울지어다 만군의 하나님 여호와께서 혹시 요셉의 남은 자를 불쌍히 여기시리라
_암 5:15

🌿 묵상

아모스의 고향인 드고아에 간 적이 있었습니다.
여러 해 전, 교우들과 함께 성서의 땅을 여행하던 때였습니다.
그곳 비탈진 언덕에 힘겹게 살아가는 팔레스타인들을 위해
감람나무(OliveTree)를 심었습니다.
땀 흘려 심은 후에 언덕에 서서 드고아 건너편 아모스의 고향을 바라보았습니다.
하나님의 정의와 공의가 강물같이 흘러야 한다 외쳤던
아모스의 외침이 들리는 듯 했습니다.
"너희는 악을 미워하고 선을 사랑하며 성문에서 정의를 세울지어다."
오늘 우리 삶의 자리에서 울리는 아모스 선지자의 음성을 듣습니다.
"선을 사랑하라. 악을 미워하라. 올바른 판결이 성문에서 이루어지게 하라."
우리를 향한 주님의 음성입니다.

🕯 오늘의 기도

주님, 말씀으로 세상을 바르게 분별하고 진리로 살아가게 하옵소서.
끊임없이 우리에게 들려주시는 하나님의 말씀에 마음을 두고 자유하길 원합니다.
세상의 힘이 아닌 하나님의 능력에 우리의 삶을 맡기고 살게 하옵소서. 아멘.

244

/

 ◁ 하루를 열며

코람 데오(CORAM DEO)! 사랑 많으신 하나님께서 우리를 지켜보고 계십니다. 우리를 자상하게 보살피시는 하나님의 사랑과 말씀 안에서, 하나님께 기쁨과 자랑이 되는 복된 모습으로 살아가길 빕니다. 하나님 앞에서…

오늘의 말씀

그 모든 말을 이 땅이 견딜 수 없나이다 _암 7:10뒤

묵상

아모스의 말을 듣고 아마샤가 왕에게 한 말입니다.
죄악에 물든 땅이 하나님의 말씀에 반응한 것입니다.
"이 땅이 견딜 수 없습니다."
아마샤는 하나님의 말씀을 전하는 아모스를 남쪽으로 쫓아내버렸습니다.
그가 전하는 하나님의 말씀이 듣기 싫었던 것입니다.
"하나님의 말씀은 살았고 생명력이 있어 날선 검처럼
우리의 죄를 쪼개고 밝히 드러내는 능력이 있습니다"(히 4:12).
하나님 말씀 앞에서 우리의 죄는 드러나고,
우리의 잘못으로 인해 부끄럽고, 가슴이 찔려 아파할 수밖에 없습니다.
아침에 주님의 말씀을 대하면서, 그 말씀 앞에 바르게 서봅니다.
말씀의 거울이 나를 비추어 보게 하고, 말씀의 유리창이 하나님을 만나게 합니다.
주님께서 찔리는 저의 가슴, 떨리는 저의 가슴을 보듬고 안아주셨습니다.

오늘의 기도

주님, 주님의 말씀 앞에 섭니다.
자비와 긍휼로, 사랑과 은총으로 우리의 떨리는 마음에 평안을 주시고
찔리는 마음에 새로운 거듭남의 용기를 허락하옵소서. 아멘.

수
고

246

/

하나님이 하시는 일을 생각할 때마다 우리가 얼마나 작고 어리석은지를 절감하게 됩니다. 하늘만 자주 보아도 마음이 트이는데 하나님을 알고 그분의 세계 속에 머물면 얼마나 좋을까요. 우리의 마음도 영혼도 삶도 넓고 깊어지겠지요.

오늘의 말씀

네가 형제의 날 곧 그 재앙의 날에 방관할 것이 아니며 유다 자손이 패망하는 날에 기뻐할 것이 아니며 그 고난의 날에 네가 입을 크게 벌릴 것이 아니며… _욥 1:12

🌿 묵상

유다가 바벨론의 폭력에 무너졌습니다.

그 곁에서 그 패망의 비극을 줄곧 보아온 이가 에돔입니다.

하나님은 그 에돔의 모습에 화가 나셨습니다.

그들은 방관하고 모른 척 했습니다.

그들은 남의 불행 속에서 자신의 이익을 생각하며 기뻐했습니다.

그들은 고통을 보면서도 입을 크게 벌리고 웃는 비정한 백성이었습니다.

하나님은 참을 수 없었고, 에돔을 징계하신 것입니다.

우리에게 주는 귀한 교훈입니다.

"불의를 보고 편안한 침묵을 택하지 말라!

이웃의 아픔과 고통에 진심으로 반응하라!

불편하더라도 함께 살아가는 삶을 살라!"

🕯️ 오늘의 기도

주님, 이웃의 어려움에 그저 지나치지 않게 하시고 마음을 기울여 주님의 사랑을 아는 자로 살아가길 원합니다. 작고 작은 이기심과 안일함에 매몰되지 않게 하시고 더 넓은 사랑의 세상에서 살게 하옵소서. 아멘.

247

∽ 하루를 열며

하나님께서는 우리로 하여금 당신의 뜻을 따라 살아갈 것을 원하십니다. 나의 생각과 다르더라도 그 뜻이 하나님의 뜻이기에 따르면, 그 일을 통해 하나님의 거대한 계획을 알고 놀라운 경험을 하게 될 것입니다.

오늘의 말씀

일어나 저 큰 성읍 니느웨로 가서 내가 네게 명한 바를 그들에게 선포하라 하신지라 _욘 3:2

🌿 묵상

하나님의 사랑의 범위는 얼마나 될까요? 그 대답이 요나서에 있습니다.
요나에게 있어서 하나님의 사랑의 대상은 '이스라엘' 자신의 민족입니다.
그래야 마음이 편하고, 그래야 하나님이 살아계시며,
자신의 민족을 보호해주시는은혜와 사랑의 하나님이 되어집니다.
그러나 하나님의 생각은 달랐습니다.
요나에게 자신의 민족을 괴롭히는 앗수르의 수도 니느웨로 가라 하십니다.
가서 '내가 너희들도 사랑한다'는 그 마음을 전하고, '돌아오길 기다린다'고
선포하라 하십니다. 억지로 전합니다. 이해도 안 되고 납득할 수도 없었지만…
그러나 여기에 하나님의 사랑이 있었습니다.
이것이 바로 하나님의 사랑의 크기요 범위입니다.
혐오와 차별이 많은 세상에서 주님의 말씀을 듣습니다.
나와 다르고 낯선 것은 일단 접고 보는 이기적인 세상에서 주님의 말씀을 듣습니다.

🕯 오늘의 기도

주님, 하나님의 크고 넓은 사랑을 더 깊이 깨닫게 해 주옵소서. 내 좁은 생각과 마음에 주님을 가두기보다 하나님의 넓은 세계에서 참 자유한 주님의 백성으로 살아가게 하옵소서. 낯선 이웃을 대함에 너그럽게 하시고, 차별하지 않는 넉넉한 마음으로 그리스도의 사랑을 실천하게 하옵소서. 아멘.

248

/

〜 하루를 열며

눈앞의 이익을 위해 불의와 거짓으로 다른 사람들을 희생시키는 것은 예나 지금이나 변함이 없습니다. 이러한 일들은 왜 사라지지 않을까요? 우리가 입술로는 하나님을 찾고 있으나 삶은 믿지 않는 사람들과 별반 차이가 없기 때문이 아닐까요? 예수님께 배운 남다른 삶의 방식이 필요한 때입니다.

오늘의 말씀

이러므로 너희로 말미암아 시온은 갈아엎은 밭이 되고 예루살렘은 무더기가 되고 성전의 산은 수풀의 높은 곳이 되리라 _미 3:12

묵상

"모래 위에 세운 집은 아무리 멋져도 세찬 바람에 무너지리라"(마 7:26-27 요약).
굳이 예수님의 말씀을 기억하지 않아도,
우리는 어릴 적 바닷가 모래성 놀이를 통해 그 진리를 몸으로 배웠습니다.
애써 쌓아놓은 인생도 그 기초와 터가 튼튼하지 않으면
아무것도 남지 않는다는 것을 아는 것이 지혜인 까닭입니다.
생각해보면 이 단순한 진리를 알고 깨닫는 데 참 많은 시간이 걸렸습니다.
많은 것을 잃어보고, 수많은 시간이 지나가고, 제 발등을 찧는 낭패와
뼈저린 후회들의 선물입니다.
오늘 말씀을 통해 다시 한 번 느낍니다.
후회하기 전에 회개하고, 무너지기 전에 바로 세우며,
제대로 살겠습니다.

오늘의 기도

주님, 욕심내지 않고, 겸손한 마음으로 변하지 않는 신실한 신앙으로 살겠습니다.
힘들고 어려워도 주님 곁에 잘 붙어 있어 기쁨과 감사와 열매가 있는 든든한 반석 위에
제 집을 짓게 하옵소서. 아멘.

249
/

🐟 **하루를 열며**

사람들의 잘못된 습관과 행동 때문에 코로나19라는 고난이 우리들에게 오지 않았는지 생각해봅니다. 이제는 바뀌어야 하는 것들이 무엇인지 깊이 생각하고, 하나씩 바꾸어 가면서 살아가는 지혜가 필요한 때입니다.

오늘의 말씀

베들레헴 에브라다야 너는 유다 족속 중에 작을지라도 이스라엘을 다스릴 자가 네게서 내게로 나올 것이라 _미 5:2앞

🌿 묵상

베들레헴 에브라다는 작고 작은 마을입니다. 아주 작은 곳에서 하나님의 구원의 역사가 시작될 것이라는 예언입니다. 신영복 선생님은 "중심부는 변방의 자유로움과 창조성이 없어 무너지며, 그 변방은 그 힘으로 새로운 역사의 첫 돌이 될 것이라"고 말합니다. 베들레헴, 에브라다, 골고다 십자가, 예수 그리스도⋯ 모두 변방이요 눈여겨 보지 않으면 보이지 않을 작은 것들입니다. 물고기 두 마리, 빵 다섯 개, 가난한 여인의 동전 두 닢, 잃어버린 양 한 마리, 키 작은 삭개오, 사마리아 우물가의 부끄러운 여인, 간음하다 붙잡혀 온 가련한 죄인, 십자가 곁에 있었던 죄인, 스승을 배신하고 갈릴리로 낙향한 부끄러운 제자들⋯ 모두 작습니다. 아니 작아졌습니다.

예수님은 작아진 그곳에 하나님의 생기를 불어 넣고, 사랑의 은총을 더해서 제 모습으로 살아가도록 힘이 되어주셨습니다. 위축된 삶, 초라해진 모습이지만 원래 하나님의 형상을 품은 하나님의 자녀임을 깨닫게 해주셨습니다. 작은 곳 같지만, 바로 그곳에서 새로운 역사는 시작되고, 참 구원과 희망의 물결이 시작되었습니다.

🕯️ 오늘의 기도

주님, 십자가의 은혜를 잊지 않겠습니다. 비교하며 낙심하지 않도록, 실패 속에 지치지 않도록, 성공 가운데 교만하지 않도록, 주님, 저희 마음과 삶을 지켜주옵소서. 아멘.

250
/

∝ **하루를 열며**

극심한 변화로 이제껏 경험하지 못했던 세계를 만나고 있습니다. 반성하고 내다보면서 우리의 삶을 다시 한 번 조율해봅니다. 편리와 욕심을 따라 살아온 삶에서 하나님의 뜻을 조심스레 헤아리며 사는 모습으로 바꾸어 살아가려 애써보겠습니다.

오늘의 말씀

니느웨는 공허하였고 황폐하였도다 주민이 낙담하여 그 무릎이 서로 부딪히며 모든 허리가 아프게 되며 모드 낯이 빛을 잃도다 _나 2:10

🌿 묵상

그 당시 역사에서 무대의 주인공은 앗수르였습니다.
그 강력한 위세에 짓눌려 온 세상이 공포에 떨던 시절이었습니다.
앗수르제국과 그 나라의 수도인 니느웨는 절대 망할 수 없는
광활하고 웅장한 도시입니다. 그런데 하나님의 생각은 달랐습니다.
세상 힘의 중심이던 앗수르가 없는 세상을 상상할 수도 없을 때
하나님은 그의 사람 나훔을 통해서 그 상상을 하게 합니다.
하나님의 권세로 앗수르와 니느웨가 무너진 세상!
앗수르는 바람에 나는 겨와 같이 흩어져 버리고 하나님의 나라가 다시 서는
아름다운 상상입니다. 그리고 얼마 후 이는 상상이 아닌 현실이 됩니다.
하나님의 생각 속에서 우리가 산다는 것은 부푼 풍선 같은 세상의 힘에 겁먹지 않고
알곡처럼 영글어 세상을 풍요롭게 하시는 하나님의 뜻으로 사는 일입니다.
신앙은 바로 여기에서 시작합니다.

오늘의 기도

주님, 주님의 사랑과 신실하심 외에 이 세상에 굳건히 서 있는 것은 아무것도 없습니다. 그 믿음으로 살아가게 하시고, 말씀 안에서 믿음의 안목이 넓어지게 하옵소서. 아멘.

251

/

◁ 하루를 열며

주님을 구원의 주로 고백하고, 이제는 뒤돌아보지 않겠다는 젊은 날의 고백이 생각납니다. 이 가을에 하나님 앞으로 나아가서 말씀을 깊이 묵상하고 조금이라도 더 주님을 닮아가는 삶으로 나아가길 원합니다.

오늘의 말씀

비록 무화과나무가 무성하지 못하며 포도나무에 열매가 없으며 감람나무에 소출이 없으며 밭에 먹을 것이 없으며 우리에 양이 없으며 외양간에 소가 없을지라도 나는 여호와로 말미암아 즐거워하며 나의 구원의 하나님으로 말미암아 기뻐하리로다 _합 3:17-18

묵상

인생을 행복하게 살아가는 지혜가 이곳에 담겨 있기 때문입니다.
소유가 아니라 존재가 행복입니다.
하박국은 원래 세상을 향해 불평과 불만이 가득한 사람이었습니다.
오죽하면 하나님께
"당신이 제대로 일을 안 하니 세상이 이렇습니다"라고 따졌을까요?
하지만 그는 깨닫습니다.
하나님을 사랑하는 자들의 삶은 그분으로 인해 행복함을…
주님이면 됩니다.

오늘의 기도

남들과 비교하며, 왜 나만 이래야 하냐고 원망하기도 했습니다. 다른 이들의 도움으로 누렸고 평안하게 지내게 되었지만, 모든 것이 내가 얼마든지 누릴 수 있는 마땅한 것으로 생각하였습니다. 불평하며 삶을 초라하게 했던 지난날을 회개합니다. 저희가 오늘의 하박국입니다. 주님만으로 감사하게 하옵소서. 아멘.

252

/

신
비

광주 2018

253

/

하루를 열며

곤고하고 가난한 자들에게 더 가까이 마음 쏟으시는 하나님 안
에서, 이 아침 우리가 새롭게 시작할 힘을 얻습니다. 하나님의
마음 따라 우리 마음과 손과 발이 상한 마음 있는 곳으로 향하
기를 원합니다.

오늘의 말씀

내가 곤고하고 가난한 백성을 네 가운데에 남겨두리니 그들이 여호와의
이름을 의탁하여 보호를 받을지라 _습 3:12

🌿 묵상

견실한 영적 삶은 하나님과 사람들 사이의 관계 속에 뿌리를 내리고 자라납니다.
영적인 삶이 자칫 하나님과 나 사이의 개인적인 그 무엇이라 오해하고 있다면
그 편견을 깨야 합니다.
기도와 찬양, 마음이 통하는 사람들과 함께 드리는 예배와 깊은 영감을 주는 말씀,
그리고 묵상 같은 개인적 신앙경험뿐 아니라,
내가 싫어하는 사람과 나를 싫어하는 사람을 대하는 방식과,
돈을 벌고 돈을 쓰고, 친절한 말과 행동으로 선대하고,
내 곁의 어려운 이를 그냥 지나치지 못하는 마음까지,
삶의 모든 모습이 견실한 영적 삶의 일부입니다.
하나님이 말씀하십니다. '너희 곁에 곤고하고 가난한 백성들이 있으니
그들을 돌보고 보살피며, 하나님의 마음이 저들에게 있음을 보이라.'
견실한 신앙의 삶을 지니고 살아가는 모습입니다.

🕯️ 오늘의 기도

언제나 어디서나 하나님의 자녀로 살아가는 기쁨을 잃지 않게 하시고,
나만의 기쁨으로 머무르지 않고 함께 살아가는 모든 이들이 누리는 큰 기쁨이요
감사가 되게 하옵소서. 아멘.

254
/

🐟 하루를 열며

하나님께서는 덧없는 이 세상에서 우리에게 영혼을 사모하는 마음을 주셨습니다. 채워도 허전하고 쌓아도 쉬 사라질 것으로 부터 돌이켜서 영원한 것을 위해 더욱 힘써 땀 흘리는 하루가 되시길 바랍니다.

오늘의 말씀

이 성전이 황폐하였거늘 너희가 이 때에 판벽한 집에 거주하는 것이 옳으냐_학 1:4

🌿 묵상

하나님의 교회는 건물 자체가 아닙니다.

사람의 손으로 지은 건물에 하나님이 계심이 아니라,

우리의 마음과 하나님의 이름으로 모인 곳이라면 어느 곳이나 주님이 계십니다.

그런데 오늘 학개 선지자를 통해서 주님께서 하신 말씀도 귀담아 들어야 합니다.

"하나님의 집, 하나님의 성전이 무너져 있는 이때에

너희 자신은 멋진 새 집을 짓고 산단 말이냐?"

예배 드리는 곳을 소홀히 여김은 그의 마음과 신앙의 밭에 잡초가 무성하게 하는 것이라는 말씀입니다. 학개의 성전 재건 목적은 건물의 완성이 아니었습니다.

하나님과의 관계 회복입니다.

그래서 예배를 드리는 곳은 중요합니다. 그곳에서 우리의 신앙의 삶이 배양되고 자라기 때문입니다. 소중한 곳은 소중히 여기고, 소중히 다루어져야 합니다.

그곳에 마음이 있기 때문입니다.

🕯 오늘의 기도

주님, 기도하고 선한 삶으로 믿음의 가정을 이루게 하시고,

주님의 교회를 소중히 여기고 마음으로 살피게 하옵소서. 아멘.

255

하루를 열며

요즘은 예배드리는 것조차 어려운 상황입니다. 그러나 어떤 상황에 있든지 우리가 있는 그 자리가 예배 자리가 되면 나의 삶이 하나님의 자녀로 든든히 서고, 희망의 길을 열어주시는 하나님을 온전히 만나게 될 것입니다.

오늘의 말씀

여호와께서 사탄에게 이르시되 사탄아 여호와께서 너를 책망하노라 예루살렘을 택한 여호와께서 너를 책망하노라 이는 불에서 꺼낸 그슬린 나무가 아니냐 하실 때에 _슥 3:2

🌿 묵상

'불에서 꺼낸 그슬린 나무.' 오늘 아침에 우리 마음에 새겨 볼 말입니다.

화롯불에 던져서 완전히 타 버려도 시원치 않을 죄인들이지만…

하나님의 사랑은 그 뜨거운 불에서 빼내어 다시 한번 희망의 싹을 돋게 하십니다.

어떻게 해서라도 희망을 버리지 않으시는 하나님의 모습입니다.

그러나 사탄은 그 하나님의 사랑의 깊이를 온전히 알지 못했습니다.

사람이 죄를 지었고 잘못했으니, 이제 그들에겐 징계와 징벌만 남았다 생각했지만,

하나님은 사탄에게 분명히 보여주셨습니다.

"주의 사랑은 결코 끊어낼 수 없음을…"

🕯 오늘의 기도

주님, 우리가 너무 힘들어 주님의 이름조차 부르기 어렵다 해도 우리를 찾아와 주시고
우리에게 자비를 베풀어 주옵소서. 어떤 상황, 어떤 환경 속에서도
그 하나님의 사랑을 만나는 시간이 되게 하옵소서. 아멘.

256

/

◁ 하루를 열며

새로운 아침입니다. 새날을 시작하는 마음에 하나님의 뜻, 하나님의 나라, 하나님의 이름이 잔잔히 머물며 우리의 삶을 인도해주시기 원합니다. 그분의 시선으로 세상을 보고, 그분의 눈길로 이웃을 보며, 하루를 감사와 기쁨으로 지내시기 바랍니다.

오늘의 말씀

그들이 듣기 싫어하여 등을 돌리며 듣지 아니하려고 귀를 막으며 그 마음을 금강석 같게 하여 율법과 만군의 여호와가 그의 영으로 옛 선지자들을 통하여 전한 말을 듣지 아니하므로 큰 진노가 만군의 여호와께로부터 나왔도다 _슥 7:11-12

🌿 묵상

"하나님의 말씀에 따라 살아가는 것이 복이 되는 길입니다. 서로서로를 공의와 자비로 대해야 합니다. 이웃에 약하고 가난한 사람이 있으면 도와주십시오. 거짓과 속임으로 이득을 취하지 말고, 정직함으로 바른 관계를 맺으십시오. 무례한 말과 무자비한 행동으로 사람의 마음을 아프게 하지 말고, 이웃의 어려움을 잘 들어주며 따뜻한 마음과 사랑으로 대하십시오."

하나님께서 예언자들을 통해서 전해주신 말씀입니다.

그런데 듣기 싫어하고 등을 돌리고 귀를 막아버렸습니다. 그분의 말씀을 듣는 것이 복인데… 금강석 같이 굳어진 마음은 하루 아침에 하나님께로 열리지 않습니다.

온 힘을 다해 언제 어디서나, 어떤 상황에서도 주님을 향해 눈을 열고

마음을 열고 삶을 열 때, 그분과의 깊은 사귐이 있는 복된 이로 살아가게 됩니다.

"주의 말씀은 내 발의 등불이요 내 길의 빛이 됩니다."

오늘의 기도

주님, 늘 말씀 안에서 저에게 주시는 하나님의 음성을 듣게 하옵소서.

말씀에서 힘을 얻어 담대하게 진리의 길을 걷게 하옵소서. 아멘.

257

/

✎ 하루를 열며

임마누엘의 하나님께서 우리와 함께 하시며 우리의 가정과 일 터와 그리고 교회를 보살펴주십니다. 감사의 믿음과 동행의 믿음이 우리의 삶을 든든히 지켜주시고 좋은 믿음의 삶을 살아가게 도와주십니다. 이 믿음으로 하루를 시작합니다.

오늘의 말씀

그날에 생수가 예루살렘에서 솟아나서 절반은 동해로 절반은 서해로 흐를 것이라 여름에도 겨울에도 그러하리라 _슥 14:8

🌿 묵상

에스겔 선지자에게 보여주신 성전에서 솟는 생명의 샘물을 보는 듯합니다.
성전에서 솟아오른 물이 내를 이루고 강을 이루고
온 세상을 덮고도 남을 바다를 이루는 주님께서 주신 희망의 꿈입니다.
바벨론의 오랜 포로생활은 하나님의 백성이라는 긍지를 허물어뜨렸습니다.
자존감도 품위도, 하나님의 사람다운 굳건함도 다 사라진 형편없는 삶으로
전락해버렸습니다.
스가랴 선지자는 굳건히 믿었습니다.
"이 백성이 잃어버린 정체성을 회복하고 다시 존귀해지는 길은
하나님의 말씀과 뜻으로 다시 서는 것밖에 없음을…"
주님의 말씀이 바로 생명샘의 근원이십니다.

🕯 오늘의 기도

주님, 주님의 사랑을 알고 나와 함께 하심을 알면서도, 내 안에 있는 연약함과 부족함이
나를 넘어지게 합니다. 조금만 힘들어도 위축되고 조금만 어려워도 낙심할 때가 많습니다.
주님 도우시고 힘이 되어주셔서 믿음으로 살아가도록 인도해주옵소서. 아멘.

258

/

저희의 마음에 순간순간 욕심과 이기심, 잘못된 마음과 헛된 생각들이 차오릅니다. 하나님의 사랑이 머무르는 내 삶에 이물질이 가득해져 주님 뵙기 민망해질 때가 한두 번이 아닙니다. 말씀으로 기도로 하나하나 우리의 마음을 정결케 하며, 순도 높은 신앙의 삶을 살아가려 애써봅니다.

오늘의 말씀

만군의 여호와가 이르노라 너희의 온전한 십일조를 창고에 들여 나의 집에 양식이 있게 하고 그것으로 나를 시험하여 내가 하늘 문을 열고 너희에게 복을 쌓을 곳이 없도록 붓지 아니하나 보라 _말 3:10

🌿 묵상

이 말씀에 담긴 깊은 뜻 하나, 구약의 십일조는 이웃에 대한 사랑과 돌봄의 의미라는 것입니다. 십일조를 드림은 '나 홀로 잘 먹고 잘 누리지 않겠습니다'는 약속이요, 나에게 베푸신 하나님의 은총을 이웃과 나누며 하나님의 아름다운 공동체를 세워가는 소중한 노력입니다.

이 말씀에 담긴 깊은 뜻 둘, '온전한 십일조'는 나의 삶을 지키는 힘이 돈에 있지 않고 하나님께 있다는 고백입니다. 성실한 헌금 생활은 나의 삶을 하나님의 뜻과 은총 안에서 살아가는 실천입니다. 돈 욕심 내지 않고, 이 돈으로 내 삶을 멋지게 만들겠다는 헛된 기대가 아닌, 하나님을 온전히 의지하고 살아가는 신실한 마음입니다.

인간적 셈이 아니라 하나님의 말씀에 순종하여 복된 손으로 선한 삶을 살아가는 신앙 고백이 바로 신실한 헌금생활입니다.

'온전한 십일조'를 드리겠습니다.

하나님 안에서 복이 되는 삶을 살고 싶습니다.

🕯 오늘의 기도

주님, 내 삶이 힘들다 하여 잊지 않게 하시고, 내 삶이 넉넉하다 하여 잊지 않게 하옵소서. 하나님의 사랑을 깊이 경험한 주님의 백성답게 온전한 십일조를 드리며, 그 사랑을 표현하며 살게 하옵소서. 그런 순종의 삶을 통해서 더욱 풍성해지는 기쁨과 보람의 삶을 누리게 하옵소서. 아멘.

259

/

주의
날개 아래

260

～ 하루를 열며

모든 것이 넘쳐나는 세상에 살고 있습니다. 많은 것들이 우리의 눈과 귀를 자극하고 유혹하며 마음을 흩어지게 합니다. 그러나 모든 것이 흩어지게 하는 가운데서도 우리를 하나 되게 묶는 것이 있습니다. 우리의 생명의 양식, 바로 하나님의 말씀입니다.

오늘의 말씀

그때에 예수께서 성령에게 이끌리어 마귀에게 시험을 받으러 광야로 가사 _마 4:1

🌿 묵상

세례를 받으신 후에 예수님은 거칠고 황량한 광야로 나가십니다
자신의 의지가 아닌, 성령께서 그 손을 잡아 광야로 이끄신 것입니다.
공생애의 시작이 쉽지 않습니다. 마귀와 한 판 대결을 해야 합니다.
처음 사람인 아담이 진 마귀에게 다시 한 번 도전장을 내미신 것입니다.
첫 번째 아담이 '먹음직', '보암직'에 넘어가 버렸다면,
두 번째 아담인 예수님은 '하나님의 말씀'으로 이겨내셨습니다.
돌이 떡 되는 '먹음직'도 이겨내시고
세상의 부귀영화의 '보암직'도 이겨내셨습니다.
"사람이 떡으로만 살 것이 아니요
하나님의 입으로부터 나오는 모든 말씀으로 살 것이라."
우리는 광야 같은 세상에 서 있습니다.
유혹, 시험, 시련 많은 이 세상에서 말씀으로 이겨내게 하옵소서.

🕯 오늘의 기도

주님, 오늘 말씀을 통해 만난, 광야에 선 예수님을 생각합니다.
예수님이 그 광야의 모든 유혹과 시험을 이겨내신 것처럼,
광야 같은 인생을 살아가는 저희도 잘 이겨내며, 승리의 삶을 살게 하여주옵소서. 아멘.

261

/

얼마나 가져야 우리는 만족할 수 있을까요? 우리는 또 무엇을 구하여야 할까요? 하나님께서 이 시간 주님의 문 앞에서 서성이는 우리들에게 말씀하여주시기를 소망합니다. 오늘 저에게 주신 하나님의 은혜와 사랑을 기억하겠습니다.

오늘의 말씀

예수께서 이르시되 여우도 굴이 있고 공중의 새도 거처가 있으되 인자는 머리 둘 곳이 없다 하시더라 _마 7:10

묵상

서서평(徐舒平, Elisabeth Johanna Shepping, 1880~1934) 선교사가 계십니다.

참 귀한 분입니다. 그분의 삶을 생각하면 예수님이 떠오르게 되는 분입니다.

한 평생 예수님의 마음을 지니고 살아간 의료 선교사, 교육 선교사입니다.

서서평 선교사가 돌아가셨을 때, 그녀에게 남은 것은 곡식 한 홉,

옷 한 벌, 동전 몇 개였습니다.

"땅에 미련을 두면 하늘 일을 하기 어렵고,

땅에서 잃을 것이 많으면 하늘에 속한 삶을 살기 어렵다."

주님은 그 말씀을 몸으로 살아내셨습니다.

외로움 속에 의로움이 있습니다.

덜어내기, 내려놓기, 나누기, 포기하기…

믿음과 용기를 갖고 힘써야 할 일들이 참 많습니다.

외로울 때 주님 생각하며, 의로운 길을 용감히 걷겠습니다.

오늘의 기도

주님, 내 생각만 하느라 하나님을 잊고, 내가 원하는 것만 하나님께 기도했습니다. 저희의 이기적인 모습과 어리석음을 용서하시고, 하나님의 자녀다움, 풍성함과 자유로움으로 넉넉히 살아가게 하옵소서.

늘 하나님께 감사하게 하시고, 서로의 삶을 살피며 선한 삶을 이루게 하옵소서. 아멘.

262

∝ 하루를 열며

각자의 삶의 멍에로 땅만 바라볼 때 마음이 우울해지지만, 주님으로 인해 비로소 우리는 푸른 하늘을 향해 고개를 들 수 있습니다. 오늘도 말씀 가운데 살아계시는 하나님께서 여러분의 삶에 함께 하시길 기원합니다.

오늘의 말씀

수고하고 무거운 짐 진 자들아 다 내게로 오라 내가 너희를 쉬게 하리라. 나는 마음이 온유하고 겸손하니 나의 멍에를 메고 내게 배우라. 그리하면 너희 마음이 쉼을 얻으리니 이는 내 멍에는 쉽고 내 짐은 가벼움이라
_마 11:28-30

묵상

쉼!

쉼으로 숨을 고르고,

다시 섬으로 힘차게 살아가라.

쉼, 숨, 섬이 합쳐져 한 글자가 되었습니다.

가락재 수도원에서 보고, 제 삶에 깊이 들어온 '쉼'입니다.

그날에 '쉼'과 함께 오늘 말씀의 '멍에'가 다가옵니다.

'나의 멍에를 메고 내게 배우라'

주님의 십자가입니다.

겸손과 온유한 마음으로 지고 가야하는 멍에, 십자가입니다.

그리하면 마음에 쉼을 얻게 될 것이라 말씀해주십니다.

십자가에 참 쉼이 있습니다.

십자가는 구속이 아니라 자유함입니다.

오늘의 기도

주님, 사랑의 품에서 쉬며, 하나님이 주신 제 숨을 쉬겠습니다. 말씀으로 다시 일어나, 주님이 부탁하신 소중한 일을 겸손과 온유로 하겠습니다. 도우소서. 아멘.

263

〰 하루를 열며

성경을 보면서 가장 마음에 와 닿는 것은 작은 자(것)에 대한 관심입니다. 크고 화려하고 멋진 것에 눈길을 주는 세상과 다른 눈길로 사람을 보고 세상을 바라보는 성경의 마음이 참 좋습니다. 오늘은 그와 같은 따뜻한 마음으로 시작합니다.

오늘의 말씀

주인이 이르되 가만 두라 가라지를 뽑다가 곡식까지 뽑을까 염려하노라
_마 13:29

🌿 묵상

하나님 나라에 대한 예수님의 비유입니다. 좋은 곡식 가운데 가라지가 생겼습니다. 나쁜 마음을 가진 이가 몰래 뿌려 놓고 간 것이랍니다. 보기에도 좋지 않고 볼 때마다 화가 납니다. 일꾼들이 주인에게 가서 말합니다. "뽑아내야겠습니다!" 그런데 주인의 생각은 조금 달랐습니다. "아니다, 추수 때까지 함께 자라게 두라." 그렇게 말하는 주인의 생각에서 하나님 나라를 엿봅니다.

"가라지를 뽑다가 곡식까지 뽑을까 염려된다."

종들은 가라지를 뽑아 내버리는 것에 관심이 있었습니다. 주인은 혹여 그러다가 곡식까지 상할까 염려합니다. 그 염려에 하나님 나라의 진정한 구원을 알게 하십니다. "내가 십 명으로 말미암아 멸하지 아니하리라"(창 18:33). "나를 찾으라 그리하면 살리라"(암 5:4). "하나님이 세상을 이처럼 사랑하사 독생자를 주셨으니 이는 그를 믿는 자마다 멸망하지 않고 영생을 얻게 하려 하심이라"(요 3:16). "너희가 만일 정의를 행하며 진리를 구하는 자를 한 사람이라도 찾으면 내가 이 성읍을 용서하리라"(렘 5:1).

🕯 오늘의 기도

주님, 감사합니다. 노하기를 더디 하시고 자비로우시며 오래 참아 주시는 하나님의 마음을 늘 기억하면서 주님의 나라를 위해 일하겠습니다. 아멘.

264

/

◁ 하루를 열며

아침에 일어나 창문을 활짝 열면 선선한 가을바람이 우리의 몸과 마음을 상쾌하게 합니다. 이 아침에 주신 하나님의 말씀으로 하루를 열며, 험난한 세상 피할 길을 주시는 주님의 은혜를 사모합니다.

오늘의 말씀

너희 생각에는 어떠하냐 만일 어떤 사람이 양 백 마리가 있는데 그 중의 하나가 길을 잃었으면 그 아흔아홉 마리를 산에 두고 가서 길 잃은 양을 찾지 않겠느냐 _마 18:12

묵상

양 한마리가 길을 잃었습니다.
양이 길은 잃은 것은 주인을 잃어버린 것입니다.
주인 곁의 모든 안전함과 풍요함이 없는, 불안함 가운데 버려진 것입니다.
장터에서 엄마 손을 놓쳐버린 아이처럼…
아이는 울음을 터뜨려
엄마가 자신의 목소리를 듣고 찾아오기만을 절절히 기다립니다.
주인의 마음이 엄마의 마음입니다.
아흔 아홉이 아닌 한 마리, 인간의 셈법이 아닙니다.
결코 포기할 수 없는 엄마의 마음으로 양을 찾아 나섭니다.
우리 주 예수님의 마음입니다.

오늘의 기도

주님, 잃은 양 한 마리를 찾아나서는 심정으로 우리 곁에 오신 주님.
결코 그 손을 놓지 않고 선한 목자 되신 주님을 따르겠습니다. 아멘.

265

/

자신이 모든 것을 안다고 생각할 때보다는 모른다는 여백을 가질 때에 마음이 따뜻해집니다. 비워진 여백에 배려와 존중이 쌓여 감사로 채워집니다. 저희의 삶의 여백에 주님의 말씀을 채우며 시작하는 하루입니다.

오늘의 말씀

화 있을진저, 화 있을진저, 화 있을진저… _마태복음 23장 중 7번 나옴

🌿 묵상

거듭거듭 외치는, 핏발선 예수님의 외침에서
하나님의 사람이 어떻게 살아야 하는지
하나님의 뜻과 꿈을 맡은 사람들이 어떻게 서 있어야 하는지 보게 되고,
듣게 되고, 깨닫게 됩니다.
웅장하고 화려했지만, 빈 껍데기뿐인 화려한 예루살렘 성전처럼,
우리는 모두 빈 거죽만 갖고 살아가는 헛껍데기가 아닐는지…
두렵고 떨리는 마음으로 오늘의 말씀을 대합니다.
주님의 분노의 외침에서 하나님의 성전의 거룩함을 지켜내고,
율법의 밑바닥에 흐르고 있는 하나님의 마음을 전하려는
예수님의 마음을 느낍니다.
주님의 마음을 느끼며 기도합니다.

🕯 오늘의 기도

주님, 우리의 잘못과 허물을 주님께 고백합니다. 신실하지 못하고, 진실되지 못하고
성실한 자세로 살지도 못했습니다. 하나님의 말씀을 따르는 삶에 온전한 행복이 있음을 기억하고
더욱 힘을 내어 주님을 따르겠습니다. 아멘.

266

/

한결같이

광주 2016

267

/

∝ 하루를 열며

서로를 바라봐주는 것만으로도 소중한 마음을 전할 수 있습니다. 오늘 하루 주님의 눈길을 기억하며, 그분의 사랑으로 누군가를 바라보며 살겠습니다.

오늘의 말씀

내가 진실로 너희에게 이르노니 온 천하에 어디서든지 이 복음이 전파되는 곳에서는 이 여자가 행한 일도 말하여 그를 기억하리라 _마 26:13

🌿 묵상

이 말씀에 두 사람의 모습이 겹쳐집니다.

한 사람은 자신이 가지고 있는 귀한 것을 사용해서 예수님의 필요를 채워드려

십자가의 길을 걸어가시는 주님의 마음을 위로해주며

향기나는 기름으로 그의 마음을 따뜻하게 채워드린 여인이요,

또 한 사람은 예수님을 이용해서 자신의 필요를 채운 유다입니다.

그가 돈 때문에 타락했는지 아니면 원래부터 돈을 좋아한 사람인지 알 수 없지만,

그는 그 필요를 채우기 위해 예수를 이용합니다.

생각해보았습니다.

진지하게…

나는 그분께 드리는 사람인지, 그분을 이용하는 사람인지…

🕯 오늘의 기도

주님, 우리의 삶이 예수님께 드려진 향유처럼 사용되길 원합니다.

마음을 위로하고 힘이 되는 선한 일에 아름다운 도구가 되게 하옵소서. 아멘.

268

∽ 하루를 열며

성공했다는 이들에게서 느끼는 것 중 하나가 넘치는 자신감으로 인한 교만입니다. 가진 것, 이룬 것 모두 불안한 터 위에 쌓인 것임을 아는 것이 지혜인데, 그 지혜 없음이 그 삶의 마무리를 초라하게 만들어 버립니다. 겸손히 사는 것이 지혜입니다.

오늘의 말씀

하나님의 아들 예수 그리스도의 복음의 시작이라 _막 1:1

묵상

복음(좋은 소식, ευαγγελιον, 유앙겔리온)의 시작!

당시 복음은 로마의 황제와 관련된 소식이었습니다.

황제의 생일이나 황제의 깃발을 가지고 나간 전쟁에서 승리하면

전령관(kerux:케룩스)은 여러 도시로 말을 타고 다니며 이렇게 외쳤습니다.

"여기에 복음(좋은 소식, ευαγγελιον, 유앙겔리온)이 있다."

복음서 저자 마가는 이렇게 전합니다.

"여기에 진정한 복음이 있습니다.

하나님의 아들 예수 그리스도의 복음이 시작되었습니다."

천사가 전해준 하늘의 기쁜 소식으로 진정한 복음이 이 땅에서 시작되었습니다.

"천사가 이르되 무서워하지 말라 보라 내가 온 백성에게 미칠 큰 기쁨의 좋은 소식을 너희에게 전하노라 오늘 다윗의 동네에 너희를 위하여 구주가 나셨으니 곧 그리스도 주시니라"(눅 2:10-11).

오늘의 기도

주님, 예수 그리스도의 복음이 우리 안에서 온전히 이루어지길 원합니다. 아멘.

269

∝ **하루를 열며**

우리가 가진 연약함을 하나님께 내어드릴 때 주님은 상상하지 못한 방법으로 우리를 도우십니다. 우리의 연약함은 하나님을 경험할 수 있는 자리가 됨을 믿습니다. 힘이 납니다.

오늘의 말씀

심긴 후에는 자라서 모든 풀보다 커지며 큰 가지를 내나니 공중의 새들 이 그 그늘에 깃들일 만큼 되느니라 _막 4:32

🌿 묵상

아주 작은 겨자씨에 하나님 나라가 담겨 있습니다.

작은 것이 작지 않습니다.

예수님의 눈에는 결코 작은 것이 없습니다.

그래서 주님을 믿는 자는 용기가 나고 힘이 납니다.

오늘 말씀은, 교회가 겨자씨를 닮았다면 작아도 된다는 것입니다.

작아 보이지만 작지 않고 이 세상에 하나님의 나라를 보여줍니다.

작은 겨자 씨앗이 이룬 넓은 그늘에서

하나님 나라를 노래하는 새들이 깃들게 됩니다.

그 그늘에서 은총과 위로와 사랑으로 생명 가득한 복된 일이 이루어집니다.

하나님의 나라는 이렇게 상상할 수 없는 아름다운 나라입니다.

🕯 오늘의 기도

주님, 겨자씨 같아도 어두운 길을 비추는 밝은 빛으로 살며
하나님 나라의 꿈을 간직한 생명의 씨앗으로 살게 하옵소서. 아멘.

270

/

이 땅의 복음을 위해, 믿음의 선배들이 땅을 갈고 씨를 뿌리고 나무가 자라 열매를 맺기까지 땀과 눈물의 기도로 헌신함으로 여기까지 왔습니다. 이제 열매를 수확하여 기쁨의 축제를 함께 하고, 다시 씨앗을 뿌리는 새로운 믿음의 길을 걸어갑니다.

오늘의 말씀

너희는 나를 누구라 하느냐? _막 8:29

🌿 묵상

주님께서 제자들에게 물으셨습니다.
"너는 나를 누구라 하느냐?"
이 아침에 저희에게 묻습니다.
"너는 나를 누구라 하느냐?"
어떻게 대답할지 쉽지 않습니다.
그 대답에 제가 살아온 지난 날과
지금 살아가고 있는 모습과
앞으로 제가 꿈꾸고 살아가야 할 미래가 있기 때문입니다.
하지만, 오늘 주님의 은혜에 힘입어
힘껏 이렇게 대답하며 따르고 싶습니다.
"주님은 저의 주인이십니다."

오늘의 기도

주님, 두 마음을 품지 않고
오직 한 마음으로 주님을 섬기겠습니다. 아멘.

271

/

∝ 하루를 열며

우리를 구원하기 위해 살을 찢기시고 피를 흘리신 예수님의 은
혜를 생각해봅니다. 그 구원의 은혜에 감사하며 오늘도 주님의
말씀으로 무장하고 은혜 받은 자답게 살아갑니다. 말씀 가운데
살아계시는 하나님께서 저희의 삶에 함께 하시길 기원합니다.

오늘의 말씀

내가 진실로 너희에게 이르노니 온 천하에 어디서든지 복음이 전파되는
곳에는 이 여자가 행한 일도 말하여 그를 기억하리라 _막 14:9

묵상

베다니 나병환자 시몬의 집에 한 여인이 들어옵니다.

그녀의 눈에는 그 누구도 보이지 않습니다.

오직 한 분, 이제 곧 죽음의 길로 가야 하는 예수님,

그분만이 그녀의 눈과 마음에 있습니다.

자신의 미래를 위해 준비한 값진 향유 옥합을 깨뜨려 예수님께 부어드립니다.

아깝지 않습니다. 그녀의 온전한 미래를 예수님 안에서 찾았기 때문입니다.

기쁨도 사랑도 희망도 다시 살게 된 감사도, 다 그분 안에서 찾았습니다.

그녀 덕분에 예수님은 외로운 길을 힘차게 걸어갈 용기를 얻습니다.

주님이 참 고마워하십니다.

오늘의 기도

주님, 온 몸의 피를 다 내어 주시고 우리를 사랑하신 주님,

죽음을 넘어 부활의 생명으로 열어주신 참구원의 진리의 길을 걷겠습니다. 아멘.

272

/

✚ 하루를 열며

온 들녘이 황금빛으로 물든 수확의 계절입니다. 작은 것도 함께 나누고 싶어지는 풍성한 가을입니다. 여름 태풍과 긴 장마로 수확의 기쁨을 누리지 못한 이웃들과 함께 하고 싶습니다.

오늘의 말씀

그 모든 일을 근원부터 자세히 미루어 살핀 나도 데오빌로 각하에게 차례대로 써 보내는 것이 좋은 줄 알았노니 _눅 1:3

🌿 묵상

누가는 이방인입니다.

신약성경을 쓴 이들 중에 유일하게 유대인이 아닌 사람입니다.

그래서 그랬는지, 누가복음에는 바깥 사람으로 취급당하며

소외된 이들의 이야기가 참 많습니다.

여자들, 평범한 일꾼들, 목자, 사마리아 사람, 가난한 사람,

힘겹고 어려운 삶으로 상한 마음을 안고 살아가야만 했던 사람들…

누가가 그 사람들을 주목해보니, 그 가운데 예수님이 계셨다고 증언합니다.

그들과 함께 계시며 위로하시고 격려하시고 구원하시는

예수님의 살아있는 사랑을 드러내 보입니다.

그것이 누가가 일의 근원부터 자세히 살핀 후에 얻은 결론입니다

오늘의 기도

주님, 말씀을 따라 복음을 위해 사는 것이 때로는 힘들고 어려울 때도 있지만

예수님이 걸어가신 영원한 생명을 얻는 그 길을 걷게 도와 주옵소서. 아멘.

273

/

274

/

✴ 하루를 열며

잠언 기자는 '우리 인생을 헛되고 헛되다' 합니다. 그러나 헛된 우리 인생을 우리 주님께서 품으셨고 의롭게 해주셨습니다. 그런 주님의 은혜가 있기에 우리가 새로운 꿈을 꿀 수 있고, 새로운 소망을 가지고 하나님 나라의 존귀한 존재로 의미 있는 삶을 살아 갈 수 있음을 믿습니다.

오늘의 말씀

보라 내가 내 사자를 네 앞에 보내노니 그가 네 앞에서 네 길을 준비하리라 한 것이 이 사람에 대한 말씀이라 _눅 7:27

🌿 묵상

세례자 요한을 생각하면

세찬 바람을 견디며 광야에 우뚝 서 있는 모습이 연상됩니다.

외롭게 그러나 견고하게, 홀로 그러나 하나님과 함께,

주님께서 내민 손을 붙잡고

빈들과 같은 거친 들판에서 하나님의 음성을 외치며 살아간 사람입니다.

그는 비참하게 그 목이 잘려 아무도 없는 곳에 던져졌지만,

그가 외친 광야의 소리는 지금도 가슴을 떨리게 하고,

돌이켜 하나님을 향하게 합니다.

그 광야의 모든 골짜기가 메워지고

험한 길을 곧게 하여 주님을 맞이합니다.

빈들에서 외치는 외침이 들리는 듯합니다.

오늘의 기도

주님, 광야에서 외치는 그분의 소리를 마음에 담고,

그 소리로 삶을 조율하고 더욱 신실한 믿음으로 나아가게 하옵소서. 아멘.

275

◁ 하루를 열며

한 영혼을 귀하게 여기시는 주님, 그 하나님의 사랑의 마음이
우리의 마음이 되길 소망합니다. 예수님의 사랑을 나눠보겠습니다. 가족에게, 이웃에게, 만나는 모든 사람에게 오늘도 말씀
가운데 살아계시는 하나님의 마음을 전하겠습니다.

오늘의 말씀

이 내 아들은 죽었다가 다시 살아났으며 내가 잃었다가 다시 얻었노라
하니 그들이 즐거워하더라 _눅 15:24

묵상

정말 아름답고 잊을 수 없는 이야기입니다.

오늘 말씀처럼 우리는 돌아갈 곳이 있습니다.

장소가 아니라 아버지가 계신 곳입니다.

그분이 기다리시니 그저 우리는 돌아가기만 하면 됩니다.

그러면 아버지께서 모든 것을 다 도와주실 것입니다.

그래서 이 말씀은 우리에게 복음입니다.

다시 시작할 수 있는 희망과 생명의 자리입니다.

어디에서 무엇을 하였는지 묻지 않고 돌아왔다는 그 사실 하나만으로

기뻐하고 아들로 맞아주신 아버지.

집을 나갔지만 아버지의 마음에서는 나가지 못했습니다.

더 깊이 들어와 마음 아픈 아들, 안타까운 아들,

기다리는 아들이 되었습니다.

오늘의 기도

주님, 늘 좋은 자녀로
아버지 곁에 머물겠습니다. 아멘.

276

/

주님께서 말씀과 함께 우리의 마음을 찾아 오십니다. 주님의 말씀을 들음으로 하나님의 뜻이 우리 삶에 서고, 말씀 따라 살아갈 때 하나님의 뜻이 이 땅에서 이루어지게 됩니다. 참 좋은 일입니다.

오늘의 말씀

만일 누가 너희에게 어찌하여 푸느냐 묻거든 말하기를 주가 쓰시겠다하라 _눅 19:31

🌿 묵상

어린 나귀를 타고 예루살렘 성전으로 향하십니다.
아라비아산 말이 아니라 아무도 타보지 않은 어린 나귀입니다.
깊은 뜻이 있습니다.
평화의 왕이신 예수님에게는 나귀가 잘 어울립니다.
주님께서 하나님의 뜻을 이루기 위해
나귀와 같은 보잘것없는 것도 사용하십니다.
연약하고, 부족하고, 미숙하고, 상처 많고, 슬픔 많아,
아무것도 할 수 있는 것이 없다 하는 이들까지도 주께서 쓰시겠다 하십니다.
나를 보고 쓰심이 아니라 주님이 함께 하시면 됩니다.
능력도 권세도 모두 주님께 있으니, 아무것도 없어도 그저 따르면 됩니다.
저희는 그저 어린나귀와 같이 주님을 따르겠습니다

🕯 오늘의 기도

주님, 아라비아산 말과 같이, 힘으로 살고자 했던 우리의 잘못된 기대를 내려놓습니다.
어린 나귀와 같아도 주님이 쓰시니 감사합니다. 그 마음으로 묵묵히 따르겠습니다. 아멘.

277

/

🐟 하루를 열며

새로운 하루가 우리에게 주어졌습니다. 이 하루를 뜨거운 마음
과 열린 눈으로 주님과 함께 감사한 마음으로 시작합니다.

오늘의 말씀

그들의 눈이 밝아져 그인 줄 알아보더니 예수는 그들에게 보이지 아니
하시는지라 _눅 24:31

🌿 묵상

'엠마오로 가는 두 제자와 함께 하신 예수님 이야기.'

힘이 들 때마다 읽는 참 좋아하는 말씀입니다. 읽을 때마다 느끼는 것은,

주님은 낙심한 이들을 친히 찾아주시며

그들의 기대와 좌절에 대한 이야기를 스스럼 없이 들어주시고

자상하게 말씀해주시며, 말씀 안에 담긴 진리로 깨우쳐주십니다.

그뿐 아닙니다. 자신의 자리로 맞아주시고 음식을 나누시며,

위로해주시고 기도해주시고, 새로운 삶을 살아갈 수 있도록 마음을 다 해주십니다.

말씀을 통해 갖게 된 다짐,

주님을 저의 삶의 자리로 초대하겠습니다.

말씀으로 뜨거워지고 베푸신 사랑으로 눈이 열려,

삶의 새로운 길을 걷겠습니다.

🕯️ 오늘의 기도

주님, 두려움과 불안, 낙심과 절망은 피한다고 피할 수 있는 것이 아님을 깨닫습니다.

주님과 함께 동행하고, 그분이 베푸시는 생명의 식탁을 대함으로 새 힘을 얻게 하시고,

그 힘으로 모든 힘든 상황을 직면하고 헤쳐나가게 하옵소서. 아멘.

278

하루를 열며

아무리 짙은 어둠이라 해도 작은 빛만 있으면 길을 찾을 수 있습니다. 오늘 하루도 삶의 현장으로 보내신 하나님의 뜻을 알고 빛의 증거자로서의 사명을 잘 감당하시기를 원합니다.

오늘의 말씀

그는 이 빛이 아니요 이 빛에 대하여 증언하러 온 자라 _요 1:8

🌿 묵상

저는 태어나면서 그리스도인이었습니다. 그런데 진정 예수님을 제 삶의 주인으로 삼은 것은 막 청년기에 들어서면서부터입니다. 그분의 삶과 말씀의 매력에 푹 빠져서 그분의 길을 걷겠다 마음을 먹고 '그 길의 사람'이 되었습니다.

청년기에는 예수님이 걸어가신 그 길을 걸어보겠다는 다짐으로 격정적으로 살기도 했습니다. 지금 생각해보면 부끄럽기만 하지만…

신학을 마치고 첫 목회지를 선택했던 마음은 비장한 마음이었습니다.

예수님을 따르려면 그런 마음은 있어야 하겠다는 치열한 결단으로…

그런데 요즘 생각해보면 제가 그 길을 걷는 사람이 아니라 길을 설명하는 사람이 된 것만 같습니다. 시간이 많이 지나도 결코 변하지 말아야 하는 것이 '믿음의 빛'인데, 그 빛이 세상의 바람에 약해지고 희미해지는 것 같아 속상합니다.

익숙함에 속아 소중함을 잃지 말아야 하겠습니다.

오늘 말씀이 제 마음에 다시 한 번 거룩한 긴장감을 줍니다. 주님 감사합니다

🕯 오늘의 기도

주님, 주님은 제 안에 빛이 되셔서 나의 어두운 모든 것을 밝고 새롭게 해주신 분이십니다.

그 은혜에 빚진 자로서 나의 삶을 통해 빛을 전하여,

내가 있는 곳에, 내가 만나는 사람들의 마음에 그 빛을 전하는 자로서 살겠습니다. 아멘.

279

/

당연하다 여겨지는 것들이 당연하지 않다는 것을 깨닫습니다.
작다 여겨진 일들이 결코 작은 것이 아니었습니다. 행복은 갑자
기 손에 쥐어진 행운이 아니라, 늘 곁에 있지만 미처 알아차리
지 못한 소소한 일상의 소중함을 아는 데 있었습니다.

오늘의 말씀

바람이 임의로 불매 네가 그 소리는 들어도 어디서 와서 어디로 가는지
알지 못하나니 성령으로 난 사람도 다 그러하니라 _요 3:8

묵상

홍순관 님의 노래시가 떠오르는 말씀입니다.
"바람이 꽃을 지나니 꽃 바람,
바람이 나무를 지나니 푸른 나무 바람,
나를 지나간 바람은 어떤 바람이 될까…"
바람과 같은 성령님,
나를 지나가면 내가 하나님의 영의 바람으로 너울너울거리며,
하나님 나라의 아름다운 춤을 추게 되겠지요.
밤에 찾아와 수줍은 듯 묻는 니고데모를 향해 하신 그 말씀이
오늘 저희 안에 들어와 성령의 바람으로 새로이 됩니다.
물이 주님 만나 포도주 되고,
작은 빵 조각이 주님 만나 생명의 음식 되듯,
성령 안에서 주님 만나기를 소원합니다.

오늘의 기도

주님. 주의 성령 내게 오사 마음 다해 찬양하게 하소서.
바람같이 바다같이, 자유한 영으로 주님 섬기게 하옵소서. 아멘.

337

280

/

새벽 미명에

스페인 2013

281

/

⌒ 하루를 열며

"믿음은 신비이지만 생각과 질문이 없으면 맹신과 미신에 빠진다." 생각하는 신앙, 질문하는 신앙에 대한 권면입니다. 깊이 생각하고 적절한 질문을 하면 우리의 믿음과 삶이 자라는 좋은 답을 얻을 수 있습니다.

오늘의 말씀

내가 주는 물을 마시는 자는 영원히 목마르지 아니하리니 내가 주는 물은 그 속에서 영생하도록 솟아나는 샘물이 되리라 _요 4:14

🌿 묵상

예수님이 사마리아의 수가라는 마을에 가셨습니다.
경건한 유대 남자가 가서는 안 되는 곳이었습니다.
하루 중 뜨거운 낮 시간에 물을 길으러 우물가에 나온 한 여인을 만납니다.
정결한 유대 남자라면 가까이 해서 안 되는 여인이었습니다.
다들 꺼리는 동네에서, 다들 피하고 싶은 여인과 이야기를 나누십니다.
그리고 그녀가 건네준 물 한 바가지에 마른 목을 축이시고,
그녀의 바짝 마른 인생을 살릴 생수를 주셨습니다.
마르지 않는 샘물에서 솟아난 생명의 물입니다.
뜨거운 한낮의 열기 아래 두 사람의 대화는 한 잔의 시원한 샘물 같았고,
모든 편견과 차별과 통념을 넘어서
영원히 솟구쳐 흘러야 할 생수였습니다.

🕯️ 오늘의 기도

주님, 우리 안에 마르지 않는 샘이 있어
세상으로 솟구쳐 넘쳐나게 하소서. 아멘.

282

/

매일 아침, 빛이 되는 주님의 말씀을 따라 저 자신을 돌아봅니다. 그의 빛을 따라가고 싶은 우리의 소원 담아 기도합니다. 세상을 밝혀줄 수 있는 그런 존재가 될 수 있기를, 예수님께 두 손을 모아 약속합니다.

오늘의 말씀

다시 몸을 굽혀 손가락으로 땅에 쓰시니 _요 8:8

🌿묵상

서기관들과 바리새인들이 씩씩거리며 성전에 계신 예수님께 들이닥칩니다.
그들은 한 여인을 개 끌고 오듯 끌고 와서 보란 듯이 사람들 앞에 세워놓습니다.
그녀의 형색이 낯 뜨겁습니다.
순식간에 일어난 일에, 급작스러운 질문이 예수님께 던져집니다.
하지만 그것은 오래 전부터 교묘히 파놓은 함정이었습니다.
"모세의 율법에 이 죄 된 여자를 돌로 치라 하였는데 어찌 해야 할까요?"
생명을 소중히 여기시는 예수님을 향한 질문입니다.
옴싹달싹하기 어려운 덫에 걸린 예수님, 몸을 '굽혀' 땅에 무언가를 쓰십니다.
굽혀야 헌신도 하고, 굽혀야 생명도 살립니다.
굽혀 제자의 발을 씻기신 것처럼…
주님이 이 여인을 살리시고 새 길을 열어주셨습니다.

🕯️오늘의 기도

주님, 주님과 함께 하는 시간이 길어지고, 주님의 말씀을 더욱 깊이 대함으로
우리 안에 배양되는 예수 그리스도의 모습이 있게 하옵소서. 아멘.

283

/

주님, 매일 만나는 일용할 양식(데일리 브래드)이 귀중한 신앙
적 영양소가 됩니다. 말씀과 함께 드리는 저희의 소박한 기도가
하늘 끝까지 들리는 작은 시냇물 소리 되어 주님께 들려지기를
소망합니다.

오늘의 말씀

평안을 너희에게 끼치노니 곧 나의 평안을 너희에게 주노라 내가 너희에
게 주는 것은 세상이 주는 것과 같지 아니하니라 너희는 마음에 근심하
지도 말고 두려워하지도 말라 _요 14:27

🌿 묵상

보혜사 성령을 소개하시면서 제자들에게 하신 말씀입니다.

예수님이 3년간 함께 생활했던 길벗들을 떠나시면서 주신 선물입니다.

보혜사 성령을 통해 누리는 평화, 평안입니다.

불안하지 않고 두렵지 않고, 삶이 절망스럽지 않도록…

홀로 남겨지고 버림받고 빼앗겼다는 느낌이 들지 않도록…

결코 느껴보지 못하고 경험하지 못한

하늘이 주시는 평안을 선물로 주십니다.

근심하지 말고 두려워하지 말라.

평안, 십자가 앞에서 누리신 주님의 평안함입니다.

🕯️ 오늘의 기도

주님, 주님이 저희 안에 계시니
평안을 누립니다. 아멘.

284

/

⤳ 하루를 열며

용서란 나의 마음 한 칸을 누군가에게 내어주는 일입니다. 그토록 배반했던 제자들을 의연히 품어주신 주님의 마음의 방은 얼마나 크실까요? 이 아침 주님의 자비를 생각하며 하루를 시작합니다.

오늘의 말씀

이 말씀을 하시고 그들을 향하여 숨을 내쉬며 이르시되 성령을 받으라
_요 20:22

🌿 묵상

부활하신 주님께서 제자들에게 나타나셨습니다.
죽은 줄 알고 있었던 제자들에게 예수님은 유령입니다.
그분임을 알아볼 수 있는 방법은 그분의 몸에 난 십자가의 흔적,
고난의 흔적뿐입니다.
주님께서 자신의 손과 옆구리를 보여주십니다.
'못박힌 손과 창에 뚫린 옆구리'
그 흔적을 보고 반가워하는 제자들을 향하여 숨을 내쉬며 주님이 말씀하십니다.
"성령을 받으라."
숨은 하나님의 창조의 생기입니다. 죽은 이를 살리는 힘이요,
절망을 희망으로 바꾸는 힘입니다.
주님을 잃고 닫힌 문 안에 모여서 우울과 절망과 두려움에 가득 차 있던 제자들에게
창조의 기운인 생명의 영을 불어 넣어주셨습니다.

오늘의 기도

주님, 푸석한 먼지처럼 느껴질 때가 있습니다. 무기력하고, 희망도 없고,
그저 깊은 심연으로 빠져드는 것 같은 느낌이 들어 자신감을 잃고 내 속에 숨어버릴 때가 있습니다.
주님, 생명의 숨결을 불어넣어 주옵소서. 성령의 사람이 되겠습니다. 아멘.

285

/

∽ 하루를 열며

어릴 적 처음으로 교회를 갔던 날이 생각납니다. 햇빛 따스했던 교회 마당, 환한 미소로 맞이해주셨던 교회 식구들, 깊이 들려진 주님의 말씀과 차오르는 눈물들… 오늘 하루를 처음 내 안에 들어오신 하나님의 사랑으로 시작해봅니다.

오늘의 말씀

오직 성령이 너희에게 임하시면 너희가 권능을 받고 예루살렘과 온 유대와 사마리아와 땅 끝까지 이르러 내 증인이 되리라 _행 1:8

🌿 묵상

예수님께서 하늘로 오르시면서, 이 땅에 남기신 마지막 말씀,
"땅끝까지 가라."
"내가 떠난 텅 빈 하늘을 바라보지 말고 땅끝을 바라보라."
어쩌면 예수님은 하늘로 오르심이 아니라
우리보다 한발 앞서 땅끝으로 가셔서 우리를 기다리고 계시는지 모릅니다.
땅끝에서 만나는 하늘입니다.
그곳에서 우리는 주님을 만날 수 있습니다.
성령님, 지금 여기에서
땅 끝과 같은 곳이라도
하나님의 나라를 바라보며
증인의 삶을 살게 하옵소서.

오늘의 기도

주님, 한 걸음 한 걸음, 주님의 영의 인도하심으로, 믿음으로 걷게 하시고
땅끝이라도 마다 하지 않는 용기도 주옵소서. 아멘.

286

/

∽ 하루를 열며

때때로 듣기 불편한 말을 들어야 할 때가 있습니다. 마음을 상하게 하는 말도 있지만, 듣기 불편해도 잘 듣고 그 말대로 행하면 나에게 유익이 되는 말인 경우가 많습니다. 좋은 말은 때로 쓰지만, 나의 영과 삶을 자라게 하는 영양소와 같습니다.

오늘의 말씀

베드로가 요한과 더불어 주목하여 이르되 우리를 보라 하니 _행 3:4

묵상

성전 앞에서 구걸하던 장애를 가진 이가 지나가는 이를 봅니다. 에이도(헬, eido),
그냥 보는 것입니다. 혹시라도 나를 불쌍히 여겨 돈이라도 줄까 하고….
베드로와 요한이 그를 주목하여 봅니다. 아테니조(헬, atenizo),
그냥 보는 것이 아니라 응시하는 것입니다. 관심, 마음을 모아 보았습니다.
그리고 말합니다. "우리를 보라." 에페코(헬, epeko),
마음을 집중하여 바라보는 눈길입니다.
무언가 내 삶에 놀라운 일이 일어날지도 모른다는 기대감이 있는 눈길로…
기적이 일어납니다.
돈 한 푼으로 하루 살거리가 아니라,
이제 일어나 그들과 함께 성전으로 들어가 하나님을 찬양하는
새로운 역사가 시작되었습니다.
마음을 모아 보면 그곳에서 길이 열립니다.

오늘의 기도

주님, 보아야 할 것을 보는 복된 눈으로
세상을 보게 하옵소서. 아멘.

287
/

가
을

288

/

∽ 하루를 열며

어제와는 조금 다른 마음으로 시작합니다. 잔뜩 긴장했던 어깨의 힘을 풀고 실수하지 않을까 하는 걱정도 잠시 내려놓습니다. 일상의 소소한 작은 것들을 소중한 마음으로 바라보며, 오늘 하루를 맞이합니다.

오늘의 말씀

말하되 하늘이 열리고 인자가 하나님 우편에 서신 것을 보노라 한대

_행 7:56

🌿 묵상

하늘을 우러르니 하늘이 열립니다.

'열린 하늘'은 예수님이 세례를 받으실 때 하나님이 주신 선물입니다.

'하늘이 열리고'

"이는 내 사랑하는 아들이요 내 기쁨이다." 말씀이 들렸습니다.

하늘의 감동입니다.

하늘이 그 마음을 열어 품어주시는 거룩한 장면입니다.

또 한 번 하늘이 열렸습니다.

옹골찬 믿음과 소망으로 예수 그리스도를 굳게 믿다가

죽음에 이른 스데반을 향해…

하나님은 열린 하늘 틈새로 위로와 자비와 자신의 영광을 보여주셨습니다.

주님과 함께 온 힘 다해 살아온 이에게 주신 '선물'입니다.

🕯 오늘의 기도

주님, 오늘 말씀 앞에 많이 부끄럽습니다. 신실하지 못하고 진실 되지 못하고,

나 자신에게도 성실한 자세로 그리스도인다운 삶을 살지 못했음을 고백합니다.

용서하소서, 자비를 베풀어주옵소서. 아멘.

289

/

불의 앞에서 용감하고, 잘못된 길 앞에서는 단호하게 해주십시오. 함께 살아가는 이웃들과 조화롭고 너그러우며 자유롭게 하옵소서. 주님이 걸어가신 그 모습으로 따르며 인생길 뿌듯하면 더할 나위 없겠습니다.

오늘의 말씀

즉시 사울의 눈에서 비늘 같은 것이 벗어져 다시 보게 된지라 일어나 세례를 받고 음식을 먹으매 강건하여지니라 _행 9:18-19

묵상

당시 복음 전파의 가장 큰 걸림돌이요 훼방꾼은 사울이었습니다.

그는 확신에 찬 신념으로,

조금의 거리낌도 없이 예수를 믿고 따르는 이들을 제거합니다.

스데반을 죽이고도 성이 차지 않은 사울은 무리를 쫓아 다메섹까지 쫓아갑니다.

그 길에서 예수를 만납니다. 하늘 빛과 함께 들린 예수의 음성에

옴짝달싹 못하고 눈은 떴으나 아무것도 보지 못합니다.

초라한 신세가 된 사울을 주님께서 도우셔서 아나니아를 통해 성령의 은총을 허락하십니다. 눈에서 비늘이 벗겨지고 다시 보게 되니 이전에 보았던 세상이 아닙니다. 다시 태어난 사울, 자신이 죽이려던 그리스도와 함께 자신도 죽고 그리스도의 은혜로 다시 살아났습니다. 성령 안에서 새로워진 강건함으로 새 길을 걷게 되었습니다. 이 모든 것이 다 은혜입니다. 우리 모두가 누려야 할 은혜입니다.

오늘의 기도

주님, 우리의 눈에서 비늘 같은 것이 벗어지게 하시고

주님이 보여주시는 세상을 보며 강건하게 살게 하옵소서. 아멘.

290

∞ 하루를 열며

책을 읽으면서 좋은 글을 만나면 작은 수첩에 적어 놓고 가끔 읽어봅니다. 가끔가끔 펼쳐서 적어 놓은 글을 읽어보면 그 때의 느낌이 살아나 참 좋습니다. 수천 년 전의 말씀인데, 지금도 내 안에서 살아나는 하나님의 말씀은 신비롭기만 합니다.

오늘의 말씀

서로 심히 다투어 피차 갈라서니 바나바는 마가를 데리고 배 타고 구브로로 가고 바울은 실라를 택한 후에 형제들에게 주의 은혜에 부탁함을 받고 떠나 _행 15:39-40

🌿묵상

두 번째 선교 여행은 심각한 갈등으로 시작합니다. 첫 번째 선교여행에 동행했던 마가 때문이었습니다. 바나바는 아직 어리고 부족하지만 우리가 돕고 힘이 되어주면 마가도 제 몫을 할 것이라 생각하였고, 바울은 마가와 함께 가면 오히려 복음을 전하는 일에 방해만 될 것이니 함께 갈 수 없다고 강하게 주장합니다. 결국 그 의견 충돌은 각각 다른 길로 선교 여행을 떠나게 했습니다. 누가 옳고 누가 그를까요?

옳고 그름이 어디에 있겠습니까. 하나님은 각각의 두 길에서 복음의 씨앗을 뿌리게 하셨고 열매를 거두셨습니다. 그래도 다행인 것은 나중에 바울이 마가를 만나 이전의 일을 돌아보며 화해하게 됩니다. 사람의 일은 잠시 잠깐 보아서 잘 된 일인지 그렇지 않은지 알기 힘들 때가 있습니다. 그래서 그 모든 결과는 하나님께 맡기고 더 선하고 더 복되고 더 사랑하며 살아가는 일에 마음을 두고 살아가야 합니다.

모사재인 성사재천(謀事在人 成事在天) "사람이 마음으로 자기의 길을 계획할지라도 그의 걸음을 인도하시는 이는 여호와시니라"(잠 16:9).

🕯️오늘의 기도

주님, 우리의 부족함조차 선하게 사용하시는 하나님, 감사합니다.
그럼에도 우리는 선하고 복된 일을 위해 온 힘과 마음을 다하겠습니다. 아멘.

291
/

나무는 한 곳에 뿌리를 내리고 숱한 비바람을 견뎌내며 큰 나무가 되어갑니다. 우리가 힘써서 내린 말씀의 뿌리는 크고 작은 고난들을 이겨내며 믿음의 사람으로 성장하게 하는 힘이 될 것입니다.

오늘의 말씀

베뢰아에 있는 사람들은 데살로니가에 있는 사람들보다 더 너그러워서 간절한 마음으로 말씀을 받고 이것이 그러한가 하여 날마다 성경을 상고하므로… _행 17:11

🌿 묵상

"덮어놓고 믿지 말고 열어놓고 믿으십시오."

제가 가끔 설교중에 강조하는 말입니다. 베뢰아 교우들이 그러했습니다.

'너그럽다'는 말은 텃세 없이, 낯선 새로운 사람이나 그들의 말에도

선입견 갖지 않고 듣는 열린 모습을 말하며,

'간절한 마음으로 말씀을 받음'은 진리에 대한 갈망으로 참된 뜻을 알아

바르고 온전하게 살아가고 싶은 이의 열망입니다.

그리고 '이것이 그러한가 하여 날마다 성경을 상고함'은

제대로 믿기 위한 애씀입니다. 베뢰아 사람들의 모습이 참 귀합니다.

얄팍하여 한 꺼풀 벗겨내면 그 빈약한 속내가 이내 드러나 버리는

우리에게 꼭 필요한 자세입니다.

"너그럽고, 간절한 마음으로, 이것이 그런가 하여 날마다 말씀에 머무는 삶."

🕯 오늘의 기도

주님, 늘 감사드리는 마음을 간직하고, 너그럽고 간절한 마음으로 살게 하옵소서.

말씀에 뿌리를 내려 흐트러지지 않는 마음과 흔들리지 않는 믿음을 지켜내게 하옵소서. 아멘.

292

/

∽ **하루를 열며**

계절이 바뀌고 날씨가 추워지는 이맘때면 상황이 어려운 이웃들은 마음 기댈 곳 없어 더욱 쓸쓸해집니다. 외롭고 고통 중에 있는 이들이 염려와 불안에 압도되지 않고 슬픔에 잠식되지 않기를 기도합니다.

오늘의 말씀

주는 것이 받는 것보다 복이 있다 _행 20:35

🌿 묵상

주 예수님께서 하신 말씀을 반복해서 합니다.

'진정 주는 것이 받는 것보다 복이 있습니다.'

이 가을에, 열매 맺는 계절에,

뿌리와 나무를 살리려 낙엽이 되는 헌신과 희생의 계절에,

오늘 이 말씀은 기독교 신앙을 가지고 살아가는 삶의 기본을 말해주고 있습니다.

주는 것이 받는 것보다 복이 있습니다.

많이 주는 삶을 살아야 하겠습니다.

"사랑의 나눔 있는 곳에 하나님께서 함께 계십니다."

늘, 열심히, 그리고 그 안에서

주님의 은총을 경험하십시오.

오늘의 기도

주님, 복잡하고 마음에 버거운 일들이 주변에서 많이 일어나지만,

마음의 뿌리를 주님께 두게 하시고 시냇가에 심겨진 나무처럼

열매 있는 삶을 살아가게 하옵소서. 아멘.

293

⚲ 하루를 열며

믿음이란 기다림과 인내입니다. 믿음만큼 기다릴 수 있으며, 기다린 만큼 믿음이 성숙(숙성)합니다.

오늘의 말씀

그러므로 여러분이여 안심하라 나는 내게 말씀하신 그대로 되리라고 하나님을 믿노라 _행 27:25

🌿 묵상

로마로 압송되는 바울이 탄 배가 풍랑을 만났습니다.

집채만한 풍랑은 배 안에 있는 모든 이를 겁에 질리게 하고,

살 수 있을까 하는 극도의 불안감으로 아무것도 먹을 수 없었습니다.

여러 날 해도 보이지 않고, 풍랑은 그대로요, 구원의 여망마저 없어졌습니다.

그때 그 배에 한 사람이 있었습니다. 배에 대해서 잘 아는 선장도 아니요,

바다 위에서 잔뼈가 굵은 선원도 아닙니다.

한 사람, 바울, 그는 하나님을 신뢰하는 사람입니다.

적어도 하나님을 신뢰하는 이는 위기와 위협 앞에서 기도하는 사람입니다.

주님께 드리는 기도로 해가 뜨지 않고, 주님께 드리는 기도로 세찬 풍랑이 가라앉지 않지만, 주님께 기도하는 그 시간에 주신 위로와 돌봄의 음성으로 인해, 우리는 떨지 않고 안심하게 되고, 인내하며 기다릴 수 있습니다. 주님께 뿌리내린 기도는 흔들리는 삶을 지켜내는 힘이요, 어두운 길을 걷는 등불입니다.

🕯 오늘의 기도

주님, 기도 가운데 평강을 얻습니다. 아멘.

294

/

결
실

임실 2013

295

/

날마다 주님을 사랑한다고 입술로는 고백하지만 삶을 돌아보면 항상 그 고백과는 거리가 먼 나 자신을 만나게 됩니다. 주님, 흘리신 피가 헛되지 않도록 우리의 삶에 개입하여 주시고, 우리가 세상보다 주님을 더 사랑하게 하옵소서.

오늘의 말씀

그러므로 우리가 믿음으로 의롭다 하심을 받았으니 우리 주 예수 그리스도로 말미암아 하나님과 화평을 누리자 _롬 5:1

🌿 묵상

주님을 믿고 살아가는 이의 얼굴에는 '평화로움'이 있어야 합니다.
우리의 삶이 온전하지는 않지만,
예수님은 그 허물을 가지고도 하나님 앞에 두려움 없이 나아가게 하셨습니다.
십자가의 은혜입니다.
용납하시고, 용서하시고, 새로운 길을 열어주시는 하나님 덕분에
우리는 평화롭습니다.
어려움이 있지만, 그 어려움을 헤쳐나갈 수 있는 힘을 주시기에
우리는 당황하지 않습니다.
세찬 폭풍이 몰려와도 고요함과 평화로움을 잃지 않습니다.
주님을 마음에 두니 새 힘을 얻습니다.
십자가의 은총이요, 하늘 아버지의 든든함입니다.

🕯 오늘의 기도

주님, 주의 평화를 구합니다. 주를 믿는 우리가 힘들 때 서로 돕고, 어려울 때 함께 해주며,
기도와 말씀으로 난관을 이겨나가는 믿음과 평강의 공동체로 서게 하옵소서. 아멘.

296

/

∽ 하루를 열며

살아가면서 사람들과의 관계에 대해 주님께 기도할 때가 많습니다. 그러나 정작 우리는 주님과의 관계가 어떤지, 주님의 뜻이 아닌 자신의 뜻대로만 하지 않았는지 돌아보는 시간은 그리 많지 않습니다. 오늘은 돌아보고 하루를 시작하겠습니다.

오늘의 말씀

만일 너희 속에 하나님의 영이 거하시면 너희가 육신에 있지 아니하고 영에 있나니 누구든지 그리스도의 영이 없으면 그리스도의 사람이 아니라 _롬 8:9

묵상

하나님의 영은 빛입니다.

빛이 있는 곳에 어둠을 위한 자리는 없습니다.

어둠이 주는 불안함과 두려움과 염려와 걱정들…

어둠이 좋아하는 거짓과 욕심과 이기적인 생각들…

하나님의 영이 우리 삶의 주인의 자리에 계시는 순간,

어둠에 압도당하지 않는 빛의 자녀입니다.

그리스도의 영은 생명의 빛입니다.

그리스도의 영이 우리 안에 계시는 순간 우리는 다시 살아나고 빛이 납니다.

옛 사람은 죽고 새로운 사람이 살아납니다.

그 이가 바로 그리스도의 사람입니다.

어둡던 방에 불이 켜져 환해지듯, 성령의 사람은 빛의 사람입니다.

오늘의 기도

주님, 하나님의 영이 제 안에 계셔서 빛이 나고
세상을 밝게 비추게 하옵소서. 아멘.

297

/

⌒ **하루를 열며**

일상의 소중함을 아는 것이 지혜라는 말이 실감납니다. 쉽게 생
각했던 것이 쉽지 않고, 늘 내 옆에 있을 것이라 여겨 사소하게
여긴 것들이 우리 삶에 얼마나 소중한 것인지 새롭게 느끼는 시
간입니다. 익숙한 것에 속아 소중함을 잃지 말아야겠습니다.

오늘의 말씀

우리가 알거니와 하나님을 사랑하는 자 곧 그의 뜻대로 부르심을 입은
자들에게는 모든 것이 합력하여 선을 이루느니라 _롬 8:29

🌿 묵상

로마가 무력으로 그리스도인들을 점령한 것처럼 보였습니다.

오히려 세상 힘의 중심인 로마가 복음에 압도당했습니다.

눈으로 보이는 것이 전부가 아닙니다.

어린 나귀 새끼는 아라비아산 말보다 강력했고

가난한 여인의 동전 두 개는 황금빛 성전보다 가치 있었습니다.

예루살렘 성전에서 전하는 말씀보다 유다 광야의 거친 소리가 더 울림이 있고,

성전 앞에 누워서 하늘 문이 열리기만 기다리던 걸인들의 무덤들보다

십자가가 열어젖힌 천국의 문이 더욱 빛났습니다.

선을 이루시는 능력은 사람에게 있지 않았습니다.

하나님의 온전하신 사랑 안에서 모든 것이 합력하여 선을 이루어갑니다.

그분을 믿으니…

그분을 사랑하고 그분의 뜻을 따라 살아갈 수 있습니다.

오늘의 기도

주님, 하나님의 선한 능력을 믿고

주님이 기뻐하시는 그 자리를 지키게 하옵소서. 아멘.

298
/

주님이 주신 복이 참으로 많음에도 그 큰 은혜를 헤아리지 못할
때가 있습니다. 매일 허락하신 선물 같은 날들을 찬송과 기도
로, 말씀에서 얻은 지혜와 주님께 배운 온유와 겸손으로 채워갑
니다. 이것이 진정한 축복입니다.

오늘의 말씀

서로 마음을 같이하며 높은 데 마음을 두지 말고 도리어 낮은 데 처하며
스스로 지혜 있는 체 하지 말라 _롬 12:16

묵상

우리의 삶을 복되고 아름답게 가꾸도록 돕는 말씀입니다. 그런데 쉽지 않습니다.
서로 마음을 같이 하라는데… 내 마음이 먼저요, 내 생각이 맞았습니다.
마음을 낮은 데 두라 하시는데… 늘 우리 마음은 높은 데 있고
그곳에 닿으려 욕심을 부립니다.
지혜 있는 체 하지 말라 하시는데… 저 잘난 맛에 우쭐대며
아는 척 할 때가 한두 번이 아닙니다.
그러지 말았어야 하는데 늘 후회하면서,
같은 실수를 반복하는 우리의 모습입니다.
함께 살아가는 삶, 귀하고 복된 삶입니다.
Community, 공동체라는 뜻이죠.
Community는 'COM서로, MUNUS선물'의 뜻입니다.
우리가 서로에게 선물과 같은 존재가 되면 좋겠습니다.

오늘의 기도

주님, 좋은 공동체를 세워가는
소중한 사람이 되게 하옵소서. 아멘.

299

/

∝ **하루를 열며**

단체 사진을 찍은 후에 그 사진에 대한 평가는 대개 '내가 어떻게 나왔는가'입니다. 내 모습이 마음에 들면 사진이 잘 나온 것이요, 혹시 눈이라도 감았다면 형편없는 사진이 되어 버립니다. 내가 중요하지만, 조금은 넓고 크게 생각해야 하겠습니다.

오늘의 말씀

또 내가 그리스도의 이름을 부르는 곳에는 복음을 전하지 않기를 힘썼노니 이는 남의 터 위에 건축하지 아니하려 함이라 _롬 15:20

🌿 묵상

"남의 터 위에 건축하지 않는다." 서로에 대한 예의와 존중입니다.
적어도 그리스도의 이름을 가지고 선교하는 이들은
서로의 터를 소중하게 여겨야 한다는 말씀입니다.
남이 애써 이룬 공로를 내 것인 양 하지 않고
거의 다 이룬 일에 슬쩍 이름 넣는 얄미운 일이 아닌 복음에 걸맞는 모습으로,
그리스도인에 합당한 모습으로, 그 누가 뭐라 해도 이렇게 살아가는 삶이
바로 하나님을 믿고 복음으로 살아가는 사람의 모습이라
당당히 말할 수 있는, 제 이름으로 살아가는 삶입니다.
모든 것이 다 허물어져서 모든 것이 다 허용되는 세상이라지만…
할 수 있어도 하지 말아야 할 일이 있고
갈 수 있어도 가지 말아야 할 길이 있음을 알게 됩니다.

🕯 오늘의 기도

주님, 더불어 함께 존중과 신뢰로
믿음의 길을 가게 하소서. 아멘.

300

∝ 하루를 열며

우리의 마음속에 있는 듯한 신앙이 연약한 것 같아 부끄러울 때
가 있습니다. 작은 것 하나도 결단하지 못하고, 기도드린 대로
살지 못하는 내 모습에 실망하기도 합니다. 그러나 위급하고 힘
든 시간에 나도 모르는 신앙의 힘을 느끼곤 합니다. 나는 약해
도 주님은 강하시고 하나님의 능력은 무한하시기 때문입니다.

오늘의 말씀

형제들아 내가 우리 주 예수 그리스도의 이름으로 너희를 권하노니 모
두가 같은 말을 하고 너희 가운데 분쟁이 없이 같은 마음과 같은 뜻으로
온전히 합하라 _고전 1:10

묵상

신앙 공동체를 향한 권면입니다.
바울 사도가 절박한 마음으로 드리는 말입니다.
"서로 사이좋게 지내십시오.
서로 배려하는 법을 익히고 함께 살아가야 합니다."
바울 사도의 깊은 염려가 담겨 있습니다.
교회 안에서 서로 반목하고 다투어서 마음 상하고
교회 공동체의 아픔이 되면 안 되는데…
다일, 다양성 속의 일치요, 하나됨 속의 다양함입니다.
Unity in Diversity & Diversity in Unity
서로 다른 이들이 그리스도 안에서 한마음을 가지고 살아가기 위해서는
훈련이 필요합니다. 인정과 존중, 배려와 살핌.
하나님 나라를 이루어가는 아름다운 모습입니다.

오늘의 기도

주님, 하나님 안에서는 나뉨이 없습니다. 낯선 이들을 향한 너그러운 마음과
낯선 생각을 향한 열린 생각을 가지고 하나님 안에서 아름다운 공동체를 이루게 하옵소서. 아멘.

301

/

빛
남

302

/

우리가 세상을 살아가는 데는 많은 지혜가 요구됩니다. 세상에는 많은 유혹들이 도사리고 있기 때문이죠. 진정한 지혜로움이 무엇인지, 오늘 주님이 주시는 말씀을 듣고 지혜로운 삶으로 살아갈 수 있기를 소망합니다.

오늘의 말씀

아무도 자신을 속이지 말라 너희 중에 누구든지 이 세상에서 지혜 있는 줄로 생각하거든 어리석은 자가 되라 그리하여야 지혜로운 자가 되리라

_고전 3:18

🌿 묵상

참 진리 안에서 제대로 된 삶을 살아간 이들의 이야기를 들어보면
한 번쯤은 하나님 앞에서 자신이 참 아무것도 아님을 자각한 순간이 있습니다.
회심은 뜨거운 체험으로 오기도 하지만
지긋한 마음의 감동으로 다가오기도 합니다.
내 삶 깊은 곳에 이미 계셨던 주님을 발견하는 것은
마치 늘 곁에 있었지만 미처 깨닫지 못했던 보물을 발견한 기쁨과 같습니다.
그때 우리는 '아! 내가 참 어리석었다'라고 탄식합니다.
그 어리석음이 지혜입니다.
"어리석은 자가 되어야 지혜로운 자가 될 수 있습니다. 진리 안에서!"

오늘의 기도

주님, 헛된 세상의 지식에 빠져 허둥대거나 약삭빠른 꾀로 세상을 살려 하지 않게 하시고 십자가에서 보여주신 예수 그리스도의 구원의 지혜로 살아가게 하옵소서. 모든 만물의 주인이 되시는 하나님 앞에 늘 어리석은 자로 머물며 주님의 깊은 지혜를 받게 하옵소서. 아멘.

303

/

🐟 하루를 열며

최고의 의사는 함께 아파본 사람입니다. 최고의 선생은 함께 틀려본 사람입니다. 내가 네가 되는 최고의 공감, 바로 십자가입니다. 오늘도 하나님의 말씀에 공명하며 하루를 시작합니다.

오늘의 말씀

내가 모든 사람에게서 자유로우나 스스로 모든 사람에게 종이 된 것은 더 많은 사람을 얻고자 함이라 _고전 9:19

🌿 묵상

역설입니다. 자유로운 사람이지만 자유를 내려놓고 종이 되었습니다.

"왜?"라고 묻는다면, 그럴만한 가치가 있는 일이기 때문이요,

더 많은 사람을 얻을 수 있는 일이기 때문이랍니다.

바울의 고백은 성령의 바람으로 진정한 자유를 누린 자에게서 나오는 멋입니다.

"주의 밝은 빛에 항상 활동하며 선한 사업을 힘쓰겠나

자유 얻으려면 주의 뜻을 쫓아 너의 모든 것 희생하라

주의 제단에 산 제사 드린 후에 주 네 맘을 주장하여

주의 뜻을 따라 그와 동행하면 영생 복락을 누리겠네"(찬송 327장)

진정한 자유는 주님의 뜻을 따르는 삶입니다.

그 자유로움이 부럽습니다.

오늘의 기도

주님, 우는 자 곁에서 울어주고, 아픈 자 곁에 머물러주며, 낙심한 자를 위해 기도하고,

상처 입은 자 곁에서 위로의 힘이 되어주길 원합니다. 주님, 그리스도의 십자가의 사랑을 늘 깊이 새기며,

나의 삶을 통해서도 선한 복음이 전해지게 하옵소서. 아멘.

304

↩ 하루를 열며

세상에서 가장 아름다운 일, 하지만 세상에서 가장 어렵고 지키기 힘든 일, 인생을 걸만한 그 일, 주님 보여주신 그 사랑을 지키며 주님을 따르는 일입니다.

오늘의 말씀

사랑은 절대로 포기하지 않습니다. 사랑은 자기보다 다른 사람에게 더 마음을 씁니다 사랑은 자기가 갖지 못한 것을 바라지 않습니다. 사랑은 뽐내지 않으며 _고전 13:4-7

🌿 묵상

"사랑은 절대로 포기하지 않습니다.
사랑은 자기보다 다른 사람에게 더 마음을 씁니다.
사랑은 자기가 갖지 못한 것을 바라지 않습니다. 사랑은 뽐내지 않으며,
자만하지 않으며 다른 사람에게 자신을 강요하지 않으며,
'내가 먼저야'라고 말하지 않으며, 화내지 않으며,
다른 사람의 죄를 꼬치꼬치 따지지 않으며,
다른 사람이 비굴하게 굴 때 즐거워하지 않으며,
진리가 꽃피는 것을 보고 기뻐하며, 무슨 일이든지 참으며, 하나님을 늘 신뢰하며,
언제나 최선을 구하며 뒷걸음 치지 않으며, 끝까지 견딥니다."
유진 피터슨 목사님의 메시지성경으로 읽어본 것입니다.
'사랑'이 소중합니다. 주님의 성품을 닮기 위해서 아낌없이 사랑해야 합니다.
주님의 사랑으로 사랑합니다.

🕯 오늘의 기도

주님, 예수님의 사랑에 힘입어 저희도 서로 사랑하며 살겠습니다.
주님의 사랑 본받아 가족을 사랑하고 이웃을 사랑하고
그 사랑으로 하나님의 나라를 이루게 하옵소서. 아멘.

366

305

/

ᑐ 하루를 열며

대천덕 신부의 말에 공감이 갑니다. 에클레시아, 교회는 가르칠
교자를 쓴 교회(敎會)보다 사귈 교자를 쓴 교회(交會)가 더 어
울리고 그 뜻에 맞습니다. 사귐이 먼저요 가르침은 나중입니다.
하나님의 사랑 안에서 잘 사귀는 곳, 교회의 모습입니다.

오늘의 말씀

여자는 교회에서 잠잠하라 그들에게는 말하는 것을 허락함이 없나니
율법에 이른 것 같이 오직 복종할 것이요 _고전 14:34

묵상

불과 얼마 전까지 그랬습니다. 여전히 그런 교회도 적지 않습니다.
"여자는 교회에서 잠잠하라.
여자의 꾀임에 남자가 넘어가 선악과를 먹었으니…
생명이 있는 남자의 갈비뼈로 만든 여성은 생기가 없으니…
성경에 분명히 써서 가르치고 있으니…"
어떤 이는 더 험한 말도 하고 (흉내 내기도 싫습니다) '암탉이 울면 집안이 망한다'는
해묵은 못된 말까지 써서, 여자가 남자보다 열등하다고 주장합니다.
그것이 성서적이요, 그것이 성경이 정한 질서라 합니다.
성경도 제대로 읽어야 합니다.
제대로 된 뜻, 그 당시 사회사적인 상황과 문화를 고려한 바른 읽기가
바른 신앙의 틀을 만들어주고
그에 바탕을 둔 삶도 복음에 합당한 삶으로 인도해줍니다.

오늘의 기도

주님, 여필종부, 남존여비, 빈부귀천 세상의 힘으로 이루어진 무질서를 넘어서는 하나님 나라의 질서로
바로 세워주시고, 더불어 함께 하나님의 나라를 이루게 하옵소서. 아멘.

306
/

하나님의 말씀은 생명을 담은 샘물 같아 우리를 살리십니다. 하나님의 말씀은 마음의 병을 고치고 고통에 지친 영혼에 쉼을 주십니다. 하나님의 말씀은 새 날을 여는 햇빛 같아, 마음 문 열고 맞아들이면 근심도 어둠도 사라지겠지요.

오늘의 말씀

우리는 구원 받는 자들에게나 망하는 자들에게나 하나님 앞에서 그리스도의 향기니… _고후 2:15

묵상

그리스도로 인해 우리의 삶에 스며든 고상한 향기가 있습니다.
그러한 향기는 그리스도를 믿는 사람들에게서 나는 특별한 향입니다.
하나님을 꾸준히 신뢰하기에 흔들리지 않습니다.
그래서 마치 대나무와 같고 소나무와 같은 향기입니다.
아주 작은 꽃 같아서 눈에 띄지 않아도
그 향기로 주변을 기쁘게 합니다.
그리스도로부터 받은 생명과 평화와 정의와 기쁨의 향기입니다.
그 향기가 온누리에 가득하기를 빕니다.
우리의 생각과 말과 행동에서 그리스도로 향기롭기를 원합니다.
주님이 내 안에, 내가 주님 안에서…

오늘의 기도

주님, 저의 인생에 주님의 향기 나게 하옵소서. 주님의 진리를 마음에 둠으로,
진리에 합당한 삶을 살아감으로, 사랑과 평화와 온유와 선한 삶으로,
나의 삶의 자리가 향기 나게 하옵소서. 아멘.

307

/

∝ 하루를 열며

아침을 시작하는 일상은 대부분 일어나 몸을 잘 씻고 단정하게 하고, 음식으로 힘을 얻고 하루 일과를 시작합니다. 그 일상 중에 몸과 마음뿐 아니라 우리의 영혼까지도 하나님 앞에서 정결하게 하는 시간을 마련한다면 하루가 든든할 것입니다.

오늘의 말씀

우리가 이 직분이 비방을 받지 않게 하려고 무엇에든지 아무에게도 거리끼지 않게 하고 … 근심하는 자 같으나 항상 기뻐하고 가난한 자 같으나 많은 사람을 부요하게 하고 아무 것도 없는 자 같으나 모든 것을 가진 자로다 _고후 6:3-10

🌿 묵상

"우리의 사역이 비난을 받지 않게 하려고 우리는 그 누구에게도 흠이 될 만한 일을 행하지 않았습니다. 오히려 우리는 모든 일에 하나님의 일꾼답게 행동했습니다. 우리는 매번 환난과 역경과 어려움을 견뎌냈습니다. 또 매를 맞고 옥에 갇히고 폭도들에게 당하기도 하고 고된 일에 시달리며 잠도 못 자고 굶주렸습니다. (중략) 우리는 … 무명인 취급을 받았으나 사실은 유명한 사람들이며 죽은 자로 여겨지기도 했으나 보시는 바와 같이 우리는 살아 있으며 매를 많이 맞았지만 죽지 않았습니다. 또 슬픈 사람 취급을 받았으나 우리는 항상 기뻐하였으며 가난한 자 같으나 많은 사람을 부유하게 하였고 아무것도 가지지 않은 자 같으나 우리는 모든 것을 소유한 사람입니다"(고린도후서 6장 3-10절, 쉬운성경).

오늘 말씀은 하나님의 일꾼의 삶에 관한 것입니다. 이런 일 저런 일 다 당할지 몰라도 하나님께 속한 사람이니 그 인생은 참 멋지고 아름답기까지 합니다. 순간순간 내려앉는 마음과 지쳐 쓰러지는 우리에게 힘이 됩니다. 힘들 때마다 읽고 또 읽어 마음에 새기겠습니다.

🕯 오늘의 기도

주님, 하나님의 일꾼으로
긍지와 자부심을 갖고 살겠습니다. 아멘.

308

/

사
랑

309

___/___

하나님께서는 우리에게 자유의지를 주셨습니다. 우리에게 허락된 자유의지는 하나님 아버지와 더욱 친밀한 사귐을 위해서입니다. 오늘도 자유롭게 의지적으로 아버지의 뜻을 따르는 거룩한 날이 되기를 기도합니다.

오늘의 말씀

나에게 이르시기를 내 은혜가 네게 족하도다 이는 내 능력이 약한 데서 온전하여짐이라 하신지라 그러므로 도리어 크게 기뻐함으로 나의 여러 약한 것들에 대하여 자랑하리니 이는 그리스도의 능력이 내게 머물게 하려 함이라 _고후 12:9

묵상

아끼고 좋아하고 늘 감사하는 말씀입니다.
깊게 읽고 마음에 담아 두면 살아가는 내내 힘이 되는 귀한 말씀입니다.
Wounded Healer 상처 입은 치유자.
약한 중에 만난 하나님의 은혜는 모든 어려움을 이겨낼 수 있는 힘이 됩니다.
바울을 바울 되게 한 것은 그의 능력이 아니라 연약한 중에 만난 하나님이시며
그로 인해 자신이 온전해지는 은혜를 얻었다고 고백합니다.
약할 때 강함 되시는 주님을 찬양합니다.

오늘의 기도

주님, 늘 부족합니다. 늘 연약합니다. 하나님의 마음에 합당한 주님의 자녀로 살고 싶은 마음 가득하지만 육신이 약하고 믿음이 약하여 반대로 행하고 후회할 때도 많이 있습니다. 그런 저의 모습 이대로 주님께 드립니다. 성령께서 도우시고 지켜주시고 함께 해주셔서, 하나님 앞에 온전히 살 수 있게 하옵소서. 아멘.

310

/

⚓ **하루를 열며**

BASIC, 기본이라는 뜻의 영어 단어입니다. 어떤 분이 이 단어를 이렇게 풀어 설명하는 것을 들었습니다. Brothers and Sisters In Christ. 우리는 그리스도 예수 안에서 한 형제자매입니다. 이것이 기본입니다.

오늘의 말씀

너희는 유대인이나 헬라인이나 종이나 자유인이나 남자나 여자나 다 그리스도 예수 안에서 하나이니라 _갈 3:28

🌿 묵상

'그리스도 예수 안에서'(In Christ, En Christo),

예수 그리스도 안에 있기에 가능했습니다.

유대인과 헬라인이 민족과 정결의 율법을 뛰어 넘어 하나가 되는 일,

종과 자유인이 신분과 계급을 넘어 하나가 되는 일,

여자와 남자가 성 차별과 종교적 규정을 넘어서 하나가 되는 일,

예수 그리스도는 하나님의 백성들을 나누고 차별하는 그 모든 것을 허물고

하나님의 나라에서 하나가 되게 하셨습니다.

'예수 그리스도 안에서'가 신약성경에 164번이나 나오고,

우주적 교회를 보여주는 에베소서에서 서른 번이나 나오는 이유가 분명합니다.

별것도 아닌 것 가지고 우쭐대고 무시하고 나누고

혐오하는 세상에 살지만, 우리는 그리스도께 속한 사람들입니다.

그리스도 예수 안에서 불가능한 일은 없습니다.

오늘의 기도

주님, 하나님의 사랑과 은혜 안에서,

그리스도 예수 안에서 우리는 하나입니다. 아멘.

311

_____/_____

<blockquote>
〜 **하루를 열며**

일본의 기독교 사상가 우찌무라 간조(內村鑑三)는 '내 영혼의 항해일기'에서 자신이 하나님께 늘 듣던 말씀 하나를 고백합니다. "내가 보지 못하는 곳을 여호와는 보시며, 내가 듣지 못하는 것을 주께서는 들으신다. 아들아 가라, 두려워하지 말아라, 하나님은 그곳에서도 너를 도우시리라."
</blockquote>

오늘의 말씀

오직 성령의 열매는 사랑과 희락과 화평과 오래 참음과 자비와 양선과 충성과 온유와 절제니 이같은 것을 금지할 법이 없느니라 _갈 5:22~23

묵상

좋은 나무에서 좋은 열매가 맺듯이…
성령의 나무에서 성령의 열매가 열립니다.
사랑은 사람을 가치있게 합니다.
희락은 사람을 행복하게 합니다.
오래 참음은 더 나은 삶을 살게 하는 결실을 맺게 하고
자비는 하나님의 마음을 이해하도록 돕습니다.
양선은 세상에서 가장 소중한 것을 알게 하는 힘이며
충성은 헛 마음, 헛 힘, 헛 삶 살게 하지 않는 신실함입니다.
온유는 사람의 마음을 얻게 하고
절제는 후회할 수 있는 일들을 만들지 않게 합니다.
이런 소중한 열매를 맺으려면 성령의 나무가 되어야겠습니다.

 ## 오늘의 기도

주님, 성령 안에서 삶의 깊은 뿌리 내리게 하시고
더디더라도 내 삶 가운데 성령의 열매가 열리게 하옵소서. 아멘.

312

/

⤳ 하루를 열며

혹 잊고 지내지는 않았는지요. 나를 위해 사랑과 눈물로 기도해
주시는 가족과 교우와 이웃들을… 지금의 나의 모습은 그 분들
의 정성과 도움과 기도의 결실임을 잊어서는 안 되겠죠.

오늘의 말씀

너희가 짐을 서로 지라 그리하여 그리스도의 법을 성취하라 _갈 6:2

🌿 묵상

짧지만 강렬합니다. "너희가 짐을 서로 지라."
어른들이 곧잘 하는 말씀이 '(자녀 혹은 타인에게) 짐이 되기 싫다'입니다.
조금은 짐이 되는 것도 좋은데 말이지요.
그래야 서로의 짐을 나누어 지면서 아름다운 관계로 더 나아갈 수 있겠지요.
오늘 말씀을 보니 서로 그 짐을 나누어 지는 것이 성경적입니다.
이것이 그리스도의 사랑을 입은 자들이 이루어가야 할 모습이라 권합니다.
인생의 짐에 눌려 기 펴고 살지 못하는 이들에게 예수님처럼 다가가서
말을 걸어주고 그의 짐을 조금이라도 덜어주면,
새로운 희망을 가질 수 있겠죠.
이것이 사랑이요,
주님을 닮아가는 길입니다.

오늘의 기도

주님, 서로 돕고 서로 위로하고 서로의 짐을 나누어 지며 사랑으로 살아가게 하옵소서.
작은 선행이 힘든 이에게 얼마나 큰 힘이 되는지를 깨달아
그와 같은 삶을 살아가는 일에 마음과 힘을 다하게 하옵소서. 아멘.

313

/

⤳ 하루를 열며

생각하는 것과 사는 것이 늘 함께 가는 것은 아닌 것 같습니다. 생각 따로, 삶 따로, 그 간격은 우리를 지치게 만들고 작은 존재로 만들어버립니다. 복음의 삶, 말씀으로 살아가는 삶, 모두 나뉘지지 않은 하나된 모습으로, 건강한 신앙의 터전입니다.

오늘의 말씀

너희는 사도들과 선지자들의 터 위에 세우심을 입은 자라 그리스도 예수께서 친히 모퉁잇돌이 되셨느니라 _엡 2:20

🌿 묵상

하나님이 집을 짓고 계십니다.

모든 이들이 함께 어울려 행복한 평화의 터에

정의와 공의로 견고한 기둥들을 세우고

사랑으로 울타리를 둘러 세찬 바람을 막아줍니다.

은혜와 자비로 지붕을 덮고 진리의 말씀으로 맑은 창을 내었습니다.

그 집의 첫 돌은 예수 그리스도가 되셨고

그분을 따르는 이들이 하나하나 그 위에 놓여

이 세상을 구원할 하나님의 집(오이코스)을 지어갑니다.

하늘의 뜻이 이루어지는 하나님의 나라입니다.

🕯️ 오늘의 기도

주님, 하나님의 집에 어울리는 작은 돌이 되겠습니다.

작고 미약하지만 저희를 사용하여 주옵소서. 아멘.

314

⌒ 하루를 열며

어둠과 새벽안개 가르며, 선물같이 모두에게 주신 평등한 하루입니다. 오늘을 어떻게 살아볼까요. 빛의 열매를 쫓아 예수님 닮은 하루를 살고 싶습니다.

오늘의 말씀

너희가 전에는 어둠이더니 이제는 주 안에서 빛이라 빛의 자녀들처럼 행하라. 빛의 열매는 모든 착함과 의로움과 진실함에 있느니라 _엡 5:8-9

🌿 묵상

예수님을 믿는 사람들은 빛을 만난 이들입니다.

그 빛으로 생명으로 가는 제 길을 발견하고 힘차게 걷는 이들이 성도들입니다.

다메섹으로 가던 바울은 그 빛을 보고

자신이 얼마나 어둠에 있었는지를 깨달았습니다.

그와 같은 경험으로 바울은 우리를 향해 '빛의 자녀'라 하고

'빛의 열매'를 맺어야 한다고 권면합니다.

어두운 밤하늘 별빛은 예수님께 향하게 하는 빛이었습니다.

하나님의 뜻을 알게 됨은 빛을 얻음이요,

그로 인해 다시는 어둠에 속한 이가 아닌 빛의 사람이 됩니다.

그 삶에 빛의 열매가 있습니다

모든 착함과 의로움과 진실함으로 빛이 납니다.

오늘의 기도

주님, 주님의 삶의 빛으로 밝혀주신 그 길을 걷게 해주시니 감사합니다.

미움이 아닌 사랑으로, 교만이 아닌 겸손으로, 혼자가 아닌 주님과 동행함으로,

한결같은 믿음을 지켜내며 빛을 향해 걷게 하옵소서. 아멘.

315

_/_

가족

광주 2016

316

/

차가운 날, 얼굴에 부딪히는 차가운 공기가 정신까지 맑게 합니다. 복잡하고 혼란스럽기까지 한 세상에서 정신을 바짝 차려야 유혹도 이기고 헛된 길로 빠지지 않을 것 같습니다. 오늘 주시는 말씀이 한 바가지 차가운 물이면 좋겠습니다.

오늘의 말씀

생명의 말씀을 밝혀 나의 달음질이 헛되지 아니하고 수고도 헛되지 아니함으로 그리스도의 날에 내가 자랑할 것이 있게 하려 함이라_빌 2:16

🌿 묵상

인생 결산!

내가 살아온 인생을 셈하여 본다면 어떨까요.

헛수고한 인생이 아니요, 헛된 바람만 쫓아 살던

허망한 인생이 아니길 바랍니다.

사랑을 많이 하고, 평화를 위해 일하고,

어려운 자들을 돕고, 슬픈 자 위로하고,

이 세상을 조금이라도 더 나은 세상을 만들기 위해 땀 흘리고 손을 보탰다면

나의 인생은 자랑할 만한 것이 조금은 있을 것입니다.

더불어 하나님이 꿈꾸시는 그분의 나라를 위해 일하고,

예수님을 닮기 위해 온 힘을 다했다면,

그분을 뵐 면목은 설 것 같습니다.

결산은 늘 긴장하게 합니다.

오늘의 기도

주님, 하나님의 자녀로 살아온 저의 삶이

헛수고가 되지 않도록 진리로 살게 하옵소서. 아멘.

317

/

∽ 하루를 열며

보호자와 손잡고 놀이터에 나온 아이들이 마냥 즐거운 웃음소리를 들려줍니다. 그 모습에서 평강으로 우리의 손을 잡아주시는 주님의 보호하심을 느껴봅니다. 주님 감사합니다.

오늘의 말씀

아무것도 염려하지 말고 다만 모든 일에 기도와 간구로 너희 구할 것을 감사함으로 하나님께 아뢰라. 그리하면 모든 지각에 뛰어난 하나님의 평강이 그리스도 예수 안에서 너희 마음과 생각을 지키시리라 _빌 4:6-7

묵상

"걱정을 해서 걱정이 없어진다면 걱정이 없겠네."

정말 그렇구나 하고 즐거운 맞장구를 치게 되는 말입니다.

사람이 살면서 염려를 안 할 수는 없겠지요.

하지만 그 걱정을 하나님께 맡기고 평안해지는 법이 있다고 가르쳐 줍니다.

그것은 바로 하나님을 신뢰하고 그분께 기도 드리는 일입니다.

기도 가운데 모든 것을 다 아시는 그분께서

예수 그리스도 안에서 그 마음과 생각을 지켜주신다 약속하십니다.

예수님의 약속이기에 저는 믿고 기도할 수 있습니다.

오늘의 기도

주님, 하나님께서 우리와 함께함을 알면서도 조금만 힘들고 어려워도 주님 안 계신 것처럼 불안해하고 걱정하는 연약한 우리입니다. 눈을 들어 하늘을 보고, 마음을 모아 주님을 생각함으로 약해지는 마음을 추스르게 하시고 하나님의 은혜를 누리게 하옵소서. 아멘.

318

/

～ 하루를 열며

주님 말씀에 온전히 순종하기를 원합니다. 말씀에서 평안함을 누리고 그 말씀으로 새롭고 이롭게 살며, 누군가에게 선물이 되면 좋겠습니다. 오늘도 이 마음으로 하루를 열어봅니다.

오늘의 말씀

그러므로 너희가 그리스도 예수를 주로 받았으니 그 안에서 행하되 그 안에 뿌리를 박으며 세움을 받아 교훈을 받은대로 믿음에 굳게 서서 감사함을 넘치게 하라 _골 2:6-7

🌿 묵상

"그리스도 예수를 주님으로 받아들였으니, 그분 안에서 살아가십시오.
여러분은 그분 안에 뿌리를 박고, 세우심을 입어서, 가르침을 받은 대로
믿음을 굳게 하여 감사의 마음이 넘치게 하십시오."
조금 쉽게 풀어서 다시 한 번 마음에 새겨봅니다.
뿌리는 든든한 기초입니다.
지진으로 땅이 흔들려도 그 기초가 굳건하면 넘어지지 않습니다.
주님의 삶을 향해 깊게 뿌리 내리면,
그분의 말씀과 삶이 우리의 삶에 자양분이 되어,
흔들리는 세상에서 흔들리지 않는 뿌리 깊은 삶으로
하늘 행복을 누릴 수 있습니다.
생각만 해도 좋습니다.

오늘의 기도

주님, 우리의 신앙에 힘을 주셔서 사랑 안에서 행함으로 열매 있는 삶이 되게 하옵소서.
숱한 어려움과 유혹 앞에서도 주님께 깊이 내린 뿌리 깊은 믿음으로 담대하게 하시고,
신앙의 순례 길에서 그리스도의 이름으로 승리하게 하옵소서. 아멘.

319

/

∽ 하루를 열며

숲에는 키 큰 나무도 있지만 키 작은 나무도 있습니다. 나무뿐인가요, 바닥에 깔린 이끼는 숨 쉴 수 있는 힘을 주고, 나무등걸을 타고 오르는 줄기들도 숲을 이루는 멋진 친구들입니다. 이렇게 다양해야 울창하고 아름다운 숲입니다. 다양함으로 이루는 아름다운 조화입니다. 오늘도 '나'는 '나'로 시작해 봅니다.

오늘의 말씀

위의 것을 생각하고 땅의 것을 생각하지 말라 _골 3:2

🌿 묵상

'위'를 생각하라는 말은 거룩한 하나님을 향한 눈길이요 추구함입니다.
죽음을 넘어 부활을 생각하고,
미움을 넘어 용서로 이루는 감격을 생각하고,
발을 질질 끌며 땅만 처다보며 사는 삶이 아니라
가슴을 펴고 맑은 하늘 숨으로 용기를 내서 하늘 백성으로 살아가는 모습입니다.
눈 앞에 보이는 것에 눈길과 마음길을 빼앗기지 않고,
이미 누려본 듯한 의연함으로, 더 귀하고 값 나가는 것을 가지고 있는 듯한
자유함으로 걷는 담담한 발걸음입니다.
오늘 우리에게 그렇게 살라 하십니다.
갈릴리에서 예루살렘까지 그렇게 걸으셨던 예수님처럼
적어도 그분의 이름으로 살아가는 너희는 그런 모습으로 살아야 한다고
말씀해주십니다.

🕯 오늘의 기도

주님, 주님과 눈 맞추고 하늘을 바라보며
늠름하고 당당히 걷겠습니다. 아멘.

320

/

∞ 하루를 열며

사람은 응원이 필요합니다. 나 자신에게 잘하고 있다고, 괜찮다고 위로하고 다독여야 합니다. 하나님은 항상 우리 편입니다. 돌아온 탕자를 기다리는 아버지처럼 어떤 상황이라도 우리를 도와주십니다. 우리에게 필요한 격려와 응원입니다.

오늘의 말씀

형제들아 자는 자들에 관하여는 너희가 알지 못함을 우리가 원하지 아니하노니 이는 소망 없는 다른 이와 같이 슬퍼하지 않게 하려 함이라

_살전 4:13

🌿 묵상

"소망 없는 자들과 같이 슬퍼하지 말라."
바울 사도의 위로입니다. 그 위로는 부활의 샘에서 길러진 소망의 물입니다.
그 위로로 얻은 믿음은 현재의 불안과 두려움을
소망으로 마주 대하게 하는 힘이 됩니다.
데살로니가 교우들은 눈 앞에 펼쳐진 암울한 상황을
미래의 소망으로 이겨냅니다.
그 미래가 예수님의 다시 오심으로 인해 결정된다면
그 미래의 주인을 믿는 우리는
결코 불안에 떨거나 낙심할 필요가 없다는 고백입니다.
그 힘으로 삶의 팽팽한 긴장감을 이겨내고
참 평강과 자유함을 누립니다.
지금 여기 불안하고 염려 많은 세상에서…

🕯 오늘의 기도

주님, 저희에게 담대한 믿음을 주옵소서. 아멘.

321

/

〜 **하루를 열며**

"여호와는 나의 목자시니 내가 부족함이 없으리로다." 코로나 19 터널을 지나고 있습니다. 오늘도 쉽지 않지만 언제 어디서나 함께 하시는 주님을 의지하며, 좁은 길을 기쁜 마음으로 걸어갑니다.

오늘의 말씀

평강의 주께서 친히 때마다 일마다 너희에게 평강을 주시고 주께서 너희 모든 사람과 함께 하시기를 원하노라 _살후 3:16

🌿 묵상

하루를 시작하며 평강의 말씀을 듣습니다.
아론의 축복(민수기 6장)을 다시 한 번 듣는 듯합니다.
흔들리는 세상에서 들려오는 소식은 짐승들이 흩어놓은 정원 같습니다.
일이 손에 안 잡히고 앞으로 살아갈 일이 불투명해질 때, 한숨만 나옵니다.
그때 주님의 숨결과 같은 말씀을 듣습니다.
"때마다 일마다 평강을 주시는 주님의 은총이 모두에게 있기를 빕니다."
"그 선한 힘에 고요히 감싸여 그 놀라운 평화를 누리고
그 선한 힘이 우릴 감싸시니
그 어떤 일에도 희망을 갖습니다."(본회퍼, 선한 능력으로)
여러분 가운데 주님의 평강이 함께 하시길 빕니다.

오늘의 기도

주님, 서로에게 좋은 믿음의 벗이 되어 서로의 외로움과 어려움에 도움이 되는
든든한 울타리가 되게 하옵소서. 늘 주님을 의지하는 마음을 주시고 주님 주시는 평강으로
모든 유혹과 시련도 이겨내게 하옵소서. 아멘.

322

/

허망함

시리아 2011

323

/

아침에 일어나 몸은 아직 이불 속에 있지만, 잠깐 엎드려 기도를 드립니다. 제 마음을 드리고, 가족과 교회를 위해 그리고 하나님의 나라를 위해 단문 기도를 드리고, 오늘 하루도 주님과 함께 하는 소중한 시간 되기를 부탁드리며 기도를 마칩니다. 기도로 시작하는 하루는 늘 새롭고 감사한 날입니다.

오늘의 말씀

하나님께서 지으신 모든 것이 선하매 감사함으로 받으며 버릴 것이 없나니 하나님의 말씀과 기도로 거룩하여짐이라 _딤전 4:4-5

묵상

메시지성경은 오늘 본문이 있는 부분에 이런 제목을 붙였습니다.

"그대의 삶으로 가르치십시오."

사람들은 듣고 배움이 아니라 보고 배웁니다.

백 마디 말을 해도 한 번 보는 것이 중요한 이유입니다.

믿음의 삶은 그 삶에 믿음이 보여야 하지요.

복음의 삶은 그 삶에 복음이 느껴져야 하고요.

선한 삶은 그 사람의 눈매와 얼굴 표정,

말씨와 몸짓에 그 선함이 배여 있는 삶입니다.

그래서 그 곁은 늘 따뜻하고, 평화로우며, 기쁨과 감사가 있습니다.

혹여 어렵고 힘든 일이 있다 해도 능히 이겨낼 수 있다는 믿음과 용기로

서로를 격려하는 선한 힘이 모든 상황을 해결하게 해줍니다.

하나님의 말씀과 기도로 얻은 선한 능력은 우리의 생각을 넘어서는 '은총'입니다.

오늘의 기도

주님, 어두운 밤에 밝힌 촛불처럼 주님의 선한 능력 지니고 믿음으로 살게 하옵소서. 아멘.

324

/

🐟 하루를 열며

믿음의 선한 싸움을 싸우라는 말씀이 늘 저희 안에 있습니다.
욕심과 싸우고, 유혹과 싸우고, 불신과 싸우고, 교만과 싸웁니
다. 밀리지 않고 지지 않고 선한 능력으로 이기는 하루가 되기
바랍니다.

오늘의 말씀

오직 너 하나님의 사람아 이것들을 피하고 의와 경건과 믿음과 사랑과
인내와 온유를 따르며 믿음의 선한 싸움을 싸우라 _딤전 6:11-12앞

🌿 묵상

오직 너 하나님의 사람아!
디모데를 부르는 바울 사도의 호칭이지만, 꼭 그렇게 생각할 필요는 없습니다.
하나님의 부르심을 받은 사람들, 예수 그리스도가 걸으셨던 길을 자기 길로 삼아
살아가려는 사람들, 예수가 선포한 하나님 나라의 꿈을 가슴에 간직한 채
살아가는 사람들, 그리고 이 시대 그리스도인으로 살아가는 우리들…
모두가 하나님의 사람으로 불리는 사람들입니다.
그 하나님의 사람에 걸맞은 삶의 모습으로
의와 경건과 믿음과 사랑과 인내와 온유함으로
믿음의 선한 싸움을 싸워내고 꼭 승리해야 합니다.
싸우면서 증명해야 합니다.
"사랑이 모든 것을 이깁니다."

🕯 오늘의 기도

주님, 그리스도인이란 이름에 걸맞게 피할 것은 피하게 하시고 취할 것은 취하는 분별 있는 신앙으로
교회 공동체를 섬기게 하옵소서. 주님의 교회를 겸손한 마음으로 섬기게 하시고,
믿음으로 꾸준히 일하며 하나님의 교회가 굳건히 서는데 힘이 되게 하옵소서. 아멘.

325

∝ 하루를 열며

요즘 같은 비대면 시대에 말씀이 없었다면 어떠했을까요? 말씀을 통하여 바르게 되고 진실을 알게 되어 미리 소망을 얻게 되니 참 힘을 얻습니다. 말씀을 대면하니 비대면의 외로움과 답답함도 넘어설 수 있습니다.

오늘의 말씀

모든 성경은 하나님의 감동으로 된 것으로 교훈과 책망과 바르게 함과 의로 교육하기에 유익하니 이는 하나님의 사람으로 온전하게 하며 모든 선한 일을 행할 능력을 갖추게 하느니라 _딤후 3:16-17

묵상

참 좋아하는 말씀, 늘 마음에 새기는 말씀입니다.
우리가 읽는 말씀에는 하나님의 영(Inspiration)이 담겨 있습니다.
하나님의 영은 그분의 마음이요, 뜻이요, 그분 자체입니다.
그래서 말씀이 우리 삶에 계시면 그분의 뜻이 서 있고, 그분의 마음이 머물고,
그분이 거하시게 됩니다. 그럴 수밖에 없습니다.
말씀에 그분을 담고 있으니 교훈, 책망, 의로운 삶을 살게 되고…
말씀으로 그분을 닮게 되니 하나님의 사람으로 온전해지고
모든 선한 일을 하게 됩니다.

오늘의 기도

하나님, 오늘 우리 가정에 베푸신 은혜와 사랑에 감사합니다. 말씀의 반석 위에 세워진 가정이 되길 원합니다. 믿음의 가정이 되어 하나님께 기쁨을 드리고 싶습니다. 주님, 늘 기도하는 것처럼 믿음으로 실천하게 하시고, 하나님의 가정으로 온전히 서게 하여 주옵소서. 아멘.

326

⌒ 하루를 열며

여전히 힘든 하루를 반복하는 일상 중에서 하나님을 생각하면 힘이 납니다. 나를 붙들고 계시는 하나님 덕분에 오늘도 감사합니다. 오늘도 하나님께서 함께 하시기 원합니다.

오늘의 말씀

미쁜 말씀의 가르침을 그대로 지켜야 하리니 이는 능히 바른 교훈으로 권면하고 거슬러 말하는 자들을 책망하게 하려 함이라 _딛 1:9

묵상

언제부터인지 교회에서 꾸짖음이 사라졌습니다.

하나님의 말씀이 갖고 있는 큰 역할 중에 하나가 '바른 교훈으로 바로잡아주고

하나님의 사람으로 바로 서게 하는 일'인데…

어떤 이유인지 요즘에는 '그래서는 안돼, 하나님을 믿는 사람으로 온전하고 바르게 살아가야 해' 하는 엄중함을 찾기 힘이 듭니다. 그렇게 할만큼 어른을 찾기 힘든 까닭이기도 합니다. 어쩌면 그런 말을 듣고 교회에 남아 있을 사람이 별로 없을 것이라는 여린 생각 때문일지 모릅니다. 꼭 그런 이유는 아니겠지만 우리의 믿음은 점점 허약해지고 단호함이 사라지는 것 같습니다.

오늘 아침 우리를 향해 엄하게 말씀해주십니다.

"하나님의 말씀을 너의 삶의 중심에 두고 신실하게 지키고 살아야 한다."

불신앙적인 삶을 준엄하게 꾸짖어 바로 세우는 그 엄함이 그립고,

그런 어른이 그립습니다.

🕯 오늘의 기도

주님, 귀한 일꾼들의 마음과 삶의 중심에 주님이 계시고, 섬기는 정성과 수고에 보람과 기쁨이 있게 하소서. 하나님 앞에서 자신을 돌아보고 분별과 사랑으로 교회를 인도하는 영적 지도력을 주시고, 그 애씀으로 더나은 교회 공동체로 서게 하옵소서. 아멘.

327

/

✼ 하루를 열며

하나님의 은혜가 바다보다 크고 아름답습니다. 그 은혜는 우리에게 오늘을 살 수 있는 힘이 됩니다. 내 힘이 아닌 하나님의 은혜, 그 은혜를 구하며 하루를 시작합니다.

오늘의 말씀

갇힌 중에 낳은 아들 오네시모를 위하여 네게 간구하노라. 그가 전에는 네게 무익하였으나 이제는 나와 네게 유익하므로… _몬 1:10-11

🌿 묵상

바울은 오네시모를 가리켜 '내가 갇혀 있는 동안에 얻은 아들'이라고 부릅니다.
가장 힘겨운 상황에서도 바울은 생명을 낳았습니다.
감옥에 갇혀서 자신의 불확실한 미래에 대해 염려하기보다는
복음으로 살아가는 삶의 의연함과 열정입니다. 부럽고 부끄러울 뿐입니다.
바울은 감옥에서 만난 오네시모를 사랑의 돌봄과 복음으로 유익한 이로 세웁니다.
무익한 이가 하나님과 사람을 만나 유익한 이로 변했습니다.
마치 물이 주님을 만나 포도주가 된 것처럼, 한 사람의 영적 도움이 한 사람과
그가 속한 많은 일들에 얼마나 많은 선한 일이 될 수 있는지도 보여줍니다.
그 한 사람이 중요합니다.
누가 곁에 있고, 누구에게 영향을 받느냐에 따라 복음에 설 수 있고
크고 아름다운 일을 이룰 수 있습니다.

🕯 오늘의 기도

주님, 오네시모처럼 지난 잘못에 빠져 허송세월하지 않게 하시고 주님의 말씀과 사랑 안에서 새로운 삶으로 나아가게 하옵소서. 빌레몬처럼 조금 더 너그럽게, 조금 더 넉넉하게 받아들이고 맞이하여, 하나님 안에서 새롭게 된 관계로 더 나은 세상을 만들어 가게 하옵소서. 아멘.

328

/

세상 온갖 정보는 앞다투어 내 것으로 만들지만, 하나님의 말씀
은 그저 듣는 것으로 만족해버리는 우리의 모습에 죄송한 마음
으로 기도합니다. 복음을 따라 살아가며 순종의 귀한 열매 맺게
하옵소서.

오늘의 말씀

그러므로 함께 하늘의 부르심을 받은 거룩한 형제들아 우리가 믿는 도
리의 사도이시며 대제사장이신 예수를 깊이 생각하라 _히 3:1

🌿 묵상

"예수를 깊이 생각하라." 곰곰이 생각해봅니다.

우리 예수님이 누구신지… 그분의 사랑이 얼마나 깊은지…

아버지를 향한 순종이 얼마나 지극하셨는지…

온몸으로 이루어내신 그 십자가의 구원이 얼마나 큰지…

하나님 아버지의 손과 발이 되어 얼마나 정성껏 살아가셨는지…

힘들고 거칠고 위협과 고난의 길을,

그 사망의 골짜기와 같은 어둠을 어떻게 깨뜨리고 생명의 아침을 여셨는지를…

"예수를 깊이 생각하라."

권면하는 그 뜻을 알 것 같습니다.

예수를 깊이 생각하니 우리 마음이 벅차고 생기가 돕니다.

예수를 깊이 생각하니

그분을 믿고 따르는 길이 얼마나 복된 길인지 감사할 뿐입니다.

오늘의 기도

주님, 예수님 생각 많이 하며 살겠습니다. 아멘.

329

/

눈 덮인 가을

—
광주 2013

330

/

🐟 하루를 열며

오늘 우리의 삶은 예기치 않게 힘들고 고통스러운 상황에 놓여 있습니다. 세상에서 겪는 고난은 우리를 힘들게 하고 신앙까지 흔들어 놓습니다. 그러나 흔들리는 중에 하나님을 더욱 깊이 만나, 우리의 믿음의 뿌리가 더욱 깊어져 신앙의 성장과 삶의 성숙으로 나아가게 합니다. 고난이 유익인 까닭입니다.

오늘의 말씀

그가 아들이면서도 받으신 고난으로 순종함을 배워서 온전하게 되셨은 즉 자기에게 순종하는 모든 자에게 영원한 구원의 근원이 되시고…

_히 5:8-9

🌿 묵상

그저 지나칠 수 없는 구절입니다.

주님도 배우셨습니다.

'순종을… 고난으로 순종함을…' 낯설고 이해하기 어렵습니다.

예수 그리스도, 주님도 배우셔야 하는 것이 있다는 말씀이…

주님이 겪으신 고난은 자신의 욕망을 이루기 위해 겪은 아픔이 아닙니다.

죄악된 세상에서 하나님의 뜻을 이루시기 위해 겪을 수밖에 없었던

아픔이요 고난입니다.

주님은 그 고난을 통해서 더욱 완전해지셨고,

그로 인해 자신에게 순종하는 모든 이들에게

영원한 구원의 근원이 되셨습니다.

순종입니다.

주님, 주님을 본받아 겸손히 배우겠습니다.

오늘의 기도

주님, 예수님을 본받아 주님의 뜻을 온전히 순종하고 준행하는 주의 자녀로 살아가게 하옵소서. 아멘.

331

🐟 하루를 열며

예수 그리스도의 피로 죄사함 받은 사실을 받아들일 때, 그리스도의 은혜를 통해 나의 죄가 씻겨진 것 같은 참마음과 온전한 믿음을 선물 받을 수 있습니다. 주님의 은혜입니다. 그 은혜로 오늘을 감사함으로 시작합니다.

오늘의 말씀

그러므로 형제들아 우리가 예수의 피를 힘입어 성소에 들어갈 담력을 얻었나니 그 길은 우리를 위하여 휘장 가운데로 열어 놓으신 새로운 살 길이요 휘장은 곧 그의 육체니라 _히 10:19-20

🌿 묵상

가슴이 메입니다.

들어갈 수 없는 문을 들어가게 함이 예수님의 피 값이요.

살 수 없는 삶을 살게 된 것이 예수님의 생명값이라는 말에…

죄와 율법의 단단히 막힌 담을 자신의 육체로 허물고 길을 내셨습니다.

새롭게 난 생명의 길로 우리를 인도해주셨습니다.

우리의 생명은 그렇게 얻어진 생명이요

우리가 가는 믿음의 길은 그렇게 가게 된 길입니다.

이제는 주저함 없는 담대함으로, 묶임 없는 자유함으로,

감사로 받아들인 겸손함으로 한 걸음 나아갑니다.

오늘의 기도

주님, 모든 막힌 담을 여시고 하나님을 향해 나아갈 수 있도록 길을 열어주시니 감사합니다.

감사함으로 그 길을 걸으며, 늘 주님과 눈을 마주하고 힘차게 걷게 하옵소서.

서로 돌아보아 사랑과 선행을 격려하게 하시고, 함께 하나님의 일을 이루어 가게 하옵소서. 아멘.

332
/

농사를 짓는 일은 기본이 인내입니다. 기다리고 참는 것을 하지 못한다면 성급한 마음으로 황금알을 낳는 거위의 배를 열어보는 어리석음처럼 아무것도 얻지 못합니다. 농부의 마음으로 시작하는 하루입니다.

오늘의 말씀

그런즉 우리도 그의 치욕을 짊어지고 영문 밖으로 그에게 나아가자
_히 13:13

🌿 묵상

아무도 좁은 길을 가려 하지 않습니다.
편하고 쉽고 자유롭게, 내게 유리한 길을 가려 합니다.
섬김, 돌봄, 나눔, 희생, 헌신, 순종, 십자가… 모두 불편하고 힘든 일입니다.
'주님이 기뻐하시는 일이니 내가 하자.'
굳게 마음 먹지 않고는 할 수 없는 일입니다.
모두 영문 안에 있으려 하지 영문 밖에 나가려 하지 않습니다.
그러나 주님이 가시는 저 영문 밖으로 나아갈 때,
참된 생명의 빛과 만나게 될 것입니다.
아주 조금씩이나마 그 길을 향해 가고 싶습니다.
담쟁이넝쿨처럼, 달팽이 걸음처럼,
느릿해도 멈추지 않으면 그곳에 닿을 수 있을 것입니다.
힘을 냅시다

오늘의 기도

주님, 자신의 삶에 최선을 다해, 남들보다 앞서는 성취의 기쁨을 누리게 하옵소서.
그러나 때로는 뒤쳐지는 이의 곁에서 발을 맞춰 걸음으로, 함께 이루는 감격도 누리고 싶습니다.
주님에게서 배운 남다른 방식으로 신앙의 기쁨과 감격을 누리게 하옵소서. 아멘.

333

/

◯ 하루를 열며

입술의 말은 사람을 살리기도 하나 사람에게 상처를 내기도 합니다. 입술의 말은 자신을 위로하기도 하나 교만한 나를 드러내기도 합니다. 하나님께서 허락하신 지혜로 말의 실수가 없고 유익을 주고 싶습니다.

오늘의 말씀

영혼이 없는 몸이 죽은 것같이 행함이 없는 믿음은 죽은 것이라

_약 2:26

🌿 묵상

말씀을 들었으면 주저하지 말고 그대로 행하십시오.

옳다 여겨지면 망설이지 말고 그대로 행하십시오.

주님의 뜻이요, 하나님의 명령이면 따르는 삶이 복된 삶입니다.

복된 삶이 결코 편안하거나 안락한 삶이라는 오해와 편견.

우리 삶을 나태하고 안일하게 하며 욕심스러운 사람으로 변하게 합니다.

야고보 선생은 여러 번 강조해서 말씀합니다.

"믿음과 행함을 분리하지 마십시오.

영혼 없는 몸이 없듯이 행함 없는 믿음 또한 존재하지 않습니다."

우리는 오랫동안 말씀을 들었고, 배웠고, 말씀 안에 있었습니다.

그렇기에 잘 생각하고 엄격하게 돌아봐야 합니다.

지금, 내가 말씀으로 살아가는 사람인지…

오늘의 기도

주님, 이 말씀 따라 사는 동안 주 형상 닮게 하시고

믿음의 길을 걷게 하옵소서. 아멘.

334
/

⌒ 하루를 열며

추운 날, 어려운 이웃을 돌아보아 따뜻한 사랑을 전하고 서로 마음을 살펴 위로가 되는 시간으로 채워가면 좋겠습니다. 하나님이 기뻐하시는 모습으로 채우는 일, 복이 되는 일입니다.

오늘의 말씀

너희가 진리를 순종함으로 너희 영혼을 깨끗하게 하여 거짓이 없이 형제(자매)를 사랑하기에 이르렀으니 마음으로 뜨겁게 서로 사랑하라

_벧전 1:22

🌿 묵상

마음으로 뜨겁게 사랑하라.

이 말씀이 겨울을 지나는 저희의 마음에 힘있게 다가옵니다.

'뜨겁게'는 '변함없이' 또는 '깊게'라는 뜻을 담고 있습니다.

그러니 뜨겁게 사랑한다는 말은, 젊은 연인들의 불꽃 같은 사랑이라기보다

어머니의 깊고 변함없는 사랑을 의미합니다.

서로를 향한 한결같이 행하는 깊은 사랑의 샘은 진리와 깨끗한 영혼입니다.

사심 없고, 속셈 없는 마음으로 우리를 받아주신 예수님의 사랑이 그 사랑입니다.

주님 오시는 계절에… 하늘이 땅이 되고,

하나님이 사람이 되셔서 보여주신 깊은 사랑이 그립습니다.

오늘의 기도

주님, 크신 사랑으로 우리 곁에 오셔서 우리와 함께 해주셔서 감사드립니다.

우리 곁에서 늘 함께하시며, 담대한 믿음과 말씀의 지혜로 살게 하옵소서. 아멘.

335

/

한 해를 마무리 하는 시기입니다. 길고 긴 터널 같은 한해를 온 힘 다해 살아온 서로에게 사랑과 위로를 나누어보십시오. 외로 웠던 마음, 답답했던 삶을 넘어 새롭게 주시는 하나님의 은혜로 새로운 해를 맞이하는 기대를 갖게 될 것입니다.

오늘의 말씀

주의 약속은 어떤 이들이 더디다고 생각하는 것같이 더딘 것이 아니라 오직 주께서는 너희를 대하여 오래 참으사 아무도 멸망하지 아니하고 다 회개하기에 이르기를 원하시느니라 _벧후 3:9

🌿 묵상

오늘 말씀을 읽으면서 '하나님의 인내'를 생각해보았습니다.

하나님은 기다리고 계십니다.

모든 사람들이 구원의 은총을 경험하는 그날까지…

온 마음을 기울여 기다리고 또 기다리며 인내하고 계십니다.

어린 양 한 마리를 찾으려고 온 힘을 다하시듯이…

그래서 지금은 적당히 살아도 되는 시간이 아니라,

치열하게 스스로의 삶을 돌아보고 조율하면서

하나님의 뜻에 따라 살아가야 할 시간입니다.

거룩한 행실과 경건함으로 우리 자신을 세우고,

참아주시고 미뤄주시는 하나님의 인내를 고마워하며,

주님께 나아가야 할 시간입니다.

오늘의 기도

주님, 우리의 실수와 잘못에도 우리를 버리지 않으시고 기다려주신 주님, 감사합니다. 그 기대에 어긋나 지 않는 하나님의 자녀로 살도록 도우시고 힘이 되어 주옵소서. 코람데오(Coram Deo)! 하나님 앞에서 살아가는 그 신실한 마음을 지니고 복된 말씀으로 살아가게 하옵소서. 아멘.

336

/

동행

나주 2021

337

/

🐟 하루를 열며

곁에 있어 당연하고 별것 아니라 생각했던 일상이 얼마나 소중한지 잊고 있었습니다. 뺨을 스치는 새벽공기, 눈부신 아침 햇살, 겨울이 가면 다시 오는 봄이 소중한 줄 알지 못했습니다. 우리는 하나님께서 주시는 은혜를 누리며, 값없이 주어진 모든 소중한 것들에 감사와 행복으로 가슴 벅찬 하루를 시작합니다.

오늘의 말씀

사랑하는 자들아 하나님이 이같이 우리를 사랑하셨은즉 우리도 서로 사랑하는 것이 마땅하도다 _요일 4:11

🌿 묵상

아들을 통해서 보여주신 사랑은 우리에게 진정한 사랑을 알게 합니다.
그 사랑은 우리의 모든 고통이나 불편을 없애주는 사랑이 아닙니다.
그 사랑은 그 고통이나 불편 속에서도 결코 우리 곁을 떠나지 않으시는 사랑입니다.
그 사랑은 하나님에 대한 신뢰, 이웃에 대한 신뢰와 사랑을
포기하지 않도록 하는 사랑입니다.
오랫동안 굶주렸으면서도 모처럼 얻은 음식을 다른 이들과 나누는 사랑이며,
자신도 어렵지만 더 어려운 처지의 이웃들을 정성껏 돌보아주는 사랑입니다.
그 사랑은 자신의 생명으로 다른 이에게 생명을 주는 지극한 사랑입니다.
그래서 사랑하지 않는 자는 하나님을 알지 못합니다.

🕯 오늘의 기도

사랑의 나눔 있는 곳에 하나님께서 함께하심을 늘 기억하게 하옵소서. 세상에 지쳐 텅 빈 것 같은 우리의 심령에 그리스도의 사랑이 물결치며 차오르게 하시고, 새 힘과 소망을 가지고 살게 하옵소서. 하나님을 더욱 깊이 사랑하고, 곁에 있는 이에게 따뜻한 마음으로 그 사랑을 표현하며 살아가게 하옵소서. 아멘.

338

◁◯ **하루를 열며**

기도는 영혼의 '숨'입니다. 들숨과 날숨으로 육신의 삶을 유지하듯이 하루를 시작하는 첫 숨이 기도이길 원합니다. 육으로 사는 삶이 아니라 영으로 사는 복된 삶이 되길 소망하면서…

오늘의 말씀

너희 자녀들 중에 우리가 아버지께 받은 계명대로 진리를 행하는 자를 내가 보니 심히 기쁘도다 _요이 1:4

묵상

자녀를 통한 가장 큰 기쁨은 진리의 삶입니다. 아프지 않고 잘 자라는 자녀도 기쁨이요, 공부를 잘 해 좋은 학교에 합격함도 기쁨입니다.

부모의 말을 잘 듣고 뜻을 잘 헤아리는 자녀도 기쁨이며,

어디 내놓아도 부끄럽지 않은 자녀는 늘 든든한 자녀입니다.

오늘 요한 선생님의 말씀을 귀담아 듣습니다.

"너희 자녀들이 하나님의 말씀을 따라 진리의 길을 꾸준히 걷고 있는 모습을 보니 더할 나위 없이 기쁘고 감사합니다."

어려운 시대입니다.

어린 자녀, 청소년, 청년 할 것 없이 하나님의 뜻 안에서 배운 진리의 말씀에 따라 그 길을 꾸준히 걷는 일이 얼마나 힘들고 버거운 일인지 우리는 잘 알고 있습니다.

그래서 그런 삶을 살아가는 자녀가 대견하고, 그 길을 걷는 자녀의 부모인 것이 행복한 것입니다. 마음 모아, 또 마음 모아 기도할 뿐입니다.

오늘의 기도

주님, 우리 자녀들이 하나님의 뜻을 알게 하시고, 그분의 사랑 안에서 진리의 길을 걷게 하옵소서.

시련과 시험과 유혹에 빠지지 않고 이겨내게 하시고, 진정한 삶의 기쁨을 누리게 하옵소서. 아멘.

339
/

✑ 하루를 열며

어두운 악을 힘으로 대적하지 않으시고 어둠의 공간을 선한 빛으로 밝히신 예수님입니다. 우리는 그 빛을 따르는 빛의 자녀들입니다. 우리가 선이라 행하는 것이 위선이 되지 않기를, 우리의 선함이 어둠에 잠식당하지 않기를, 우리의 선함이 침묵이 아니기를 기도합니다.

오늘의 말씀

사랑하는 자여 악한 것을 본받지 말고, 선한 것을 본받으라. 선을 행하는 자는 하나님께 속하고 악을 행하는 자는 하나님을 뵙지 못하였느니라 _요삼 1:11

🌿 묵상

'모든 선함과 의로움과 신실한 믿음으로.'
대림절 기간 동안 마음에 두고 살기로 작정한 말씀입니다.
잘 보이는 곳에 적어 놓고, 늘 보고 마음에 새기며 살고 있습니다.
선함과, 의로움과, 신실한 믿음으로…
많이 본 글씨 같아 더 정겹습니다.
선은 행할수록 좋습니다.
할 수 있는 한 모든 일에서, 할 수 있는 모든 수단으로,
할 수 있는 모든 방법으로, 할 수 있는 한 모든 곳에서,
할 수 있는 한 모든 때에, 할 수 있는 한 모든 사람들에게,
할 수 있는 한 오래오래, 할 수 있는 한 지금 곧…
선이 곧 힘이요 복입니다.

🕯 오늘의 기도

주님, 어둠을 밝히는 빛처럼 선한 마음과 삶으로 세상을 밝히는 주님의 자녀 되기를 원합니다. 그런 마음으로 살아갈 수 있도록 성령께서 북돋아 주옵소서. 아멘.

340

/

우리를 평화의 자녀로 불러주신 하나님이십니다. 우리가 있는
곳 어디나 하나님 나라가 되면 좋겠습니다. 싸움이 있는 곳에
화해가 있고, 슬픔이 있는 곳에 기쁨이 있고, 미움이 있는 곳에
사랑이 있도록 우리를 불러주신 뜻 안에 살겠습니다.

오늘의 말씀

사랑하는 자들아 너희는 너희의 지극히 거룩한 믿음 위에 자신을 세우
며 성령으로 기도하며 하나님의 사랑 안에서 자신을 지키며 영생에 이
르도록 우리 주 예수 그리스도의 긍휼을 기다리라 _유 1:20-21

🌿 묵상

예수님을 판 유다가 아닌 예수님의 동생 유다의 글입니다.
'뿌리 없이 들뜬 영혼 같아 도둑질당하지 말고
예수 그리스도께 깊고 온전히 뿌리 내린 주님의 사람이 되라'는 유다의 권면입니다.
이를 위해 세 가지 조언을 합니다.
하나, 거룩한 믿음 위에 자신을 세우라.
둘, 성령으로 기도하라.
셋, 하나님의 사랑 안에 머물면서 예수 그리스도의 긍휼을 기다리라.
이 말씀을 마음에 깊게 새깁니다.
아주 작은 미동에도 흔들릴 수밖에 없는 '나'임을 알기에
주님을 의지합니다.

 오늘의 기도

주님, 순간순간 우리를 미혹하는 잘못된 가르침과 거짓 교사를 분별할 수 있는 눈을 주시길 바랍니다.
외부의 공격뿐 아니라 내 안에서 나를 힘들게 하는 의심과 불만, 욕심과 나태의 그림자에서 벗어나
빛 되신 주님 곁에서 밝은 희망으로 살게 하옵소서. 아멘.

341

/

◁ **하루를 열며**

살아계셔서 우리 삶의 주인 되시는 하나님, 지금 우리의 마음 문을 엽니다. 하나님의 음성을 듣고 마음 문을 열고, 주님을 제 마음의 주인으로 모십니다. 오늘 하루도 하나님과 더불어 동행하는 축복이 가득한 하루 되시길 기도합니다.

오늘의 말씀

볼지어다 내가 문 밖에서 두드리노니 누구든지 내 음성을 듣고 문을 열면 내가 그에게로 들어가 그와 더불어 먹고 그는 나와 더불어 먹으리라

_계 3:20

묵상

주님이 문 밖에서 문을 두드리십니다.

그러나 우리는 인터넷에 마음을 빼앗기고, TV 소리가 너무 크고,

나의 관심은 온통 다른 곳에 가 있어

문 밖에서 두드리는 주님의 소리를 듣지 못합니다.

"나는 너희와 함께 하고 싶다. 나와 더불어 음식을 나누며 즐기자."

주님께 부탁드립니다.

"제발 포기하지 말아 주십시오.

마음의 문을 열고 삶의 문을 열 때까지 세게 두드려주시고,

오랫동안 그곳에서 문을 두드려주십시오.

우리가 주님의 음성을 알아듣고

번쩍 든 정신으로 문을 열 때까지…"

 ## 오늘의 기도

주님, 내 삶의 문을 열고 주인으로 맞이하겠습니다.

주님, 저희와 함께 해주시고, 삶의 기쁨과 행복도 주님 안에서 누리게 하옵소서. 아멘.

342

___/___

◁〉 하루를 열며

가장 낮은 곳으로 오셔서 생명까지 내어주신 예수님의 사랑을
생각합니다. 그 사랑으로 위로를 받았고, 그 사랑으로 소망을
가질 수 있었고, 그 사랑을 힘입어 용기를 낼 수 있었습니다. 여
전히 우리 곁에 계시는 주님의 사랑 안에서 하루를 시작합니다.

오늘의 말씀

큰 음성으로 이르되, 죽임을 당하신 어린 양은 능력과 부와 지혜와 힘과
존귀와 영광과 찬송을 받으시기에 합당하도다 _계 5:12

🌿 묵상

하늘을 향해 부르는 새 노래입니다.
주님은 우리의 입에 새 노래를 주셨고,
마음과 삶의 깊은 곳에서 울려나는 찬양을 부르게 하셨습니다.
우리 마음이 불안하고 조급할 때 하늘의 노래를 부를 수 없습니다.
분노의 감정에 사로잡혀 있을 때도 마찬가지요
욕심 가득할 때도 그렇습니다.
하늘이 내 안에 있을 때 하늘 노래를 부를 수 있습니다.
하늘 지혜로, 하늘 영광으로, 하늘 행복으로…
그분과 함께 하늘 노래 부르며 행복하고 싶습니다.
저희가 이 땅에서 부를 가장 아름다운 노래입니다.

오늘의 기도

주님, 찬양받으시기에 합당하신 주님을 찬양합니다.
나의 삶이 하나님을 노래하며, 주님께 영광을 돌리는 노래가 되게 하옵소서. 아멘.

343

/

기
다
림

광주다일교회 2015

344
/

∝ **하루를 열며**

하루를 시작하는 시간, 꿀같이 단 주님의 말씀을 마음속에 간직
하고, 쓰디쓴 말씀이라도 깊이 새긴다면 바쁜 일상의 순간마다
찾아오는 삶의 유혹과 시련을 이겨낼 수 있을 것입니다. 오늘도
말씀으로 살아가며, 사랑을 흘려보낼 수 있기를 소망합니다.

오늘의 말씀

내가 천사의 손에서 작은 두루마리를 갖다 먹어버리니 내 입에는 꿀같
이 다나 먹은 후에 내 배에서는 쓰게 되더라 _계 10:9

🌿 묵상

하나님의 말씀은 읽는 것이 아니라 먹는 것이랍니다.
그 말씀에 담긴 은총과 사랑과 위로와 평강은 꿀송이처럼 달고
우리를 행복하게 합니다.
하지만 그 말씀이 우리 안에 들어와 소화되는 과정은 그리 쉽지 않아
'쓰디 쓰다'고 실토합니다.
말씀의 소화는 삶으로 표현되는 과정입니다.
말씀으로 살아가는 삶은 참 벅차고 힘이 듭니다.
"주의 말씀이 나의 심장 속에서 불처럼 타올라 뼈속에까지 타들어 가니,
나는 견디다 못해 그만 항복하고 맙니다"(렘 20:9).
어려운 시대를 살아간 선지자의 고백처럼 말씀으로 살아가는 삶은
말씀이 녹여내고 말씀으로 조성된 새로운 인생을 살아가는 길입니다.
믿음의 용기가 필요한 길입니다.

🕯 오늘의 기도

주님, 말씀 안에 머무르며 하나님과 친밀한 사귐이 있게 하옵소서.
성령님, 도와주셔서 온전히 깨닫게 하시고, 깨달은 바를 믿음으로 행하게 하옵소서. 아멘.

345
/

⟨≈ 하루를 열며

한 해를 마무리하기 전에 고개를 돌려 지나온 발자취를 보니, 자신만 생각하며 너무 빠르게 걸어왔다는 생각이 듭니다. 지금부터라도 늦지 않게 사랑하는 이웃들과 함께 선하게 살아가는 소중한 발자취를 남겨야 하겠습니다.

오늘의 말씀

내가 하늘에서 나는 소리를 들으니 많은 물 소리 와도 같고 큰 우렛소리 와도 같은데 내가 들은 소리는 거문고 타는 자들이 그 거문고를 타는 것 같더라 _계 14:2

🌿 묵상

계시록은 기독교인들이 심하게 박해받던 시기에
요한을 통해 주신 하나님의 말씀입니다.
세상의 언어가 아니요, 잘 이해하기 힘들어 묵시록이라 합니다.
흔히 이단과 시한부 종말론자들이 요한계시록을 자기 멋대로 해석해서
사람들을 미혹하고 있지만,
이 책은 박해에 직면한 성도들을 위로하고 격려하는 데 목적이 있습니다.
아무리 고난이 힘겨워도 땅만 바라보지 말고 하늘을 바라보라 하십니다.
세찬 바람 같은 고난이라 견뎌내기 힘들겠지만,
안간힘을 다해 믿음과 인내로 견뎌내기만 하면
새 세상을 열어가시는 하나님의 역사에 우뚝 서게 할 것이라고 말씀합니다.
겨울 한복판에서 하나님의 뜻이 곧 이루어지는 봄을 보여주는 희망가입니다.
새 하늘 새 땅의 노래입니다.

🕯 오늘의 기도

주님, 우리가 믿음으로 걸어갈 때 늘 우리 곁에서 바른길을 보여주시고, 그 길을 갈 때 용기를 주시고 격려해주시길 원합니다. 흔들리지 않게 붙잡아 주시고, 넘어지지 않게 버팀목이 되어 주셔서, 견실한 믿음으로 주어진 순례의 여정을 완주하게 하옵소서. 아멘.

346

∝ 하루를 열며

한없이 연약하고 지친 내 모습을 마주할 때가 있습니다. 자신감도 없어지고 자존감도 낮아져 위축되고 초라하게 느껴져 삶의 용기를 잃어버립니다. 그때가 바로 하나님을 만나야 할 때입니다. 그분의 이름을 부르며 도와주시라, 제게 힘을 주시라 기도할 때입니다.

오늘의 말씀

천사가 내게 말하기를 기록하라 어린양의 혼인 잔치에 청함을 받은 자들은 복이 있도다 하고 또 내게 말하되 이것은 하나님의 참되신 말씀이라_계 19:9

🌿 묵상

주님의 나라에 들어간 자의 행복입니다.
깨끗하고 빛나는 세마포를 입고 어린 양 예수 그리스도의 혼인 잔치에
초청을 받은 사람은 행복한 사람입니다.
그들이 입은 깨끗하고 빛나는 옷은 예수 그리스도의 피로 마련해주신
정결한 옷입니다.
예수 그리스도의 피가 우리 안에 흘러야 합니다.
그리스도의 피로 말미암아 가슴이 뜨거워지고,
삶과 죽음을 송두리째 하나님께 맡기고 살아갈 수 있고,
주님의 품에서 죽음을 맞는 은혜를 입은 이는 정말로 행복한 사람들입니다.
이 행복을 누리며 살고, 죽고 싶습니다.

🕯 오늘의 기도

주님, 주님은 신실하시고 의로우신 분임을 믿습니다.
언젠가 무너질 세상의 힘과 영광에 마음을 두지 않고 하나님의 백성으로 살겠습니다.
주님, 도와주시고, 흔들리지 않는 굳건한 믿음으로 신앙을 지키며 살게 하옵소서. 아멘.

347

◁ 하루를 열며

하나님의 말씀은 우리를 자유하게 합니다. 하나님께 기도와 말씀으로 나아가 무거운 짐을 다 내려놓고 주님이 주시는 선물과 거룩한 짐을 지고 평안함으로 살아가는 하루 되길 원합니다.

오늘의 말씀

보라 내가 속히 오리니 내가 줄 상이 내게 있어 각 사람에게 그가 행한 대로 갚아 주리라 _계 22:12

묵상

주님이 오고 계십니다. 그 사실을 믿기에 우리는 낙심하지 않습니다.

하나님의 약속하신 세상이 더디 오는 것처럼 보여도 주님은 우리 곁에 오십니다.

주님의 약속입니다.

어둠은 빛을 이길 수 없습니다.

잠시 동안은 어둠이 이기는 것처럼 보여도

어둠은 빛 앞에서 물러날 수밖에 없습니다. 주님이 세우신 진리입니다.

샛별로 떠오르신 주님을 기다리는 이들이 주님을 맞이합니다.

어둠 속에서 등불을 밝힌 여인들처럼

새하늘과 새땅을 준비하는 손길에 복을 주십니다.

주님의 오심을 믿고 선함과 의로움과 신실한 믿음으로 자신을 지키며

주님의 나라를 기다린 이는 복됩니다.

주여 오시옵소서. 마라나타! 아멘.

오늘의 기도

주님, 우리 곁에 다시 오실 주님을 기다립니다.

삶에서 죽음에서 죽음을 넘는 삶에서까지 늘 함께해주시겠다 약속하신 주님을 믿습니다.

그 주님과 함께 사는 기쁨과 복을 주옵소서. 아멘.

348
/

우리는 모두 다른 모습으로 살아가지만 모든 이에게 동일한 은혜를 내려주시는 주님이 계시기에 우리의 삶은 다양함 속에서 주님을 닮아가는 일치를 이룹니다. 여전히 우리는 연약하고 부족하지만 주님의 은혜로 오늘 하루를 시작합니다.

오늘의 말씀

주 예수의 은혜가 모든 자들에게 있을지어다 아멘. _계 21:22

🌿 묵상

창세기에서 요한계시록까지 하루하루 만난 말씀 속에서 여러분과 함께한 시간들이 참 기쁘고 고마웠습니다. 하나님의 말씀 안에서 교제(코이노니아)가 즐거웠고 말씀을 만날 믿음의 벗들을 생각하면서 설레었고, 말씀을 주신 주님께 감사했습니다. 말씀과 함께 한 시간은 저에게도 많은 유익함이 있었습니다.

때로는 저의 얄팍한 지식과 같은 어설픈 도구로 깊고 깊은 지혜의 땅을 파는 것 같은 힘겨움도 있었지만, 그 안에 이미 심겨진 보물 같은 말씀의 씨앗을 보며 감격하고 기뻐했던 적이 한두 번이 아니었습니다.

그동안 … 말씀은 우리를 자라게 했습니다. 말씀은 우리를 깊어지게 하였습니다.

말씀은 주님을 향한 밝혀진 등불이요, 진리를 향한 길의 빛이 되었습니다.

그래서 한없이 고맙습니다. 주님과 주님의 말씀에…

그리고 모두 수고하셨습니다. 이제 긴 여정을 마치며 요한의 인사로 대신합니다.

"주 예수의 은혜가 모든 자들에게 있을지어다. 아멘"(계 22:21).

여러분의 삶에 주님의 은혜가 늘 가득하길 빕니다.

지금까지 여러분과 함께 믿음의 여정을 가는 길벗 김의신 목사였습니다.

오늘의 기도

주님, 감사합니다. 모든 것이 주님의 은혜입니다. 아멘.

고난주간 묵상

이스라엘 2011

•

새 길, 새 뜻

•

349

고난주간 - 십자가에서 남기신 말씀 1

오늘의 말씀

이에 예수께서 이르시되 아버지 저들을 사하여 주옵소서 자기들이 하는 것을 알지 못함이니이다 하시더라 그들이 그의 옷을 나눠 제비 뽑을 새… _눅 23:34

🌿 묵상

주님은 고난 받는 십자가 위에서 첫마디로
자신을 십자가에 다는 사람들을 바라보며
저들을 용서해달라고 기도하셨습니다.
"원수를 사랑하고 자기를 핍박하는 자를 위해 기도하라."
평소에 제자들에게 하신 말씀처럼
견딜 수 없는 고통 속에서도,
일흔 번씩 일곱 번의 피맺힌 침을 넘겨가면서도
'사랑으로 빚어진 용서'의 말씀을 하십니다.
오늘 이 주님의 첫마디는
작은 것 하나도 용서하지 못하고
분내고 화내고 참을 수 없어 몸서리치는
우리를 부끄럽게 합니다.

🕯️ 오늘의 기도

주님, 우리도 주님처럼 이웃을 사랑하고, 용서하고 받아들이게 하옵소서. 아멘.
– 함께 마음을 모아 조용히 기도 드리십시오.

350

🐟 **고난주간 – 십자가에서 남기신 말씀 2**

오늘의 말씀

예수께서 이르시되 내가 진실로 네게 이르노니 오늘 네가 나와 함께 낙원에 있으리라 하시니라 _눅 23:43

🌿 묵상

주님의 두 번째 말씀은 중보기도였습니다. 주님의 곁에서 고통스럽게 매달려 있었던 한 강도를 낙원으로 이끄시는 자비의 기도와 말씀이 주님의 두 번째 말씀입니다. "내가 진실로 네게 말하노니, 오늘 너는 나와 함께 낙원에 있게 될 것이라."

주님의 좌우편에는 두 명의 강도가 매달려 있었습니다. 늘 그러셨던 것처럼, 주님은 마지막 순간까지도 죄인 곁에 계셨습니다. 그분은 '의인을 부르러 오신 것이 아니라 죄인을 부르러 이 세상에 오셨기 때문'입니다. 그리고 죽음의 목전에서 그를 천국으로 이끄시는 자비로움을 베푸셨습니다. 바울은 '우리 입으로 예수를 주로 시인하고 또 하나님께서 그를 죽은 자 가운데서 살리신 것을 마음에 믿으면 구원을 얻게 된다'라고 말씀했습니다. 이처럼 복음은 우리에게 언제나 구원과 생명에 이르는 기쁨의 소식입니다. 어쩌면 오늘 우리는 주님과 함께 십자가에 매달려 있는 사람인지도 모릅니다. 매일의 삶을 마치 마지막을 살아가는 사람처럼 귀하고 성실하게 주님을 바라보며, 고백하는 심정으로 살아가야 하는 사람입니다. 오늘 우리의 입술에 이와 같은 고백과 기도가 있기를 바랍니다.

🕯 오늘의 기도

주님, 당신의 나라에 임하실 때에 나를 기억하여 주옵소서. 아멘.
– 함께 마음을 모아 조용히 기도 드리십시오.

351
/

✎ **고난주간 - 십자가에서 남기신 말씀 3**

오늘의 말씀

예수께서 자기의 어머니와 사랑하시는 제자가 곁에 서 있는 것을 보시고 자기 어머니께 말씀하시되 여자여 보소서 아들이니이다 하시고 또 그 제자에게 이르시되 보라 네 어머니라 하신대 그 때부터 그 제자가 자기 집에 모시니라 _요 19:26-27

🌿 묵상

주님께서 십자가에서 하신 세 번째 말씀은 사랑하는 어머니를 위한 기도의 말씀이었습니다. 어머니! 예수님은 비록 하늘에 속한 분이셨지만, 육신의 어머니를 소중히 여기신 분입니다. 33년간 그 누구보다도 소중히 사랑해온 어머니께서 십자가 밑에서 눈물을 흘리고 계십니다. 가장 잔인하다는 십자가에 매달린 사랑하는 아들을 위해 할 수 있는 일이라곤, 눈물을 흘리며 하나님께 부탁드리는 것밖에 없는 나약한 한 여인을 바라보며, 예수님은 홀로 남겨질 어머니를 염려합니다.

더 큰 일을 위해 희생해야만 했던 어머니를 향한 아들 노릇을 이제 사랑하는 제자인 요한에게 맡기며, 어머니보다 먼저 이 세상을 떠나는 불효자가 되었습니다.

"보라. 네 어머니라."

하지만 주님은 자신의 어머니를 많이도 사랑한 아들입니다.

자신을 그 태중에 가질 때부터 이루 다 말로 표현못할 고생의 삶을 살아오신 어머니가 아니었으면 자신의 삶 또한 있을 수 없었기에, 오늘 그 어머니에 대한 지극한 사랑을 표현하고 계시는 것입니다.

"여자여 보소서, 당신의 아들입니다."

🕯 오늘의 기도

주님, 예수님의 마음을 깊이 헤아리며 하나님의 자녀로서 신실하고
또 육신의 부모께도 성심껏 효를 다하겠습니다. 아멘.
– 함께 마음을 모아 조용히 기도 드리십시오.

352

🐟 **고난주간 – 십자가에서 남기신 말씀 4**

오늘의 말씀

제구시쯤에 예수께서 크게 소리 질러 이르시되 '엘리엘리 라마 사박다니' 하시니 이는 곧 나의 하나님, 나의 하나님, 어찌하여 나를 버리셨나이까 하는 뜻이라 _마 27:46

🌿 묵상

주님이 먼저 하신 세 마디가 박해자와 강도와 어머니를 향한 말씀이었다면,

이제 주님은 가만히 하늘을 바라보며 하나님을 향해 입술을 여십니다.

이제 십자가에 매달린 지도 거의 세 시간이 지나갑니다.

평범했던 날씨가 세 시간이 지나면서 갑자기 해는 그 빛을 잃고 온 세상이 어두움에 덮이기 시작합니다. 주님의 고통은 극에 달하고, 참을 수 없는 육신의 아픔을 참아내며 하늘을 향해 소리칩니다. "엘리엘리 라마 사박다니,"

아들의 고통을 차마 눈 뜨고 볼 수 없어 눈을 돌려 외면하시는 아버지를 향해 절규합니다. "나의 하나님 나의 하나님 어찌하여 나를 버리시나이까!"

우리는 의로운 사람과 무고한 사람들이 아픔을 당하고 고통을 받는 일을 종종 경험합니다. 그로 인해 억울하고 이해할 수 없는 상황에 낙심하고 슬프기까지 합니다.

그러나 우리는 믿습니다. 하나님은 그들을 품어주시고 위로하시며,

하나님의 긍휼과 자비로 받아주십니다.

모든 일의 결론은 이 세상에서 맺어짐이 아니라 하나님의 역사 속에 있음을 믿습니다. 죄 없는 아들이 당한 십자가의 고난을 그 누구보다도 더 생생하게 기억하시는 아버지 하나님이십니다. 버림받은 것 같지만 버리지 아니하시고 외롭고 쓸쓸한 고통의 순간까지 감싸안으시는 하나님의 사랑의 은혜를 우리는 믿습니다.

🕯 오늘의 기도

주님, 선하게 살고 하나님의 뜻에 따라 살아가면서도 낙심 되고 힘들 때가 있습니다. 외롭고 지쳐 하늘을 바라보며 원망하고 싶을 때도 있습니다. 하나님의 위로와 자비로 용기와 힘을 얻게 하시고, 더욱 굳건히 선한 길에 서게 하옵소서. 아멘. – 함께 마음을 모아 조용히 기도 드리십시오.

353
/

⟋ 고난주간 - 십자가에서 남기신 말씀 5

오늘의 말씀

그 후에 예수께서 모든 일이 이미 이루어진 줄 아시고 성경을 응하게 하려 하사 이르시되 내가 목마르다 하시니 _요 19:28

🌿묵상

이제 십자가에 달린 지 여섯 시간째! 이제 더 이상 버틸 힘이 없습니다.

너무나 많은 피를 흘려서인지, 목구멍까지 타 들어가는 갈증으로

주님은 신음합니다. "내가 목마르다"

주님께서는 고함치는 군중의 함성과 무리들의 조롱에 온종일 시달리셨습니다.

가시관으로 인해 머리가 찢어져 피를 흘리고, 약해진 몸으로 무거운 십자가를 이곳 골고다까지 지고 오셨습니다. 손과 발에는 큰 못이 박혀, 십자가에 매달려 물과 피를 쏟은 채, 이제 점점 죽음으로 가고 계시는 것입니다.

"세상에서 주는 물은 목마르지만 내가 주는 생명의 물은 결코 목마르지 않을 것이라" 말씀하신 주님, 모든 사람을 위해 자신의 육신의 물 한 방울까지 다 쏟아내고 계십니다.

시편에 주님이 당하신 고통을 표현하면서 "내 힘이 말라 질그릇 조각 같고 내 혀가 입천장에 붙었나이다" 하신 것처럼, 지금 주님은 타 들어가는 갈증을 통해 이 땅에 참 생명의 물을 주시고 계십니다. 주님은 목마르셨지만, 주님은 영원히 우리에게 목마르지 않는 샘물을 주신 분입니다.

🕯오늘의 기도

주님, 육신의 피와 땀과 눈물까지 짜내어 우리에게 생명을 주셨습니다.

감당할 수 없는 은혜의 기쁨과 감사로 더욱 신실하게 살겠습니다. 아멘.

– 함께 마음을 모아 조용히 기도 드리십시오.

354

오늘의 말씀

예수께서 신 포도주를 받으신 후에 이르시되 다 이루었다 하시고 머리를 숙이니 영혼이 떠나가시니라 _요 19:30

묵상

주님이 십자가에서 하신 다섯 번째와 여섯 번째 말씀은 짧은 외침이었습니다.

"내가 목마르다." "다 이루었다."

길게 말할 수 없는 육신의 고갈 속에서 짧게 토해낸 한 마디입니다.

"다 이루었다." 결국 사탄과의 전쟁에서 이기셨다는 것을 알리는 선언이었습니다. 모든 일을 다 마치고 자신은 비록 죽어가고 있으나, 이 세상에서는 하나님께서 승리하시도록 하셨다는 외침입니다. 주님이 이루고자 하신 것은 이것이었습니다.

"하나님이 세상을 이처럼 사랑하사 독생자를 주셨으니 이는 그를 믿는 자마다 멸망하지 않고 영생을 얻게 하려 하심이라"(요 3:16).

그토록 일생을 따라다니며 자신을 유혹하고 공격했던 사탄을 이기고 승리하신 것입니다. 돈으로 유혹하고, 명예로 유혹하고, 권세로 유혹하고, 배신과 갈등으로 흔들어대고, 마침내 어두운 죽음으로 하나님 나라로 향한 발걸음을 흔들던 사탄을…

"내 뜻대로 마옵시고 아버지의 뜻에 나를 맡깁니다."

외마디 기도로 박차고 일어나 십자가를 향해 구원의 신명으로 걸어갈 수 있었습니다. 그리고 이제 33년의 삶을 다 이루십니다. 고통도 끝나고 아픔도 끝나고 이제 그에게 맡겨진 모든 사역을 이루신 것입니다. 할렐루야, 아멘.

오늘의 기도

주님, 주님이 승리하신 그 길을 저희도 기쁜 마음으로 가게 하옵소서. 아멘.

– 함께 마음을 모아 조용히 기도 드리십시오.

◁ 고난주간 – 십자가에서 남기신 말씀 7

오늘의 말씀

예수께서 큰 소리로 불러 이르시되 아버지 내 영혼을 아버지 손에 부탁하나이다 하고 이 말씀을 하신 후 숨지시니라 _눅 23:46

🌿 묵상

주님의 십자가에서 마지막 말씀은

하나님께 자신의 영혼을 의탁하는 기도였습니다.

사람들은 저마다 임종하기 전에 남기고 싶은 말이 있습니다. 믿지 않는 사람이 남기는 말은 우울하고 침통할 수밖에 없지만, 이제 모든 것을 다 이루신 주님은 하나님 아버지께로 돌아가는 평안함의 말씀으로 그 마지막을 대신합니다.

누구보다도 하나님과 가깝게 지내셨던 주님은 이제 아버지의 품으로 다시 돌아가십니다. 한 순간도 아버지와 떨어지지 않으셨지만, 이제 하나님 아버지의 명령을 다 이루고 홀가분한 마음으로 아버지께 돌아가는 여정을 떠나십니다.

이 땅에서의 아들의 삶을 그 누구보다도 더 잘 알고 이해해주실 아버지께 다시 돌아가, 그분의 따뜻하고 깊은 품에 안기고 싶은 아들의 마음입니다.

"아버지, 내 영혼을 아버지 손에 부탁하나이다."

아버지 앞에서 힘겨웠던 지난 날 다 내려놓고 쉬고 싶은 아들의 마음입니다. 아버지만이 모든 것을 다 아시고 나를 받으실 수 있기에, 아버지께 모든 것 다 쏟아놓아 가볍게 된 그 영혼의 순결함을 의탁합니다.

"아버지, 내 영혼을 부탁하나이다."

🕯️ 오늘의 기도

주님, 저희에게도 이 같은 은혜를 허락하여 주옵소서. 우리의 인생 끝내는 그날, 우리 영혼 주님 손에 맡기고, 평안함으로 그 순간을 맞이하게 하옵소서. 죽음을 이기시고 승리하신 주님 예수 그리스도의 이름으로 기도합니다. 아멘. – 함께 마음을 모아 조용히 기도 드리십시오.

성탄절 묵상

크로아티아 2014

·

시간

·

356

/

오늘의 말씀

46마리아가 이르되 내 영혼이 주를 찬양하며 47내 마음이 하나님 내 구주를 기뻐하였음은 48그의 여종의 비천함을 돌보셨음이라 보라 이제 후로는 만세에 나를 복이 있다 일컬으리로다 49능하신 이가 큰 일을 내게 행하셨으니 그 이름이 거룩하시며 50긍휼하심이 두려워하는 자에게 대대로 이르는도다 51그의 팔로 힘을 보이사 마음의 생각이 교만한 자들을 흩으셨고 52권세 있는 자를 그 위에서 내리치셨으며 비천한 자를 높이셨고 53주리는 자를 좋은 것으로 배불리셨으며 부자는 빈 손으로 보내셨도다 54그 종 이스라엘을 도우사 긍휼히 여기시고 기억하시되 55우리 조상에게 말씀하신 것과 같이 아브라함과 그 자손에게 영원히 하시리로다 하니라_눅 1:46-55

묵상

성탄절이 있는 기쁨과 소망의 한 주간을 시작합니다.

오늘 우리가 함께 만나는 말씀은 '마리아의 노래'입니다. 한 아이의 엄마가 되기에는 아직 어린 소녀가 자기에게 일어난 일에 대해 하나님을 찬양합니다. 받아들이기 참 어려웠고, 앞으로 일어날 일에 대한 걱정과 두려움도 많을 텐데, 그 모든 힘든 마음을 딛고 하나님께 감사와 영광의 노래를 드릴 수 있었습니다. 그러기까지 쉽지는 않았겠지요.

자신에게 일어난 그 엄청난 일들이 하나님의 계획이요 섭리임을 받아들이기까지 얼마나 많은 날을 지새우고, 감당하기 어려운 일들로 불안했을까요? 어린 소녀가 감당하기에는 버거운 현실 앞에서 무섭고 두렵기까지 했을 것입니다.

감사한 것은 그 곁에 의로운 요셉이 있어서, 이해할 수 없지만 너그러운 마음으로 받아주었고, 그녀의 친족 엘리사벳은 두려워 멀리까지 찾아온 마리아에게 일어난 일들이 하나님의 섭리와 은총임을 친절히 알려주는 영적 도움이의 역할을 해주었습니다. 엘리사벳 역시, 훗날 세례자 요한이 될 아이를 생각지도 못하고 불가능하다 여겨진 때에 가지며, 하나님의 뜻을 더 깊이 알게 된 경험이 있었기 때문입니다.

오늘 우리가 함께 부르는 마리아의 노래는 한 여인의 노래를 넘어서 이 땅에서 행하

426

시는 메시아의 노래입니다. 하나님께서 한 아이를 통해서 이 땅을 회복해주시고, 하나님의 나라를 세우시는 그 언약의 성취를 노래하고 있습니다.

이렇게 노래합니다.

"하나님이 들려주신 복된 소식. 내 구주 되신 하나님이 행하시는 놀라운 일들. 연약하고 힘들어 하는 자에게는 자비와 긍휼, 위로와 사랑으로, 거만하고 허세부리는 이들과 폭군들에게는 하나님의 심판으로, 고통과 슬픔, 가난과 억눌림을 풀어주시고 하나님의 살아계심으로 인해 누릴 수 있는 풍성한 은혜와 자비를 온 세상에 펼쳐갈 것이다."

이 땅에 태어날 아이는 그와 같은 하늘의 일을 행하는 자임을 선포하고 노래합니다. 이천 년 전에 이 땅에 오신 임마누엘 주님은 지금 여기에서 우리와 함께 계십니다. 그분을 기억하는 이들을 통해서 하나님이 행하신 그 놀라운 일들이 이 세상 한복판에서 이루어지고, 하나님께서 세워가시는 그 나라가 서게 될 것입니다. 마리아의 노래는 그래서 지금 여기에서 우리가 불러야 할 노래입니다.

🕯 오늘의 기도

주님, 우리의 연약함을 돌보아주시니 감사합니다.
요셉처럼 엘리사벳처럼 선한 마음을 가진 이들이 있어 세상을 위로하고
하나님의 일을 행하게 하시니 감사합니다.
오늘 말씀을 깊이 새기고
우리도 우리의 삶의 자리에서 만나는 어렵고 힘들어 하는 이들에게
주님의 손길과 같은 따뜻함으로 위로하고 희망을 주며 살게 하옵소서. 아멘.

357

/

오늘의 말씀

26한나가 이르되 내 주여 당신의 사심으로 맹세하나이다 나는 여기서 내 주 당신 곁에 서서 여호와께 기도하던 여자라 27이 아이를 위하여 내가 기도하였더니 내가 구하여 기도한 바를 여호와께서 내게 허락하신지라 28그러므로 나도 그를 여호와께 드리되 그의 평생을 여호와께 드리나이다 하고 그가 거기서 여호와께 경배하니라 _삼상 1:26-28

🌿 묵상

신약에 마리아의 노래가 있다면 구약에는 한나의 노래가 있습니다.

사무엘 선지자의 어머니였던 한나가 자신에게 행하신 하나님의 은총에 감사하며 드리는 찬양입니다.

아이를 갖기 원하던 한나는 오랫동안 아이를 갖지 못함으로 힘들고 어려운 시간을 보냅니다. 자신에게 주신 아이를 하나님의 사람으로 세워 주님의 영광을 위해서 일하게 하고 싶은 어머니의 마음이 있었지만, 긴 시간 그녀에게는 아이의 소식이 없었습니다. 성경은 그 긴 시간이 한나에게는 너무나 괴롭고 고통스러운 시간이었다고 표현합니다.

자신을 슬픈 여인이라고 까지 표현하던 그 한나는 하나님의 은혜로 아이를 갖게 되었습니다.

오늘 말씀은 하나님께 드리는 한나의 감사 기도입니다.

"하나님께서 진심으로 내가 구하던 일을 이뤄 주셨으니 저 또한 하나님께 온 힘과 마음을 다해 여호와 하나님의 영광을 드리겠습니다."

그 약속으로 자신에게 주신 아이를 평생 하나님의 소유로 드리고, 하나님의 자녀로 자신이 잘 돌보고 키우겠다고 약속합니다.

그 후에 부른 찬양이, 오늘 읽지는 않았지만 2장 1절에서 10절까지 나와 있습니다.

마리아의 노래를 듣는 것 같은 거의 동일한 내용이 하나님께 드려집니다.

'여호와 하나님의 거룩하심, 세상의 힘을 쓰는 자의 활과 힘을 꺾으시고, 굶주리던 자는 풍족하게 하시며, 힘없고 어려운 자는 하나님의 도우심을 얻어 기를 펼 수 있게 하고, 빈부의 차이가 없고 높고 낮음 없이 하나님의 나라에서 함께 먹고 함께 나누며, 하나님을 높이고 찬양하는 아름다운 나라를 이루어 가신다는 노래'입니다.

어머니 한나는 어렵게 얻은 자신의 아들 사무엘이 이와 같은 하나님의 놀라운 일들을 이루어가는 거룩한 사역에 쓰임받기를 소망하며 기도 드립니다.

한나의 기도와 한나의 노래는 개인의 기도나 노래가 아니며, 하나님의 사람들이 하나님의 세계에서 살아가면서 늘 부르고 드려야 하는 기도입니다.

아기 예수님이 우리 곁에 오신 은총의 계절에, 우리의 삶도 아름답고 소중하게 주님의 일을 위해 쓰임새 있기를 기도합니다.

우리에게 거룩한 일을 행하신 하나님을 찬양합니다. 아멘.

오늘의 기도

주님, 저희에게 귀한 생명을 주시고 복되게 해주셔서 감사드립니다.
우리 모두 주님께 속한 하나님의 자녀들이오니, 우리의 삶이 아버지께 기쁨을 드리며 살게 하옵소서.
우리의 마음에 주님의 성소를 두고, 늘 주님께 기도하고 친밀한 사귐으로 은혜를 입게 하시고
그분의 자녀다운 삶으로 주께 영광 드리게 하옵소서. 아멘.

358

오늘의 말씀

7나귀 새끼를 예수께로 끌고 와서 자기들의 겉옷을 그 위에 얹어 놓으매 예수께서 타시니 8많은 사람들은 자기들의 겉옷을, 또 다른 이들은 들에서 벤 나뭇가지를 길에 펴며 9앞에서 가고 뒤에서 따르는 자들이 소리 지르되 호산나 찬송하리로다 주의 이름으로 오시는 이여 10찬송하리로다 오는 우리 조상 다윗의 나라여 가장 높은 곳에서 호산나 하더라

_막 11:7-10

묵상

마리아의 노래, 한나의 기도에 이어 오늘은 군중의 노래입니다.

예루살렘으로 입성하시는 예수님을 맞이하며 그분을 환영하는 군중들이 부른 노래였습니다.

"호산나 찬송하리로다 주의 이름으로 오시는 이여 찬송하리로다 오는 우리 조상 다윗의 나라여 가장 높은 곳에서 호산나 하더라"(막 11:9-10).

사람들은 이 노래를 부르며 예수님을 극진히 환대하고 환영합니다. 자신들이 입고 있던 겉옷을 벗어 길에 깔고 들에서 베어 온 풀을 깔아, 자신들에게 희망을 주고 새로운 세상을 이루어가실 예수님을 온 마음 다해 맞이한 것입니다.

그들이 부른 노래 중 '호산나'는 '도와주소서'라는 뜻입니다. 그들이 부른 노래는 이런 의미가 되겠죠.

"도와주소서. 도와주소서. 하나님의 이름으로 오시는 분이여, 도와주소서. 도와주소서. 하늘 가장 높은 곳에서 보내신 이여 도와주소서. 도와주소서. 다윗과 같은 능력을 갖춘 이여, 우리를 도와주소서."

로마제국의 식민지로 힘없이 당하기만 하는 이스라엘의 백성들, 자신들을 돕기 위해 어린 나귀를 타고 오시는 분에게 겉옷을 깔아드리고, 부드러운 나뭇가지와 풀밖에 놓을 수밖에 없던 가난한 이들, 그들의 환대를 받으며 예수님이 들어오십니다.

작은 고을 베들레헴에서 몸둘 곳 없어 짐승들 머무는 곳에 태어나신 예수님의 모습처럼, 그분의 등장은 늘 소박하고 무능력하게 보이기까지 합니다. 그러나 어두운 하

늘의 작은 별처럼 온 세상을 비추고도 남을 구원의 은총으로 세상에 생명을 주신 분이 예수님이십니다.

성탄은 이렇게 우리 곁으로 소리 소문 없이 조용히 다가오고 있습니다. 어둡고 죄된 이 세상을 구원하시기 위해, 회복시키기 위해 주님은 우리 곁에 오십니다. 온 마음과 정성을 다해 나의 삶의 자리에서 주님을 맞이하는 소중한 날이 되기 바랍니다.

🕯 오늘의 기도

주님, 우리를 사랑하셔서 우리 곁에 오신 주님을 진심으로 맞아 드립니다.
성탄을 맞이하는 진정한 마음을 갖게 하시고, 들뜨거나 무심한 날로 그저 보내지 않고
주님으로 인해 나의 삶에 새로운 일이 있는 선물 같은 날이 되게 하옵소서.
우리 곁에 오신 귀하신 분, 예수 그리스도의 이름으로 기도 드립니다. 아멘.

359

/

1주 여호와의 영이 내게 내리셨으니 이는 여호와께서 내게 기름을 부으사 가난한 자에게 아름다운 소식을 전하게 하려 하심이라 나를 보내사 마음이 상한 자를 고치며 포로된 자에게 자유를, 갇힌 자에게 놓임을 선포하며 2여호와의 은혜의 해와 우리 하나님의 보복의 날을 선포하여 모든 슬픈 자를 위로하되 3무릇 시온에서 슬퍼하는 자에게 화관을 주어 그 재를 대신하며 기쁨의 기름으로 그 슬픔을 대신하며 찬송의 옷으로 그 근심을 대신하시고 그들이 의의 나무 곧 여호와께서 심으신 그 영광을 나타낼 자라 일컬음을 받게 하려 하심이라 _사 61:1-3

묵상

이사야 선지자를 통해 주신 기쁨의 소식을 듣습니다.

슬픔과 고통 속에 있는 이스라엘 백성에게 여호와의 영이 채워진 이를 보내어 위로하시고 회복해주시겠다는 약속의 말씀을 들려주십니다. 마음 상한 자를 고치고 모든 슬픈 자를 위로하시는, 그래서 재를 뒤집어쓰고 슬피 우는 자에게 꽃으로 만든 화관을 씌워주시는 분이 메시아입니다. 이런 사명을 가지고 오시는 목자와 같은 메시아는 어머니가 자식을 위로함같이 위로해주셔서, 지난날의 아픔과 서러움과 억울함까지 씻어주신다고 말씀하십니다.

삶에 자리에서 직면한 여러 어려움과 고민들, 연약한 인간이기에 경험할 수밖에 없는 슬픔과 아픔의 자리에서 오늘 말씀을 읽어봅니다. 말씀 중에 바벨론 포로의 땅에서 무기력하고 절망할 수밖에 없었던 민족에게 새 희망을 주시는 하나님의 은총과 사랑의 위로를 받습니다. 오늘 말씀은 한 구절, 한 단어도 소홀히 지나칠 수 없게 저희에게 들려주십니다. 그 중 3절의 말씀이 특별히 와닿습니다.

"무릇 시온에서 슬퍼하는 자에게 화관을 주어 그 재를 대신하며 기쁨의 기름으로 그 슬픔을 대신하며 찬송의 옷으로 그 근심을 대신하시고 그들이 의의 나무 곧 여호와께서 심으신 그 영광을 나타낼 자라 일컬음을 받게 하려 하심이라"(사 11:3).

이 땅에 메시아로 오신 예수 그리스도, 슬픔이 있는 곳에 위로를 주시고, 재를 뒤집어쓰고 회개하는 이의 머리에 거룩한 기쁨으로 기쁨을 회복시켜주시고, 근심의 한

숨이 찬양의 노래가 되고, 절망의 골짜기가 높아져 희망의 산봉우리가 되게 해주십니다. 우리 주님은 그렇게 우리에게 다가오셨습니다.

기쁨과 감사로 주님을 맞이합니다. 사랑과 평화의 종소리를 울리며 우리의 모든 어둠을 몰아내신 주님의 은총에 감사하며, 우리의 마음을 드높여 주님께 찬양과 경배를 드립니다. 아기 예수 그리스도를 통해서 이 땅에 선포되는 은혜의 해에 함께 참여하며, 하나님의 백성다운 기쁨과 영광을 올려 드립니다.

주님, 감사합니다. 임마누엘 예수님, 우리 곁에 오셔서 감사합니다.

🕯 오늘의 기도

주님, 주님 나신 성탄절을 하루 앞두고 주님께 감사의 기도를 드립니다.
나의 구원자 되신 예수님, 우리 곁에 오셔서 감사합니다.
내 안에 오시고 내 삶에 오셔서, 사랑과 평화와 소망을 주옵소서.
주님의 은혜를 입혀주옵소서.
우리 곁에 오신 임마누엘 주님과 함께 모든 어려움을 이겨내고
하나님의 영광의 빛을 드러나게 하옵소서. 아멘.

360

12월 25일

8그 지역에 목자들이 밤에 밖에서 자기 양 떼를 지키더니 9주의 사자가 곁에 서고 주의 영광이 그들을 두루 비추매 크게 무서워하는지라 10천사가 이르되 무서워하지 말라 보라 내가 온 백성에게 미칠 큰 기쁨의 좋은 소식을 너희에게 전하노라 11오늘 다윗의 동네에 너희를 위하여 구주가 나셨으니 곧 그리스도 주시니라 12너희가 가서 강보에 싸여 구유에 뉘어 있는 아기를 보리니 이것이 너희에게 표적이니라 하더니 13홀연히 수많은 천군이 그 천사들과 함께 하나님을 찬송하여 이르되 14지극히 높은 곳에서는 하나님께 영광이요 땅에서는 하나님이 기뻐하신 사람들 중에 평화로다 하니라 _눅 2:8-14

묵상

Merry Christmas!

오늘은 주님 예수님 나신 날, 성탄의 기쁨을 여러분께 전합니다.

오래 전 성탄 새벽에, 찬바람 속에서도 교인들이 사는 집들을 다니면서 찬송을 불렀던 새벽송이 기억이 납니다. 어김없이, 돌아오는 길에는 묵직한 선물 보따리들이 들려 있었죠. 사탕과 과자들이 주로 많이 있었고, 손 큰 교인들은 애쓴다 하면서 꽤 좋은 선물을 주시기도 했습니다. 어릴 적 기억이지만, 성탄은 우리에게 가슴 설레게 기다려지는 즐겁고 기쁜 날이었습니다.

오늘 말씀은 예수님의 탄생 이야기 중에 목자들에게 나타난 천사의 이야기입니다. 밤에 잠들지 못하고 양떼를 지키고 있던 목자들에게 주의 사자가 나타나 말씀하십니다.

이스라엘 백성은 원래 유목민으로 양을 치고 돌보는 일이 주업이었습니다. 다윗의 시편에서도 여호와 하나님이 나의 목자라고 고백한 것을 보면, 목자는 그들에게 참 친근하고 대표적인 직업이었습니다. 그런데 로마의 식민지가 되면서, 자기의 양도 아니고 소작농처럼 다른 이의 양을 돌보아주고 일당을 받고, 어렵고 가난한 생활을 했습니다.

오늘 말씀에서 주의 사자가 목자들에게 나타났다 함은, 목자가 특정한 직업이 아니라, 어렵게 살아가면서 희망을 찾는 이스라엘 백성이라 해도 좋고, 어렵게 살면서 희망을 추구하고 있는 우리들이라 해도 되겠습니다. 무언가 좋은 소식이 있어서 지금의 나의 삶에 새로운 희망이 생기기를 기대하는 사람들이라 해도 되겠습니다. 그들에게 주님의 사자가 나타나 예수님 탄생의 소식을 들려주십니다.

"이제 희망이 있다. 주님이 우리 곁에 오시니 살길이 열렸다. 주님이 우리에게 나시니 가슴을 펴고 하늘을 보고, 희망의 빛으로 오시는 그분을 맞이하고, 그분과 함께 새로운 삶으로 나아가라"

하늘에서 들려주시는 음성입니다.

요즘 참 어려운 이들이 많습니다. 5포, 7포, 다섯 가지를 포기하고 일곱 가지를 포기하고, 그럴 수밖에 없는 이들, 특별히 젊은이들의 삶은 무거워 보이고, 중년의 가장은 뭐에 쫓기는지도 모른 채 바쁘게 살아갑니다. 너무 이른 나이부터 경쟁의 생리를 알아버린 아이들은 즐겁지 않고, 밤낮 없이 일하다가 은퇴의 절벽에서 밀려나버린 노년의 세대는 마음에 여유가 없습니다. 오늘 그렇게 살아온 우리에게 들려온 큰 기쁨의 좋은 소식입니다.

"지극히 높은 곳에서는 하나님께 영광이요,
땅에서는 하나님이 기뻐하신 사람들 중에 평화로다."

아멘. 하나님 감사합니다.

그분이 우리 안에 오셨으니, 이제는 기쁨으로 희망으로 살겠습니다.

🕯 오늘의 기도

주님, 우리 곁에 오신 주님, 저의 마음을 열고 맞이합니다.
사랑으로 오시옵소서. 소망으로 오시옵소서. 평강으로 오시옵소서.
우리 가운데 오신 주님과 함께 기쁨을 누리며, 새로워지고 복되게 하옵소서.
주님을 기뻐하며 평화를 누리게 하옵소서. 아멘.

361

/

오늘의 말씀

18예수 그리스도의 나심은 이러하니라 그의 어머니 마리아가 요셉과 약혼하고 동거하기 전에 성령으로 잉태된 것이 나타났더니 **19**그의 남편 요셉은 의로운 사람이라 그를 드러내지 아니하고 가만히 끊고자 하여 **20**이 일을 생각할 때에 주의 사자가 현몽하여 이르되 다윗의 자손 요셉아 네 아내 마리아 데려오기를 무서워하지 말라 그에게 잉태된 자는 성령으로 된 것이라 **21**아들을 낳으리니 이름을 예수라 하라 이는 그가 자기 백성을 그들의 죄에서 구원할 자이심이라 하니라 **22**이 모든 일이 된 것은 주께서 선지자로 하신 말씀을 이루려 하심이니 이르시되 **23**보라 처녀가 잉태하여 아들을 낳을 것이요 그의 이름은 임마누엘이라 하리라 하셨으니 이를 번역한즉 하나님이 우리와 함께 계시다 함이라 _마 1:18-23

묵상

주님 나신 성탄의 기쁨을 여러분께 전합니다.

12월 25일이 지났지만 교회의 달력으로는 여전히 성탄절입니다.

1월 6일 주현절을 시작하기 전까지는 우리 가운데 오신 임마누엘 예수님을 더 깊이 맞이하고 기뻐하는 성탄의 계절입니다. 교회 안팎에 장식한 성탄 트리도 1월 5일까지는 그대로 놔두어 그 기쁨의 여운을 함께 나누게 되는 것이지요.

오늘 말씀은 아기 예수를 잉태했지만, 당시 율법과 관습으로 인해 어려움을 당하고 있는 마리아의 곁에서 큰 힘이 되어준 그의 정혼자 요셉에 대한 이야기입니다.

어려울 때 좋은 성품의 사람이 곁에 있다는 것은 정말 힘이 되는 일입니다.

정혼자가 있지만, 정혼자가 알지 못하는 아이를 가졌습니다.

얼마든지 우리가 상상할 수 있는 비극적이고 끔찍한 일이 일어날 수도 있는 상황입니다. 그런데 성경은 그 곁에 있던 정혼자가 매우 의로운 사람이었다고 소개합니다.

19절과 20절에서, 꿈속이지만 주의 사자의 말을 들은 요셉은 마리아의 상황을 이해하고 아이를 낳을 때까지 배려하여, 힘든 상황에서 잘 이겨낼 수 있도록 도와주었습니다. 소중한 마음의 배려입니다.

예수님이 이 땅에 오실 때의 상황은 참 힘들고 어려웠습니다.

포악한 왕 헤롯의 명령으로 두 살 아래 아이들이 죽임을 당하는 비극적이고 가슴 아픈 사건도 있었지요. 그러나 요셉과 같은 의롭고 배려 깊은 사람과, 엘리사벳과 같이 마음을 깊이 헤아리며 하나님의 뜻을 일깨워줄 수 있는 좋은 이들이 곁에 있었기에, 아기 예수님은 무사히 이 땅에 임마누엘 예수로 오실 수 있었습니다.

선한 손길은 우리가 생각하는 것 이상으로 소중하고 귀한 일을 이루는 힘이 됩니다. 어려운 이의 마음을 헤아려 사려 깊은 행동을 하고, 힘든 사람들의 심정을 알아주고 그 자존심을 세워주고, 긴급한 상황에서, 불안하고 두려운 상황에서 하나님의 사랑을 느끼게 합니다. 주님의 돌보심을 깊게 경험할 수 있는 작은 손길과 마음 씀씀이는 세상을 희망으로 만들고, 살만한 세상으로 만들어가는 아름다운 일들입니다. 성탄은 그렇게 소중한 사람들의 손길을 통해서 우리 가운데 일어난 하나님의 신비의 사건이었습니다.

2천 년이 훌쩍 지났지만 그 진리는 여전히 변함없고, 성탄의 기쁨은 소중하게 우리 안에 찾아왔습니다. 주님의 따뜻한 사랑과 은총이 여러분에게 임하길 빕니다.

🕯 오늘의 기도

주님, 우리 곁에 오시니 기쁨이 넘칩니다.
성탄의 기쁨을 나누는 이때, 하나님, 우리의 마음과 손길과 삶을 타고
성탄의 은총이 이웃에게 전해지게 하옵소서.
일 년에 한 번, 때가 되면 축하하는 성탄이 아니라
우리 안에 오신 주님과 함께 매일의 삶을 복되고 소중히 살아가는 날이 되게 하시고,
매일매일 성탄의 기쁨이 나누어지는 평강의 날이 되게 하옵소서. 아멘.

362

/

13그들이 떠난 후에 주의 사자가 요셉에게 현몽하여 이르되 헤롯이 아기를 찾아 죽이려 하니 일어나 아기와 그의 어머니를 데리고 애굽으로 피하여 내가 네게 이르기까지 거기 있으라 하시니 **14**요셉이 일어나서 밤에 아기와 그의 어머니를 데리고 애굽으로 떠나가 **15**헤롯이 죽기까지 거기 있었으니 이는 주께서 선지자를 통하여 말씀하신 바 애굽으로부터 내 아들을 불렀다 함을 이루려 하심이라 **16**이에 헤롯이 박사들에게 속은 줄 알고 심히 노하여 사람을 보내어 베들레헴과 그 모든 지경 안에 있는 사내아이를 박사들에게 자세히 알아본 그 때를 기준하여 두 살부터 그 아래로 다 죽이니 **17**이에 선지자 예레미야를 통하여 말씀하신 바 **18**라마에서 슬퍼하며 크게 통곡하는 소리가 들리니 라헬이 그 자식을 위하여 애곡하는 것이라 그가 자식이 없으므로 위로 받기를 거절하였도다 함이 이루어졌느니라 _마 2:13-18

묵상

오늘 말씀은 성탄의 기쁨과 함께 있었던 참 가슴 아픈 이야기입니다.

2천 년 전 이야기이지만, 말씀을 읽는 내내 우리는 당시의 긴박하고 비극적인 상황을 느낄 수 있습니다.

예수님의 탄생은 온 천하 만민이 기뻐하고 즐거워할 좋은 소식이었지만, 그것을 원하지 않던 이들이 있었습니다. 식민지 이스라엘을 다스리고 있던 헤롯 왕도 그 중 한 사람입니다. 원래 자신의 출신이 에돔이라 이스라엘 왕에 걸맞는 정통성도 갖지 못해 늘 불안해하던 차에, 유대인의 왕이 되실 아이가 태어났다는 소식은 그를 더욱 두렵게 만들었습니다. 그래서 자신이 갖고 있는 힘을 폭력적으로 사용해서 새로 태어날 예수를 없애려 한 것입니다.

자신을 찾아온 동방의 박사들의 말을 듣고 자신의 계획을 실행하려 했지만, 주의 천사가 동방박사를 제 나라로 바로 돌려보내 이 계획이 뜻대로 되지 않자, 감히 생각지도 못할 폭압적이고 참담한 일을 행하고 맙니다.

16절을 보면, 가슴 아프고 한탄스러운 일이 벌어졌습니다.

다행스럽게도, 아기 예수는 주의 사자가 아버지 요셉에게 그 피할 길을 알려준 덕분에 위기는 모면했지만, 임마누엘 메시아의 오시는 길은 이처럼 험하고 힘겨운 길이었습니다. 마치 예수님의 마지막 여정, 십자가의 길을 닮았습니다.

예수님이 겪은 일은 오래 전 모세에게 닥친 일과 크게 다르지도 않았습니다.

모세 또한 애굽의 유아살해 명령이 떨어진 그때에 아슬아슬하게 목숨을 지킨 아기였습니다. 생각해보면, 선한 일, 생명을 구하는 길은 결코 쉽지 않은 것 같습니다. 그 아픔과 눈물과 슬픔은 예수 그리스도의 선한 사역의 터가 되었고, 그분은 그 마음에 지닌 긍휼과 자비로, 가장 힘겨워 하는 인생들의 곁에서 따뜻한 사랑으로 위로해주시고 힘이 되어주셨습니다.

오늘 말씀은 성탄이 마냥 즐거운 시간이 아님을 우리에게 보여주며, 더욱 진지하게 삶에 대한 깊은 연민을 가지고 주님을 우리 마음에 모시도록 요청하고 있습니다. 그렇게 2천 년 전 성탄은 그 아픔과 슬픔과 위험을 무릅쓰고 우리 곁으로 오신 주님을 또 다른 소망과 감사로 만나는 복된 날입니다.

 오늘의 기도

주님, 우리의 마음을 헤아려주시니 감사합니다.
이 모습 이대로 주님께 드리니 저를 받아 주옵소서.
제 안에 계셔서 위로해주시고 회복해주셔서
주님의 은총으로 힘을 얻어 하나님의 자녀로 살아가는 기쁨과 영광을 누리게 하옵소서. 아멘.

363

/

오늘의 말씀

5이제 여호와께서 말씀하시나니 그는 태에서부터 나를 그의 종으로 지으신 이시요 야곱을 그에게로 돌아오게 하시는 이시니 이스라엘이 그에게로 모이는도다 그러므로 내가 여호와 보시기에 영화롭게 되었으며 나의 하나님은 나의 힘이 되셨도다 6그가 이르시되 네가 나의 종이 되어 야곱의 지파들을 일으키며 이스라엘 중에 보전된 자를 돌아오게 할 것은 매우 쉬운 일이라 내가 또 너를 이방의 빛으로 삼아 나의 구원을 베풀어서 땅 끝까지 이르게 하리라 7이스라엘의 구속자 이스라엘의 거룩한 이이신 여호와께서 사람에게 멸시를 당하는 자, 백성에게 미움을 받는 자, 관원들에게 종이 된 자에게 이같이 이르시되 왕들이 보고 일어서며 고관들이 경배하리니 이는 이스라엘의 거룩하신 이 신실하신 여호와 그가 너를 택하였음이니라 _사 49:5-7

묵상

오늘 말씀은 우리를 빛나게 합니다.

말씀이 우리 안에 계시며 영혼을 맑게 하시고 마음은 힘차게 하시니, 우리의 삶이 불이 밝혀진 초처럼 빛이 납니다. 오늘 말씀 한 구절 한 구절을 읽어가면서 하나님의 은총의 기운을 느낄 수 있습니다. 수천 년 전에 바벨론 포로로 끌려간 하나님의 백성, 이스라엘을 향해 주신 회복과 희망의 말씀이지만, 여전히 힘겨운 세상살이 속에서 버겁게 살아가고 있는 우리에게도 동일하게 와닿는 말씀입니다.

전쟁과 같은 경제의 삶에 시달리고. 늘 비교되며 조급해지는 마음에 우울해지고, 마음껏 되지 않고, 마음 먹은 것조차 어려운 현실 앞에 좌절하고, 생각하지도 않은 일로 인해 무기력해지는, 자유한 것 같지만 얽매여 살아가는 우리를 향해 용기를 북돋아주시는 말씀입니다. 6절입니다.

"그가 이르시되 네가 나의 종이 되어 야곱의 지파들을 일으키며 이스라엘 중에 보전된 자를 돌아오게 할 것은 매우 쉬운 일이라 내가 또 너를 이방의 빛으로 삼아 나의 구원을 베풀어서 땅 끝까지 이르게 하리라"(사 49:6).

'메시지성경'에서는 마지막 부분을 이렇게 표현합니다.

"너를 모든 민족을 위한 빛으로 세워 너의 구원을 전 세계에 퍼뜨릴 것이다."

지금 포로로 무력하기만 한 이스라엘 백성들에게 "너는 원래 거룩한 빛을 품은 하나님의 자녀들이니 이제 그 빛을 드러내며 빛나게 살아가라"고 말씀해주신 것입니다.

7절 말씀에서 이것이 결코 허언이 아님을 알게 하십니다. 이 말을 너희에게 하는 이는 다름 아닌 "신실하게 약속을 지킨 하나님, 너를 택한 이스라엘의 거룩한 이이기 때문"이라고.

하나님은 한다면 하시는 분이십니다. 작은 고을에서 태어난 아기 예수로 온 세상을 구원하신 분이십니다. 죽음의 십자가를 생명의 증거로 삼아주신 분입니다. 하나밖에 없는 아들까지 내어주시면서 그 일을 하셨는데, 우리가 어찌 의심할 수 있겠습니까.

예수님의 말씀처럼 우리는 세상의 빛이 되어 빛나게 살아가야 하는 이들입니다.

어둔 밤을 별빛으로 밝힌 성탄의 은총은 우리의 삶의 자리에까지 찾아와 우리를 밝히시고 빛난 삶으로 인도해주십니다. 주님, 감사합니다.

🕯 오늘의 기도

주님, 우리를 세상의 빛으로 부르신 말씀을 늘 기억합니다.
나를 둘러싼 어려운 일과 힘든 일 가운데서도 내 안에 빛을 가리지 않겠습니다.
그럴수록 말씀과 기도로, 주님의 은총으로 빛을 밝혀
하나님께 속한 사람임을 증명하며 살아가겠습니다. 아멘.

364

/

오늘의 말씀

8 사랑하는 자들아 주께는 하루가 천 년 같고 천 년이 하루 같다는 이 한 가지를 잊지 말라 9 주의 약속은 어떤 이들이 더디다고 생각하는 것 같이 더딘 것이 아니라 오직 주께서는 너희를 대하여 오래 참으사 아무도 멸망하지 아니하고 다 회개하기에 이르기를 원하시느니라 10 그러나 주의 날이 도둑 같이 오리니 그 날에는 하늘이 큰 소리로 떠나가고 물질이 뜨거운 불에 풀어지고 땅과 그 중에 있는 모든 일이 드러나리로다 11 이 모든 것이 이렇게 풀어지리니 너희가 어떠한 사람이 되어야 마땅하냐 거룩한 행실과 경건함으로 12 하나님의 날이 임하기를 바라보고 간절히 사모하라 그 날에 하늘이 불에 타서 풀어지고 물질이 뜨거운 불에 녹아지려니와 13 우리는 그의 약속대로 의가 있는 곳인 새 하늘과 새 땅을 바라보도다 _벧후 3:8-13

묵상

오늘과 내일이면 한 해도 다 지나갑니다.

늘 그렇듯이 우리가 살아온 해는 말 그대로 다사다난한 한 해였습니다.

우리가 감당하기 어려운 예기치 못한 사건들이 우리의 일상을 무너뜨렸고, 갑작스런 상황에 당황하며 하루 한 주일 한 달을 지내온 한 해였습니다.

한 치 앞도 모르는 우리 인간이기에 역사를 주관하시는 하나님께 맡기고 살아갈 수밖에 없는 날들입니다. 늘 염려되고 불안하지만, 주님 주신 말씀으로 위로받고, 서로를 살피는 마음과 돌보는 사랑으로 어려운 시간을 이겨나가는 것이 지혜입니다.

오늘 말씀은 이런 우리의 삶의 상황을 아시는 것 같은 말씀입니다.

"그러나 주의 날이 도둑 같이 오리니 그 날에는 하늘이 큰 소리로 떠나가고 물질이 뜨거운 불에 풀어지고 땅과 그 중에 있는 모든 일이 드러나리로다"(벧후 3:10).

상징적인 비유이지만, 그 안에서 우주적인 재난에 대해 말씀하고 있습니다.

세상의 멸망에 직면해서야 깨닫게 되는 예언자의 말씀은 지금 누리고 있는 것을 영원히 누릴 수 있을 것이라는 착각 속에 빠져 있는 우리들에게 경각심을 줍니다. 잘 지내고 있으니 잘 살고 있는 것처럼 생각했지만, 그 안에 우리가 행한 잘못과 어리석음과 욕심과 방종들이 있었는지, 그 마지막 때에 다 드러날 것이라는 경고입니다. "너희의 삶의 마지막이 마치 시험 성적을 받아 놓은 학생의 뒤늦은 후회가 되어서는 안 되고, 나만 알고 살아온 이기적인 사람의 때늦은 외로움의 회한이 되어서는 안 되며, 앞만 보며 치열하게 살다 다 놓쳐버린 소중한 일상의 아쉬움이 되어서는 안 된다"며 정신 차리라 깨닫게 하시는 신앙의 어른 베드로 사도의 일침입니다.

베드로 사도는 자신의 뼈아픈 경험을 바탕으로 우리에게 간곡히 권면합니다.

"오늘 이 세상에 있는 모든 것은 내일이면 없어지고 말 것들입니다. 그러니 거룩하게 사는 것이 얼마나 중요한지 아시겠습니까? 날마다 하나님의 날을 기다리고 그날이 오기를 간절한 마음으로 바라십시오"(벧후 3:11-12, 메시지).

우리가 평소 읽은 성경에서는 이렇게 표현합니다.

"너희가 어떠한 사람이 되어야 마땅하냐 거룩한 행실과 경건함으로 하나님의 날이 임하기를 바라보고 간절히 사모하라."

마지막 때에 우리가 가져야 할 태도는 염려와 불안과 공포가 아니라, 거룩한 행실과 경건함입니다. 우리의 삶이 아무리 흩어지고 흔들린다 해도, 우리가 누렸던 일상의 기쁨을 온전히 누릴 수 없다 해도, 하나님 안에서 얻은 구원의 기쁨과 주님께 드리고 지켜낸 우리의 믿음의 결기만은 건드릴 수 없다는 믿음을 가지십시오.

상황과 환경을 넘어서 하나님의 백성다운 삶으로, 하나님의 날을 살아가는 고귀한 믿음을 지니고 살아가시기 바랍니다. 그 안에 주님이 주신 기쁨과 행복이 가득할 것입니다.

🕯 오늘의 기도

주님, 오늘 저희에게 베푸신 은혜와 사랑에 감사드립니다.
주님이 주신 말씀을 제 안에 깊이 새기겠습니다.
말씀으로 중심을 지키며 살게 하시고,
환경과 상황을 이겨낼 수 있는 굳건한 믿음을 주시옵소서.
우리와 늘 함께 해주시옵소서. 아멘.

365

/

오늘의 말씀

예수께서 또 말씀하여 이르시되 나는 세상의 빛이니 나를 따르는 자는 어둠에 다니지 아니하고 생명의 빛을 얻으리라 _요 8:12

🌿 묵상

한 해의 마지막 날에 주님께서 주시는 말씀입니다.

새해 첫날에 읽으면 더 좋고 의미 있겠다고 생각했지만, 올해 우리가 지나온 시간을 생각하면서 Daily Bread의 마지막 말씀으로 삼았습니다. 이 말씀을 정하면서 제 마음에 있었던 생각은 '파송'입니다. '주님께서 새해로 우리를 파송하신다면 어떤 말씀을 주실까?' 기도하면서 고른 말씀입니다.

예배를 마치고 삶의 자리로 돌아가는 교우들을 향해 주님의 마음을 담아 파송하는 위탁의 말씀처럼, 오늘 말씀을 정하고 이 말씀에 삼위 하나님의 말씀을 담았습니다. 요한복음 8장 12절 말씀입니다.

"나는 세상의 빛이니 나를 따르는 자는 어둠에 다니지 아니하고 생명의 빛을 얻으리라."

예수님은 자신을 '세상의 빛'이라고 표현하십니다. '세상을 밝히신 빛'이라는 뜻입니다.

'생명의 빛'은 그 빛으로 생명을 얻게 되는 생명력을 의미합니다. 오늘 말씀을 달리 표현하면 이렇게 말씀할 수 있습니다.

"나는 세상을 위한 빛입니다. 나와 함께 머물며 나를 따르는 사람은 그 빛으로 빛이 날 것입니다. 그 빛은 어두운 날에도 넘어지지 않게 지켜주며 어두운 날에 더욱 빛이 날 것입니다."

예수님의 마음을 담고 한 해를 열심히 살아온 믿음의 벗들을 향해 위탁의 말씀을 드럽니다.

"사랑하는 여러분, 오늘 이 말씀으로 한 해를 마무리하고 새해를 향해 힘차게 나아가기 바랍니다. 우리가 아직 살아보지 않아 어떤 일들이 있을지 모르고, 어떤 위험이 기다리고 있을지 모르지만, 홀로 가는 길이 아닌 세상의 빛 되신 주님과 함께 가는 길이니, 아무리 어두워도 그분의 빛으로 밝히며 힘차게 걸어갈 수 있을 것입니다. 그리고 한 해 동안 수고 많이 하셨습니다. 새해에도 주님 안에서 빛 되게 살아가는 여러분이 되기를 간절히 소망합니다."

🕯 오늘의 기도

주님, 올 한 해 저희에게 베푸신 은혜와 사랑에 감사드립니다.
주님은 자비롭고 은혜로우시며 오래 참으시며 큰 사랑을 베풀어주셨습니다.
주님의 손 안에 우리의 시간이 있습니다.
올 한 해 우리 마음을 힘들게 했던 모든 것을 주님 앞에 내려놓을 수 있는 믿음을 주시고,
새롭게 하시는 하나님의 사랑으로 새로운 해를 맞이하게 하옵소서.
그리스도와 함께 확고히 서게 하시고,
겸손하게 주님의 시간을 살아가는 지혜를 주옵소서. 아멘.

함께해주신 이들

한 해 동안 성경 묵상을 유튜브 채널에 올리며
인트로와 묵상으로 함께해주신 분들입니다.

어른들

감승의 강민정 강소담 강숙희 강여훈 강창원 강호천 고남일 고성미 고정국
곽동섭 곽인근 권기윤 기근석 김경원 김경희 김나리 김돈희 김동환 김문건
김문헌 김미순 김미용 김 석 김선미 김성식 김성철 김양희 김용준 김은영
김이연 김재선 김재형 김종호 김지혜 김지훈 김철원 김형균 김 휘 나영철
나주영 류진숙 류혜경 문광섭 문장배 문정숙 박명순 박미애 박보라 박상철
박선영 박성용 박소영 박송희 박유겸 박일우 박정은 박지영 박진우 박혜영
백송숙 서윤희 서은진 서지원 서해현 손정욱 송금욱 송선미 신민정 신영숙
신창봉 안현순 양혜숙 오리온 윤정호 윤희순 이서현 이순미 이영록 이예분
이재화 이향옥 이혜림 이혜원 이혜지 이효정 임 영 임현정 장기영 장연우
전준훈 정겨움 정경운 정모아 정미현 정상훈 정애순 정유진 정윤숙 정윤희
정주현 정혜경 제갈순금 조경진 조순계 조신성 차현국 최다울 최선숙 최수덕
최춘숙 한미경 한정미 한태호 홍애린 홍애진 홍현선 황선호 황수진

아이들

가람 가영 민소 보현 사랑 서령 서준 선우 성연 성윤 성효 세진 수민
수빈 수예 수찬 승현 신겸 예영 요한 용우 원영 유나 유정 유진 윤성
윤우 은설 은혜 은호 재경 재경 정재 주안 주호 주희 주희 준성 준영
지안 지율 지은 창대 창진 태건 태경 하연 하영 하윤 하준 혜윤 호경

고맙습니다.

365
Daily Bread

하늘 숨